Jahrbuch für Handlungs- und Entscheidungstheorie

Weitere Bände in dieser Reihe
http://www.springer.com/series/12723

Eric Linhart • Bernhard Kittel
André Bächtiger
(Hrsg.)

Jahrbuch für Handlungs- und Entscheidungstheorie

Band 8: Räumliche Modelle der Politik

Herausgeber
Prof. Dr. Eric Linhart
Universität Kiel
Deutschland

Prof. Dr. André Bächtiger
Universität Luzern
Schweiz

Prof. Dr. Bernhard Kittel
Universität Wien
Österreich

ISBN 978-3-658-05007-8
ISBN 978-3-658-05008-5 (eBook)
DOI 10.1007/978-3-658-05008-5

Die Deutsche Nationalbibliothek verzeichnet diese Publikation in der Deutschen Nationalbibliografie; detaillierte bibliografische Daten sind im Internet über http://dnb.d-nb.de abrufbar.

Springer VS

Gedruckt auf säurefreiem und chlorfrei gebleichtem Papier

Springer VS ist eine Marke von Springer DE. Springer DE ist Teil der Fachverlagsgruppe Springer Science+Business Media
www.springer-vs.de

Editorial

Räumliche Modelle, ursprünglich aus den ökonomischen Disziplinen stammend, wurden bald schon nach ihrer Entwicklung auch in der Politikwissenschaft angewendet. Die Formen der räumlichen Modellierung sind dabei so vielfältig wie ihre Anwendungsmöglichkeiten. So existieren räumliche Modelle sowohl als Distanz- als auch in Form von Richtungsmodellen, sie werden eindimensional oder mehrdimensional angewendet, und sie können sowohl konkret mit Zahlenwerten identifiziert als auch abstrakt interpretiert werden.

In der Politikwissenschaft ist die räumliche Modellierung in unterschiedlichen Teilbereichen gewinnbringend. Mit ihrer Hilfe lassen sich Parteien im politischen Raum darstellen und deren Positionierungen im Wahlkampf modellieren. Es lassen sich beispielsweise Fragen beantworten, wie stark Parteien ihre Positionen von Wahl zu Wahl verändern, wie ähnlich sich Parteien gleicher Parteifamilien in ihrer Positionierung sind oder auf welche Weise Parteien im Wahlkampfspiel aufeinander reagieren. Ebenso lassen sich Positionen von Wählern verorten und in Bezug zu den Parteipositionen setzen, so dass räumliche Modelle einen Beitrag zur Analyse von Wahlverhalten leisten können. In der Koalitionstheorie ist wieder die Frage relevant, welche Positionskonstellationen die Parteien untereinander einnehmen und welchen Einfluss Distanzen im Politikraum auf die Findung von Koalitionspartnern haben. Da nicht nur Parteien, sondern auch institutionelle Akteure wie Parlamente, Regierungen oder Ausschüsse in Politikräumen verortet werden können, werden räumliche Modelle ebenfalls bei der Analyse legislativer Entscheidungen erkenntnisbringend eingesetzt. Auch in der Verhandlungstheorie, bei der Verhandlungspositionen einzelner Akteure räumlich dargestellt werden können, haben räumliche Modelle ihr Potenzial unter Beweis gestellt. Mit ihrer Hilfe ist es zum Beispiel möglich, besonders konflikthafte Verhandlungsgegenstände zu identifizieren oder Themen zu erkennen, die sich für eine Verknüpfung zu *package deals* eignen, um Blockaden zu überwinden.

Aufgrund der vielfältigen Anwendungsmöglichkeiten räumlicher Modelle in der Politikwissenschaft überrascht es nicht, dass auch dieser Band des Jahrbuchs für Handlungs- und Entscheidungstheorie eine große Bandbreite sowohl an theoretischen Beiträgen als auch an empirischen Anwendungen umfasst. Im ersten Teil dieses Jahrbuchs gibt Eric Linhart zunächst einen Überblick über die Entstehung räumlicher Modelle und Grundlagen der Modellierung, um ein Grundverständnis für die darauf folgenden Beiträge zu schaffen. Volker Dreier erstellt ein Theorienetz verschiedener Formen räumlicher Modelle der Wahlentscheidung und trägt somit dazu bei, eine Systematik dieser unterschiedlichen Theorien zu erstellen.

Der zweite Teil, der Anwendungen räumlicher Modellierung beinhaltet, beginnt mit einem Beitrag von Jochen Müller und Christian Stecker. Die Autoren beschäftigen sich mit der Frage, wie sinnvollerweise auch in parlamentarischen Systemen die Ergebnisse namentlicher Abstimmungen genutzt werden können, um Positionen politischer Akteure abschätzen zu können. Mit Anwendungen, die räumliche Modelle zur Erklärung von Wahlverhalten heranziehen, beschäftigen sich zwei weitere Beiträge. Das Autorenteam Susumu Shikano, Simon Munzert, Thomas Schübel, Michael Herrmann und Peter Selb untersucht am Beispiel einer Oberbürgermeisterwahl, inwieweit sich bei Wahlen auf kommunaler Ebene die Kandidatenpräferenzen der Wähler auf eine gemeinsame räumliche Struktur zurückführen lassen. Guido Tiemann bleibt bei seiner Analyse innerhalb der Logik räumlicher Modelle, kombiniert aber unterschiedliche Ansätze, nämlich Distanz- und Richtungsmodelle, um das Wahlverhalten bei Wahlen zum Europäischen Parlament zu erklären. Inwiefern Politikdistanzen in räumlichen Modellen dazu beitragen, Ergebnisse von Koalitionsbildungen zu erklären, zeigen Franz Urban Pappi und Nicole Seher am Beispiel der deutschen Bundesländer. Sie stützen ihre Analysen auf eine verfeinerte Abschätzung von Parteipositionen, die sie nicht auf einer allgemeinen ideologischen Dimension, sondern politikfeldweise durchführen. Susumu Shikanos und Sjard Seiberts Beitrag rundet das Jahrbuch ab. Die beiden Autoren befassen sich ebenfalls mit dem Thema Koalitionsbildung und zeigen mithilfe von Simulationen, wie unterschiedliche Positionskonstellationen der Parteien im räumlichen Modell die Antwort auf die Frage beeinflussen, welche Parteien in Koalitionsbildungsprozessen als eher ämter- oder eher politik-orientiert eingeschätzt werden.

Für redaktionelle Unterstützung möchten sich die Herausgeber bei Kerstin Gebhardt, Roland Krifft und Joshua Vogel bedanken. Für institutionelle Unterstützung durch die Gewährung von Fellowships, in deren Zeit auch ein Teil dieses Jahrbuchs entstanden ist, sei dem Hanse-Wissenschaftskolleg/ Institute for Advanced Study in Delmenhorst herzlich gedankt.

Kiel, Wien und Luzern, im November 2013 *Die Herausgeber*

Inhaltsverzeichnis

Über die Autoren

Volker Dreier ist wissenschaftlicher Angestellter am Institut für Soziologie und Sozialpsychologie an der Universität zu Köln, Redakteur der Kölner Zeitschrift für Soziologie und Sozialpsychologie und Privatdozent am Institut für Politikwissenschaft an der Universität Tübingen sowie Lehrbeauftragter für Machttheorien und Methodologie und Wissenschaftstheorie an den Instituten für Soziologie der Universitäten Jena und Innsbruck. Seine primären Forschungsinteressen sind Handlungs- und Entscheidungstheorie, Wissenschaftstheorie der Sozialwissenschaften und Visuelle Soziologie. Er hat unter anderem in den Zeitschriften *The British Journal for the Philosophy of Science* und *Zeitschrift für Theoretische Soziologie* veröffentlicht.

Michael Herrmann ist wissenschaftlicher Assistent am Fachbereich für Politik- und Verwaltungswissenschaft der Universität Konstanz. Seine Forschung beschäftigt sich mit kollektiven Entscheidungsprozessen, Fragen der Repräsentation, der politischen Kontrolle und der demokratischen Performanz. Er hat unter anderem in den Zeitschriften *Electoral Studies, Public Choice, Journal of Theoretical Politics* und *West European Politics* publiziert.

Eric Linhart ist Juniorprofessor für Angewandte Politische Ökonomie an der Christian-Albrechts-Universität zu Kiel. Seine Forschungsinteressen sind Entscheidungs- und Spieltheorie, Koalitionstheorien, Wahlsysteme und Wahlverhalten. Er hat unter anderem in den Zeitschriften *Politische Vierteljahresschrift, Zeitschrift für Politikwissenschaft, German Politics, Party Politics, Public Choice* und *West European Politics* publiziert.

Jochen Müller ist DAAD Lektor an der University of Essex und External Fellow am Mannheimer Zentrum für Europäische Sozialforschung (MZES). Er beschäftigt sich vor allem mit Aspekten des Parteienwettbewerbs auf regionaler Ebene, legislativem Verhalten und der Präferenzbildung von Wählern in Mehrebenensystemen. Zu diesen Themen hat er unter anderem in den Zeitschriften *Electoral Studies, European Union Politics, Regional Studies* und *West European Politics* veröffentlicht.

Simon Munzert ist wissenschaftlicher Assistent am Lehrstuhl für Umfrageforschung am Fachbereich für Politik- und Verwaltungswissenschaft der Universität Konstanz. Er forscht zur Messung öffentlicher Meinung, Wählerverhalten und Methoden der Wahlvorhersage. Bisherige Veröffentlichungen wurden unter anderem in den Zeitschriften *Political Analysis, Electoral Studies* und *Political Science Research and Methods* publiziert.

Franz Urban Pappi seit 1990 Professor für Politikwissenschaft an der Universität Mannheim, seit 2007 als Emeritus Projektleiter am Mannheimer Zentrum für Europäische Sozialforschung. Interessengebiete: Theorien des Wählerverhaltens und des Parteienwettbewerbs, Wahlsysteme, Koalitionstheorien, angewandt auf die Bundesrepublik Deutschland. *Neuere Monographien: Wahl- und Wählerforschung*, Baden-Baden 2007: Nomos (mit Susumu Shikano); European Union Intergovernmental Conferences. *Domestic Preference Formation, Transgovernmental Networks and the Dynamics of Compromise*, London/New York 2009: Routledge (mit Paul W. Thurner). Neuere Aufsätze zu Überhangmandaten (mit Michael Herrmann in *ZParl* 2010,2), zur Konstruierbarkeit von Politikräumen aus Wählersicht (mit Jens Brandenburg in Sonderheft 45, 2012, der *PVS*), über wahrgenommene Parteipositionen und Stimmenwettbewerb in Deutschland seit 1980 (2013 in B. Weßels et al., *Wahlen und Wähler*, Springer VS) und über die empirische Bestimmung von Gleichgewichtspositionen der deutschen Parteien unter Berücksichtigung von Parteivalenzen (mit Anna-Sophia Kurella im *Journal of Theoretical Politics*, im Druck).

Thomas Schübel ist wissenschaftlicher Mitarbeiter am Lehrstuhl für Umfrageforschung der Universität Konstanz. Im Rahmen seiner Forschung wird insbesondere die politische Kompetenz der Wählerschaft fokussiert. Er hat zuletzt im *International Journal of Forecasting* publiziert.

Nicole Michaela Seher war von 2008 bis 2013 wissenschaftliche Mitarbeiterin am Mannheimer Zentrum für Europäische Sozialforschung (MZES) und arbeitete im DFG-Projekt „Regierungsbildung als optimale Kombination von Ämter- und Policy-Motivation der Parteien".

Sjard Tankred Seibert ist Mitarbeiter an der Universität Göttingen. Zuvor war er wissenschaftlicher Mitarbeiter im DFG-Projekt „Regierungsbildung als optimale Kombination von Ämter- und Policy-Motivation der Parteien".

Peter Selb ist Professor für Umfrageforschung an der Universität Konstanz. Sein Forschungsinteresse gilt dem politischen Verhalten und der öffentlichen Meinung, insbesondere der Wahl- und Abstimmungsforschung sowie den Surveymethoden. Seine Arbeiten sind unter anderem in *Political Analysis, Political Behavior, Comparative Political Studies, European Journal of Political Research, International Journal of Forecasting, Party Politics* und *Electoral Studies* erschienen.

Susumu Shikano ist Professor für Methoden der empirischen Politik- und Verwaltungsforschung an der Universität Konstanz. Seine Forschung befasst sich mit Wahlen, Koalitionsbildung und legislativer Aufsicht der Bürokratie. Seine Arbeiten sind unter anderem in *Party Politics, Public Choice, West European Politics* und *International Journal of Forecasting* erschienen.

Christian Stecker ist Akademischer Rat auf Zeit am Lehrstuhl für Politische Systeme und Europäische Integration am Geschwister-Scholl-Institut für Politikwissenschaft an der Ludwig-Maximilians-Universität München. Seine Forschung zu Fraktionsgeschlossenheit und Entscheidungsverhalten in Parlamenten wurde unter anderem in *German Politics, Party Politics,* im *Journal of Legislative Studies* und *Journal of Public Policy* sowie in der *Zeitschrift für Parlamentsfragen* publiziert.

Guido Tiemann ist Assistenzprofessor am Institut für Höhere Studien in Wien. Seine Interessen liegen besonders im Bereich der empirischen Datenanalyse, der Europäischen Integration, der Wahl- und Wahlsystemforschung. Er hat unter anderem in der *Politischen Vierteljahresschrift,* der *Österreichischen Zeitschrift für Politikwissenschaft, European Union Politics* und *dem Journal of Common Market Studies* veröffentlicht.

Teil I
Grundlagen und Theorie

Räumliche Modelle der Politik: Einführung und Überblick

Eric Linhart

Zusammenfassung

Der vorliegende Beitrag ist kein Forschungsbeitrag wie sonst im Jahrbuch für Handlungs- und Entscheidungstheorie üblich, sondern verfolgt das Ziel, Einsteigern in die räumliche Modellierung einen ersten Überblick zu geben und so das Verständnis für die in diesem Band folgenden Aufsätze zu erhöhen. Der Beitrag gibt nach einer generellen Einführung einen historischen Überblick über die ersten räumlichen Modelle (Hotelling, Black, Downs) und legt die Grundlagen der räumlichen Modellierung dar. Er widmet sich Konzepten der entscheidungstheoretischen Analyse in räumlichen Modellen und gibt schließlich einen Einblick in politikwissenschaftliche Anwendungsmöglichkeiten der räumlichen Modellierung.

1 Einleitung

Der vorliegende Beitrag richtet sich an Studierende und Absolventen der Politikwissenschaft, die sich bisher noch nicht mit räumlicher Modellierung befasst haben. Sein Ziel ist es, Interessierten einen ersten Überblick über räumliche Modelle als solche, ihre Entstehung, ihre Anwendungsmöglichkeiten und ihre Grenzen zu geben, und damit ein Grundverständnis für die folgenden Aufsätze in diesem Band des Jahrbuchs für Handlungs- und Entscheidungstheorie zu liefern. Im Rahmen

E. Linhart (✉)
Institut für Agrarökonomie,
Universität Kiel Olshausenstr. 40, 24118 Kiel, Deutschland
E-Mail: eric.linhart@ae.uni-kiel.de

E. Linhart et al. (Hrsg), *Jahrbuch für Handlungs- und Entscheidungstheorie*,
Jahrbuch für Handlungs- und Entscheidungstheorie 8,
DOI 10.1007/978-3-658-05008-5_1,

eines einführenden Buchbeitrags muss dieser Überblick zwangsläufig eher an der Oberfläche verbleiben. Fortgeschrittenen, die bereits einen Grundkenntnisstand über räumliche Modellierung besitzen, sei die Lektüre dieser Einführung daher eher nicht empfohlen.

Diese Einführung verfolgt hierbei also nicht, wie bei Beiträgen im Jahrbuch für Handlungs- und Entscheidungstheorie sonst üblich, die Beantwortung einer für das Fach relevanten Fragestellung; sie erhebt demnach nicht den Anspruch, ein wissenschaftlicher Beitrag im eigentlichen Sinne zu sein. Auch kann es diese Einführung nicht leisten, einen umfassenden Überblick über sämtliche bedeutsamen Beiträge der räumlichen Modellierung zu geben und diese kritisch zu würdigen, da ein solcher sowohl im Umfang als auch im Tiefgang den Rahmen einer überblicksartigen Einführung sprengen würden.

Zu erwähnen ist ferner, dass der Begriff des ‚räumlichen Modells' – auch in seiner englischen Variante als ‚*spatial model*' – im politikwissenschaftlichen Zusammenhang heute auf verschiedene Weise auftaucht. Die wohl prominenteste Variante ist hierbei der Versuch, politische Positionen in euklidischen Räumen darzustellen und die entsprechenden Konstellationen zu analysieren. Genau hierauf basieren die in Band 8 des Jahrbuchs für Handlungs- und Entscheidungstheorie veröffentlichten Beiträge, und auch hierauf bezieht sich der vorliegende Einführungsbeitrag.

Der Begriff des ‚räumlichen Modells' wird allerdings auch als Konzept der politischen Geographie genutzt. Dort beschäftigt er sich mit geographischen Räumen, deren Abgrenzung und der hieraus resultierenden Bedeutung für Politik. Mit dieser Bedeutung beschäftigt sich mein Einführungsbeitrag nicht; Interessierte mögen hierfür einen Überblick im Sammelband von Eagles (1995) erhalten oder sich für politikwissenschaftliche Anwendungen mit Kohler-Koch (1998) auseinander setzen.

Schließlich wurde in neuerer Zeit die räumliche Ökonometrie (*spatial econometrics*) populär, die statistische Zusammenhänge von Variablen unter Zuhilfenahme von (zumeist wieder geographischer) Nachbarschaft zu erklären versucht (siehe Anselin 1988). Wenngleich auch statistische Modelle der räumlichen Ökonometrie mitunter als ‚räumliche Modelle' firmieren, so meint dies wieder etwas anderes als das Thema dieses Beitrags. Für einen Überblick zur räumlichen Ökonometrie sei auf Fischer und Getis (2010) sowie Plümper und Neumayer (2010) verwiesen.

Mein Beitrag ist wie folgt gegliedert: Zunächst stelle ich die Entstehung räumlicher Modelle dar, indem ich einen Überblick über die drei Werke gebe (Hotelling 1929; Black 1948; Downs 1957), in denen die politikwissenschaftliche räumliche Modellierung maßgeblich entwickelt wurde (Abschn. 2). Im Anschluss kläre ich wichtige Grundbegriffe und -konzepte der räumlichen Modellierung (Abschn. 3). Die räumliche Modellierung stellt zwar grundsätzlich einen eigenen, von der

Entscheidungs- und Spieltheorie unabhängigen Forschungsstrang dar (Shepsle 2008), steht aber gleichzeitig in enger Verbindung mit dieser. So werden auch in Lehrbüchern zur Spieltheorie häufig einzelne Kapitel der räumlichen Modellierung gewidmet (etwa Behnke 2013; McCarty und Meirowitz 2007), und umgekehrt ist die Entscheidungs- und Spieltheorie das zentrale Fundament zur Analyse von Konstellationen in räumlichen Modellen. Aus diesem Grund widme ich Abschn. 4 der Darstellung entscheidungs- und spieltheoretischer Konzepte in räumlichen Modellen. Abschnitt 5 schließlich gibt einen Überblick über die vielfältigen Anwendungsmöglichkeiten räumlicher Modelle in der Politikwissenschaft, bevor ich in Abschn. 6 mit einer kurzen Schlussbetrachtung ende.

2 Die Anfänge räumlicher Modelle

2.1 Hotelling

Der Aufsatz von Harold Hotelling (1929) gilt als der Beitrag, in dem das räumliche Modell entwickelt wurde. Hotelling formalisiert darin die Idee, dass die Kaufentscheidung von Kunden nicht nur durch den Preis und die Qualität der Produkte unterschiedlicher Anbieter beeinflusst wird, sondern ebenso durch die Wegstrecke, die Kunden zu den Geschäften zurücklegen müssen, um diese Produkte zu erwerben. Hierbei geht Hotelling von der Annahme aus, dass Kunden grundsätzlich kürzere Wegstrecken bevorzugen. In seinem Modell entwickelt Hotelling ein Szenario, in dem zwei Geschäfte das exakt gleiche Produkt zu genau demselben Preis anbieten, so dass die Wegstrecke als einziges Unterscheidungsmerkmal für die potenziellen Kunden bleibt. Um das Modell einfach zu halten, geht er von einem linearen Weg aus, etwa der Hauptstraße einer Stadt oder einer Eisenbahnlinie. Eine weitere Vereinfachung besteht darin, dass entlang dieser Wegstrecke an jeder Stelle gleich viele Kunden wohnen, die Kundschaft also uniform über die Strecke verteilt ist.

Wenn nun die Wegstrecke tatsächlich das einzige Kriterium der Kunden für die Auswahl des Geschäfts ist, so lässt sich für jede beliebige Positionierung zweier Geschäfte zeigen, welche Kunden bei welchem Geschäft einkaufen sollten. Abbildung 1 zeigt verschiedene Szenarien, wobei mit A und B die beiden Geschäfte bezeichnet sind, deren Positionen auf der Strecke eingetragen sind. Die Kunden, deren Positionen durch die Schraffierung nach rechts oben gekennzeichnet sind, haben eine kürzere Wegstrecke zu Geschäft A und sollten daher Kunden von A werden; die Schraffierung nach links oben zeigt hingegen Positionen mit Kunden für B an. Die

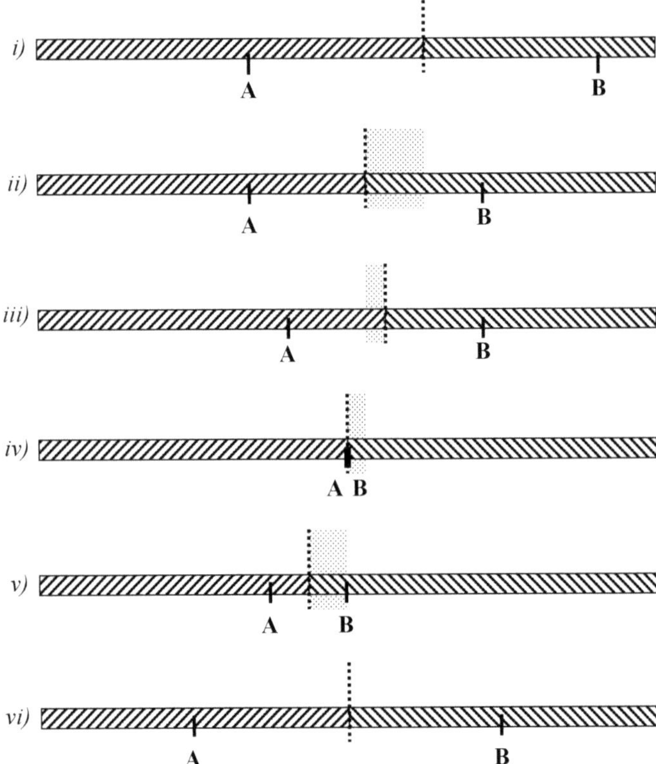

Abb. 1 Kunden für A und B in Abhängigkeit von der Positionierung der Geschäfte. (Quelle: eigene Darstellung)

vertikale Linie verläuft genau in der Mitte zwischen A und B, trennt somit die Kundschaft von A und B und markiert genau die Position des Kunden, für den die Wegstrecken zu A und zu B gleich groß sind. Für diesen Kunden ist es egal, ob er bei A oder B einkauft; er ist *indifferent* zwischen beiden Anbietern.

Hotelling geht weiter der Frage nach, an welchen Stellen sich die Geschäfte A und B sinnvollerweise positionieren sollten, wenn es ihr Ziel ist, die Größe ihrer Kundschaft zu maximieren. Die Szenarien *i)* bis *v)* in Abb. 1 zeigen den Erfolg verschiedener Positionierungen von A und B. Der Graubereich, der an die vertikale punktierte Linie grenzt, markiert die Positionen der Kunden, die im Vergleich zum Vorgängerszenario den Anbieter wechseln. Liest man die Szenarien in der Reihenfolge *i)* bis *iv)*, so wird deutlich, dass es für die Anbieter eine gute Strategie ist, sich in Richtung Mitte zu bewegen. Jeweils der Anbieter, der sich (stärker) in Richtung Mitte bewegt, gewinnt im Vergleich zum Vorgänger-Szenario an Kundschaft. Umgekehrt lassen sich die Szenarien auch von unten nach oben lesen. So wird deutlich, dass die Anbieter an Kundschaft verlieren, die sich von der Mitte fort bewegen.

In Szenario *iv)* treffen sich beide Anbieter in der Mitte. Nimmt man an, dass nicht beide Geschäfte auf dem gleichen Platz stehen können, ist die Interpretation, dass sie in der Mitte unmittelbar nebeneinander stehen. A greift damit die komplette Kundschaft links der Mitte, B die Kundschaft rechts der Mitte ab, so dass beide Anbieter je die Hälfte der Kundschaft anziehen. Geht man hypothetisch davon aus, dass beide Anbieter dieselbe Position einnehmen können und sich den Mittelpunkt teilen, so wären sie für jeden Kunden exakt gleichweit entfernt. Für die einzelnen Kunden spielt es somit keine Rolle, welche der beiden Geschäfte sie aufsuchen (sie sind indifferent zwischen beiden Anbietern). Die Wahrscheinlichkeit, dass ein Kunde Geschäft A besucht, liegt daher bei 50%; insgesamt ist gemäß dieser Interpretation ebenfalls zu erwarten, dass sich die Kundschaft gleichmäßig auf beide Anbieter aufteilt.

Ist eine Konstellation wie in Szenario *iv)* dargestellt erst einmal erreicht, so stellt sie ein Gleichgewicht dar. Exemplarisch zeigt Szenario *v)* eine Situation, in der Anbieter A die Mittelposition verlässt und nach links abweicht. Bezeichnet man die Strecke zwischen A's neuer Position und der Mittelposition mit s, so ist ersichtlich, dass A durch dieses Abweichen Kundschaft über einer Strecke von $s/2$ verliert, und zwar unabhängig von der Richtung, in die A abweicht und unabhängig von der Größe der Strecke s. Gleiches gilt analog für ein einseitiges Abweichen von B. Es bleibt also festzuhalten, dass beide Anbieter zur Mitte streben, um die Größe ihrer Kundschaft zu maximieren, und dass keiner der beiden Anbieter einen Anreiz besitzt, diese Mittelposition einseitig wieder aufzugeben.[1]

Die Gleichgewichtslösung wie in Szenario *iv)* dargestellt ist somit zwar die aus individueller Sicht der Anbieter einzig stabile Lösung, sie stellt allerdings kein gesellschaftliches Optimum dar. Summiert man die Wegstrecken auf, die alle Kunden zu dem ihnen jeweils nahesten Geschäft gehen müssen, und interpretiert diejenige Konstellation als Optimum aus gesellschaftlicher Sicht, bei der diese Gesamtdistanz möglichst klein ist, dann entspricht die Positionierung in Szenario *vi)* genau diesem Optimum. Hier befinden sich beide Geschäfte nicht auf der Mittelposition, sondern

---

[1] Eine Kombination von Strategien, bei der keiner der Beteiligten einen Anreiz besitzt, einseitig seine Strategie zu wechseln, bezeichnet man als Nash-Gleichgewicht (s. Holler und Illing 1996). Das Besetzen der Mittelposition durch beide Anbieter ist demnach ein Nash-Gleichgewicht.

bei den Punkten 25% und 75% der Gesamtstrecke. Diese Konstellation ist allerdings nicht stabil, da beide Anbieter wie in den Szenarien *i)* bis *iii)* und *v)* einen Anreiz besitzen, ihre Position zugunsten einer Position weiter in der Mitte aufzugeben.

2.2 Black

Duncan Black (1948)[2] nähert sich der räumlichen Modellierung – ohne diese explizit so zu nennen – aus einer anderen Richtung. Er geht der Frage nach, welche Alternative Komitees bei der Wahl von Kandidaten oder bei Entscheidungen in Sachfragen unter Mehrheitsentscheid wählen. Im Folgenden vor allem auf Sachfragen eingehend, setzt er voraus, dass jeder Entscheider eine vollständige und transitive[3] Präferenzordnung über alle Alternativen besitzt, so dass sich die Alternativen in eine Reihenfolge bringen lassen.[4] Abbildung 2 (links) zeigt ein Beispiel eines aus einer solchen Präferenzordnung resultierenden Präferenzprofils mit vier Alternativen o_1, o_2, o_3 und o_4. Der Entscheider dieses Beispiels präferiert o_3 über alle anderen Alternativen, ist indifferent zwischen o_2 und o_4 und bewertet o_1 am schlechtesten.

Lassen sich nicht nur die Bewertungen der Alternativen, sondern auch die Alternativen selbst in eine sinnvolle Reihenfolge bringen, so kann die linke Grafik zu der rechten erweitert werden. Entscheidet etwa ein Gremium über die Höhe des Eintrittspreises für ein öffentliches Freibad und stehen die Optionen 1, 3, 4 und 5 € zur Debatte, so lassen sich auch die Alternativen anhand eines Zahlenstrahls darstellen. Black nennt mehrere Beispiele, für die ein solches Vorgehen Sinn ergibt, etwa wenn es sich bei den Alternativen um die Höhe einer bestimmten Steuer oder um den Preis eines Produkts, das eine Firma anbietet, handelt. Er betont hierbei

[2] In Black (1958) vertieft und erweitert er diese Gedanken.

[3] Eine Präferenzordnung heißt vollständig, wenn der Entscheider für jedes Alternativenpaar o_1 und o_2 angeben kann, ob er o_1 gegenüber o_2 bevorzugt (Notation: $o_1 \succ o_2$), o_2 gegenüber o_1 bevorzugt ($o_2 \succ o_1$ oder $o_1 \prec o_2$) oder indifferent zwischen beiden Alternativen ist, sie also als gleich gut bewertet ($o_1 \approx o_2$). Transitiv heißt eine Präferenzordnung, wenn für alle Alternativen aus zwei Arten paarweiser Vergleiche zwingend ein dritter Vergleich erfüllt ist. Konkret sind dies: Aus $o_1 \succ o_2$ und $o_2 \succ o_3$ folgt $o_1 \succ o_3$; aus $o_1 \succ o_2$ und $o_2 \approx o_3$ folgt $o_1 \succ o_3$; aus $o_1 \approx o_2$ und $o_2 \approx o_3$ folgt $o_1 \approx o_3$.

[4] Vollständigkeit wird vereinzelt auch als Konnektivität bezeichnet, was das gleiche meint (Braun 1999, S. 34; Schofield 2008, S. 22). Bernholz und Breyer (1994, S. 24–25) fordern zusätzlich Reflexivität für Präferenzordnungen, das heißt, jede Alternative soll im Vergleich mit sich selbst indifferent bewertet werden: $o_1 \approx o_1$ für alle o_1.

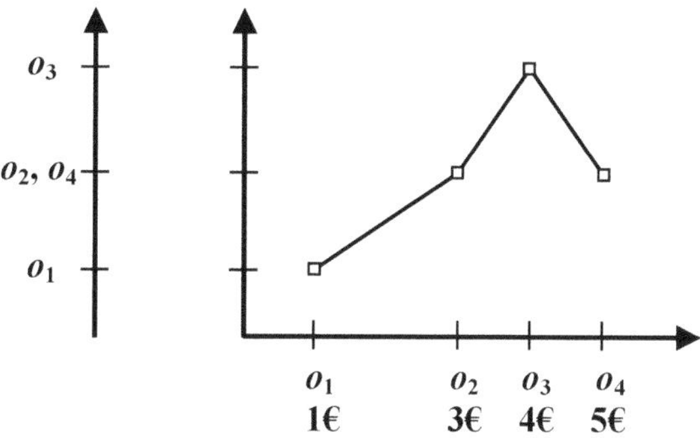

Abb. 2 Beispiel eines Präferenzprofils über vier Optionen. (Quelle: eigenes Beispiel in Anlehnung an Black 1948, S. 24)

die Notwendigkeit der Eingipfligkeit der Präferenzkurven. Das heißt, vom Maximum über der obersten Präferenz muss die Kurve in beide Richtungen monoton abnehmen. Das Beispiel in Abb. 2 erfüllt diese Bedingung. Verletzt wäre sie hingegen, wenn die Kurve von o_2 zu o_1 ansteigen würde, so dass die von der obersten Präferenz 4 € weiter entfernte Alternative 1 € besser bewertet würde als die nähere Option 3 €.

Black legt weiter dar, dass in Komitees üblicherweise eine Alternative vorgeschlagen wird, wobei verschiedene Abänderungsanträge zu dieser möglich sind. Um bei dem obigen Beispiel zu bleiben, könnte ein Gremienmitglied vorschlagen, den Eintrittspreis für das öffentliche Freibad auf 5 € festzulegen. Ein weiteres Mitglied könnte eine Abänderung auf 1 € vorschlagen, ein anderes Mitglied eine Änderung auf 4 € usw. Wichtig ist, dass alle relevanten Alternativen eingebracht werden können. Die Reihenfolge, in der Gremien über den Originalvorschlag und die verschiedenen Abänderungen abstimmen, variiert von Komitee zu Komitee. Gibt es eine Alternative, die in einer paarweisen Abstimmung jede andere Alternative schlägt,[5] so spielt die Abstimmungsreihenfolge allerdings keine Rolle. Black zeigt, dass die Median-Position eine genau solche Alternative ist, wie das Beispiel in Abb. 3 illustriert.

Hier entscheiden fünf Komitee-Mitglieder (A_1 bis A_5) über vier Vorschläge (o_1 bis o_4). Akteur A_1 hat in dem Beispiel o_1 als oberste Präferenz (graue Präferenzkurve), für A_2 ist es o_2 (gestrichelte Linie), A_3's oberste Präferenz ist o_3 (schwarze

[5] Eine solche Alternative heißt *Condorcet-Gewinner*.

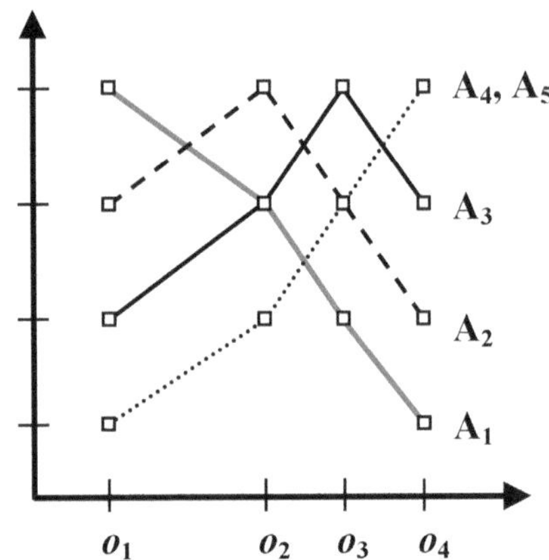

Abb. 3 Szenario mit fünf Komitee-Mitgliedern und vier Alternativen. (Quelle: eigene Darstellung in Anlehnung an Black 1948, S. 31)

durchgezogene Linie), und für A_4 und A_5 schließlich steht o_4 an oberster Stelle (punktierte Präferenzkurve). Akteur A_3 ist hierbei der Medianakteur, o_3 die entsprechende Medianposition: Diese Position teilt die Komitee-Mitglieder in zwei gleichgroße Hälften auf, von denen eine Hälfte Positionen rechts, die andere Hälfte Positionen links der Medianposition einnimmt.

Aufgrund dieser herausragenden Position gewinnt o_3 Mehrheitsabstimmungen gegen jede der anderen Alternativen – zumindest solange die Akteure gemäß ihrer Präferenzen abstimmen. In der Abstimmung gegen o_4 sollten A_1, A_2 und A_3 für o_3 stimmen und diesem Vorschlag somit zu einer Mehrheit verhelfen. Steht o_3 in der Abstimmung gegen o_1 oder o_2, so sollte o_3 durch die Stimmen von A_3, A_4 und A_5 gewinnen. o_3 ist somit in jeder paarweisen Abstimmung erfolgreich.

Verallgemeinert sollten alle Akteure rechts einer Medianposition o_M für o_M stimmen gegen jede Alternative links von o_M, alle Akteure links von o_M sollten o_M gegen Vorschläge rechts von o_M unterstützen. Da beide Gruppen per Konstruktion der Medianposition gleich groß sind und der Medianakteur selbst immer für o_M stimmen sollte, erreicht o_M somit eine Mehrheit in jeder paarweisen Abstimmung. Aus diesem Grund erwartet Black, dass die Medianposition Ergebnis jeder Entscheidungsfindung unter Mehrheit in Komitees ist, unabhängig von der Abstimmungssequenz. Bekannt ist dieses Ergebnis als *Median-Wähler-Theorem*.

2.3 Downs

Anthony Downs (1957) gilt vielen als der eigentliche Vater des räumlichen Modells der Politik. Zentral[6] in Downs' Arbeit ist die Übertragung des Hotellingschen Modells in einen politischen Kontext. Konkret beschäftigt sich Downs mit der Frage des Parteienwettbewerbs bei Wahlen, wobei er annimmt, dass sich politische Präferenzen auf einer linearen Skala mit Werten von 0 bis 100 von links nach rechts darstellen lassen. Auf dieser Skala können sich sowohl Parteien mit ihren Politikvorschlägen positionieren als auch Wähler mit ihren Präferenzen. Der Punkt, den ein Wähler am stärksten präferiert, heißt dessen *Idealpunkt* oder *Idealposition.*

Analog zu Hotellings Kunden, die die räumliche Nähe zu Geschäften bevorzugen, präferieren Downs' Wähler Politikpositionen (und damit auch Parteien, die diese Positionen einnehmen) nahe ihren Idealpunkten. Downs führt das Beispiel eines Wählers mit Idealpunkt 35 an. Dieser sollte nach rechts die Position 40 der Alternative 45 vorziehen; nach links den Punkt 30 der 25. Eine Symmetrie sieht Downs nicht als notwendig an, das heißt die Positionen 30 und 40 können durchaus unterschiedlich bewertet werden. Eine zu starke Asymmetrie lehnt Downs allerdings ab (Downs 1968, S. 112).

Abgesehen von der Interpretation ist Downs' Modell somit identisch zur Funktionsweise von Hotellings. Liest man Abb. 1 so, dass die Linie keine Straße, sondern einen politischen Raum darstellt, A und B zwei Parteien sind, und die Schraffierungen nicht Wohnorte von Kunden darstellen, sondern Wähler, die sich auf die entsprechenden Politikpositionen verteilen, so sind die Ergebnisse der obigen Erläuterung übertragbar: Wähler sollten die ihnen nähere Partei wählen, um ihren Nutzen zu maximieren, und Parteien sollten gemeinsam die Mittelposition einnehmen, wenn sie jeweils die Anteile ihrer Wählerstimmen maximieren wollen.[7]

Eine wesentliche Neuerung gegenüber Hotelling besteht auch darin, dass Downs die Annahme der Gleichverteilung der Kundschaft bzw. Wählerschaft aufgibt (Downs 1968, S. 114 ff.). Während es bei dem Bild einer Straße noch einigermaßen plausibel scheint, dass sich die Bewohner ungefähr gleichmäßig auf die einzelnen Abschnitte verteilen, so ist eine solche Annahme für Wähler und Politikräume als unrealistisch einzuschätzen. Abgesehen davon ist sie auch nicht nötig, da die Mo-

---

[6] Da die Entwicklung des räumlichen Modells der Politik nur einen Teil des Buchs von Downs einnimmt, sind unbestritten weitere Aspekte dieser Publikation von zentraler Bedeutung. Hier geht es allerdings in erster Linie um die Entwicklung des räumlichen Modells.

[7] Ebenso wie dieses Ergebnis nur bedingt für den Wettbewerb von mehr als zwei Geschäften gilt, lässt sich dieses Ergebnis nicht ohne weiteres auf Mehrparteiensysteme übertragen, was vor allem die Anwendbarkeit für Misch- und Verhältniswahlsysteme erschwert.

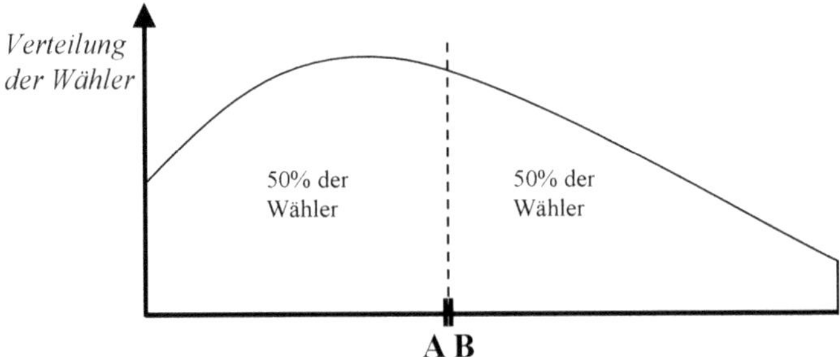

Abb. 4 Eine nicht gleichverteilte Wählerschaft. (Quelle: eigene Darstellung in Anlehnung an Downs 1968, S. 114)

dellierung für ungleichmäßig verteilte Wählerschaften genauso funktioniert, wenn nur die Mittelposition durch die Medianposition ersetzt wird (Abb. 4).

Bei beliebig verteilten Wählerschaften ist es eben nicht die Mittelposition, sondern die Medianposition – in Abb. 4 dargestellt durch die gestrichelte Linie –, deren Besetzung eine Gleichgewichtslösung für die beiden Parteien A und B darstellt. Nur so können sich beide Parteien Wähleranteile von jeweils 50 % sichern. Ein einseitiges Abweichen von dieser Position, führt zu Verlusten für die abweichende Partei, wie für Abb. 1*v*) beschrieben. An dieser Stelle treffen Downs und Blacks Median-Wähler-Theorem aufeinander.

Weshalb wird nun das räumliche Modell der Politik häufig auf Downs, und nicht auf Hotelling oder Black zurückgeführt? Im Fall von Hotelling lässt sich diese Frage recht einfach beantworten: Sein Beitrag ist rein ökonomischer Natur. Man könnte ihn also als Entwickler räumlicher Modelle allgemein ansehen, weniger aber als Vater räumlicher Modelle der Politik. Im Fall von Black ist die Antwort deutlich schwieriger. So stellt beispielsweise Poole (2005, S. 8) über Downs' Ergebnisse fest: „Duncan Black (1948, 1958) had earlier derived a similar result for voting in committees." Da Black in seinem Komitee-Begriff Wählerschaften durchaus einschließt, stellt sich in der Tat die Frage, weshalb Downs und nicht Black als Entwickler des räumlichen Modells der Politik gilt.

Aus meiner Sicht ist dies aus verschiedenen Gründen gerechtfertigt, ohne Blacks Leistung damit schmälern zu wollen. In Blacks Arbeit ist das räumliche Modell noch sehr stark an einen Zahlenstrahl angelehnt, die darauf einzutragenden Alternativen orientieren sich entsprechend noch stark an Beispielen mit konkreten Zahlen – etwa, wenn es um die Höhe einer Steuer (in Prozent) oder den Preis eines Produkts (in Dollar) geht. Die Abstraktion über den eigentlichen Zahlenstrahl hinaus ist hier noch sehr gering. Downs hingegen orientiert sich stärker an Hotellings „Straße" vergleicht diese bei seiner Übertragung in die Politikwissenschaft mit einem Politikraum, der abstraktere Links-Rechts-Positionen enthält. Zwar muss ein räumliches Modell nicht zwingend abstrakt sein, sondern kann auch auf echten Zahlenwerten basieren, und auch Downs bietet eine Interpretation seines abstrakteren Zahlenstrahls von 0 bis 100 an.[8] Durch die deutlich häufigere und stärkere Abstraktion dieses Zahlenstrahls in seinem Buch kann die Transferleistung der Abstraktion aber eher Downs als Black zugeschrieben werden. Hinzu kommt, dass zwar sowohl Blacks als auch Downs' Politikräume in ihrer Herleitung nicht kontinuierlich sind, dass aber im Gegensatz zu Black, der nur eine begrenzte Anzahl von Optionen überhaupt berücksichtigt, bei Downs stärker der Eindruck der Stetigkeit des Politikraums vermittelt wird, die grundlegend für spätere Weiterentwicklungen ist. So ist die Einteilung des Raums in 101 Optionen bei Downs schon recht feingliedrig, und Downs' Abbildungen lassen die Interpretation stetiger Politikräume zu. Eine Formulierung, die allen drei hier genannten Autoren gerecht wird, findet Shepsle (2008, S. ix): „Spatial models [. . .] also is associated with work early in the twentieth century, principally that of Harold Hotelling. But its real relevance for political science emerged in the 1950s with Anthony Downs's *An Economic Theory of Democracy* [. . .] and Duncan Black's *Theory of Committees and Elections* [. . .]".

Die Beschreibung der drei Klassiker Hotelling, Black und Downs in diesem Kapitel könnte freilich erweitert werden. So ist für Downs' Arbeit sicherlich auch Smithies' (1941) Beitrag von hoher Relevanz, der Hotellings Modell um die Möglichkeit elastischer Nachfragefunktionen erweitert.[9] Die mathematische Struktur des Downsianischen Modells wird bei Davis und Hinich (1966) und Davis et al. (1970) formalisiert. Weitere fundamentale Arbeiten zur räumlichen Modellierung stammen unter anderem von Enelow und Hinich (1984) und Hinich und Munger (1997). Es ließe sich somit auch rechtfertigen, diese (und weitere) Autoren hier zu besprechen. Da an einer bestimmten Stelle aber eben ein Schnitt gezogen werden muss, belasse ich es bei der Darstellung der drei Frühwerke der Entwickler des räumlichen Modells. Für eine Diskussion weiterer Theorien sei auf weiterführende

---

[8] Aus einer rein wirtschaftspolitischen Sichtweise bietet Downs die Interpretation an, dass der Wert auf dem Zahlenstrahl den gewünschten Anteil von privaten Unternehmen (gegenüber Staatsunternehmen) angibt, so dass eine streng kommunistische Partei bei dem Wert 0, eine radikal wirtschaftsliberale bei dem Wert 100 einzuordnen wäre.

[9] Dies bedeutet, dass Wähler (oder Kunden) nicht mehr bedingungslos die ihr naheste Partei wählen (oder in den nahesten Geschäft einkaufen), sondern – falls die Distanz zu groß wird – sich der Wahl enthalten (bzw. das Produkt nicht kaufen).

Literatur verwiesen (für räumliche Modelle in der Wahlforschung vgl. etwa Poole 2005). Eine innovative Einordnung verschiedener zentraler Theorien nimmt auch Dreier (2014, in diesem Band) vor.

3 Grundlagen räumlicher Modellierung

3.1 Eindimensionale räumliche Modelle

Ein räumliches Modell der Politik im Sinne von Downs ist also ein Zahlenraum, in dem jede Zahl mit einer politischen Position identifiziert werden kann: „In the simplest case, there is only one issue [...] and, hence, one dimension. At this level, the spatial model is no more than a formalization of the familiar left-right or liberal-conservative scale, represented by a line" (Merrill und Grofman 1999, S. 19). Diese Linie bzw. dieser Zahlenraum kann begrenzt oder unbegrenzt sein, kontinuierlich oder intervallskaliert, und beliebig fein unterteilt. So kann der Zahlenraum, der einen Politikraum repräsentiert, sowohl aus der Menge der natürlichen Zahlen $\mathbb{N}$ bestehen als auch aus den ganzen Zahlen $\mathbb{Z}$, den rationalen Zahlen $\mathbb{Q}$ oder den reellen Zahlen $\mathbb{R}$. Ebenso kann der Politikraum durch eine zusammenhängende Teilmenge einer dieser Zahlenräume repräsentiert werden, z. B. durch das Einheitsintervall $[0, 1] \subset \mathbb{R}$ oder – wie im Original bei Downs – durch die ganzen Zahlen zwischen 0 und 100 (formal: $[0, 100] \subset \mathbb{Z}$). Da euklidische Räume bestimmte wünschenswerte Eigenschaften besitzen, sind heute vor allem auf $\mathbb{R}$ basierende räumliche Modelle üblich.

Was genau der jeweilige Raum bedeutet und wie er zu interpretieren ist, sollte durch den jeweiligen Anwender räumlicher Modelle geklärt werden, ist aber grundsätzlich recht variabel, wie anhand der Erläuterungen bei Black im Vergleich zu Downs zu sehen ist. So kann ein Zahlenstrahl für einen allgemeinen politischen Links-Rechts-Raum stehen oder für einen Teilaspekt davon (etwa die wirtschaftspolitische Dimension) bis hin zu sehr konkreten politischen Themen (wie der Höhe einer bestimmten Steuer).[10] Die Frage, welche Zahl dabei welchen Standpunkt widerspiegeln sollte, kann hierbei sehr komplex sein und ist nicht immer unumstritten.

Eher unumstritten ist diese Frage bei Räumen, in denen sich politische Positionen direkt mit Zahlen identifizieren lassen wie in dem eben angeführten Beispiel

[10] Vgl. Bräuninger und Debus (2012, S. 30).

der Höhe einer Steuer. Die politische Position, dass beispielsweise die Mehrwertsteuer x% betragen sollte, kann direkt mit der Zahl x identifiziert werden. Bei anderen Themen ist dies ungleich schwieriger. Man stelle sich zum Beispiel vor, unterschiedliche Positionen zu der Frage, wie viel Macht das europäische Parlament besitzen sollte, auf einer Skala von 0 bis 100 einzuordnen.[11] Ähnlich verhält es sich, wenn räumliche Modelle eher abstrakt Politikdimensionen oder gar den ganzen Politikraum repräsentieren. Dies wird deutlich zum Beispiel bei Downs' Interpretations-Angebot seiner Skala als Prozentsatz privater im Gegensatz zu staatlichen Unternehmen. Downs selbst räumt ein, dass diese Interpretation eine Reduktion auf die Wirtschaftspolitik darstellt und nationalistische Parteien demnach häufig nicht wie erwartet am rechten Rand zu verorten wären. Und auch innerhalb der wirtschaftspolitischen Dimension reduziert diese Interpretation auf eine bestimmte konkrete Frage und blendet andere relevante Aspekte der Wirtschaftspolitik aus. Gleichwohl sind Schätzungen von Positionen auch für abstrakte Politikräume möglich und sinnvoll (vgl. etwa die Beiträge in Debus 2009 und siehe auch die Beitrag von Müller und Stecker 2014 sowie Pappi und Seher 2014 in diesem Band).

Notwendige Voraussetzungen für eine sinnvolle räumliche Modellierung sind allerdings eine individuelle wie auch eine kollektive Konsistenz bei der Einordnung aller Optionen in ein räumliches Modell. Die oben bereits genannten Forderungen nach Vollständigkeit und Transitivität der Präferenzordnungen jedes Individuums garantieren die Konsistenz auf individueller Ebene. Die Problematik unvollständiger oder intransitiver Präferenzordnungen eines Individuums für die räumliche Modellierung sei kurz an zwei Beispielen illustriert. Für beide Beispiele bestehe der Alternativenraum O aus drei Optionen ($O = \{o_1, o_2, o_3\}$). Eine unvollständige Präferenzordnung, die nur aus der Information $\{o_1 \succ o_2\}$ besteht, ermöglicht zwar eine konsistente Einordnung der beiden Optionen o_1 und o_2 (nämlich indem o_1 im räumlichen Modell näher bei der Idealposition des entsprechenden Individuums eingeordnet wird als o_2), erlaubt aber keine Einschätzung, wo o_3 einzuordnen ist. Eine intransitive Präferenzordnung wie $\{o_1 \succ o_2, o_2 \succ o_3, o_3 \succ o_1\}$ führt hingegen zu Widersprüchen: So müsste hier o_1 näher am Idealpunkt des Individuums angeordnet als o_2, o_2 wiederum näher als o_3, aber o_3 näher als o_1, was zu einem logischen Widerspruch führt.

[11] Damit soll keinesfalls gesagt werden, dass dies nicht möglich sei. Aber unterschiedliche Versuche kämen wohl eher zu verschiedenen Lösungen als bei der Frage der Mehrwertsteuer, weshalb Sensitivitätsanalysen und Überprüfungen der Validität unterschiedlicher Kodierungen hier eine größere Rolle spielen.

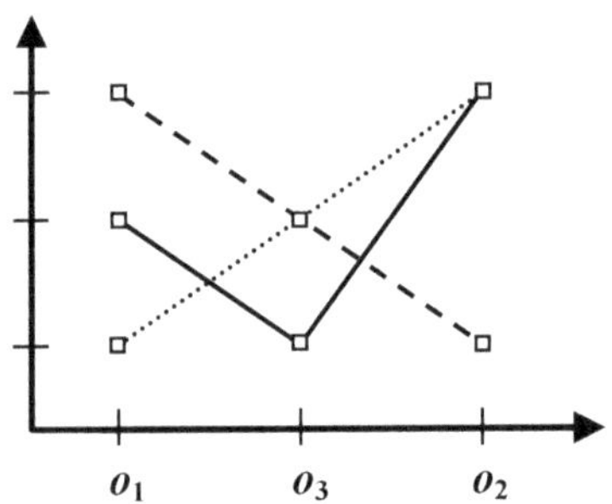

Abb. 5 Präferenzkurven in der Bonn-Berlin-Frage. (Quelle: eigene Darstellung)

Aus kollektiver Sichtweise ist Einigkeit über die Anordnung der einzelnen Optionen von zentraler Bedeutung. Um bei dem bereits bemühten Beispiel der Mehrwertsteuer zu bleiben: Greift man exemplarisch die Steuersätze 18, 19 und 20% heraus und ist mindestens einer der beteiligten Akteure der Auffassung, dass die Option ‚19%' zwischen den beiden anderen Optionen verortet werden sollte, so sollten alle anderen Akteure dieser Einschätzung zustimmen. Was in diesem Beispiel banal erscheint, ist bei anderen Fragen weniger selbstverständlich. Bei der Hauptstadt-Debatte 1991 etwa, in der es um die Frage ging, ob Bonn Hauptstadt bleiben soll (o_1) oder Berlin neue Hauptstadt Deutschlands wird (o_2), wurde von Heiner Geißler und Lothar de Maizière ein Kompromiss ins Spiel gebracht, der eine geteilte Zuständigkeit vorsah, derart dass die Bundesregierung in Bonn verbleibt, das Parlament aber nach Berlin umzieht (o_3). Akteure, die diesen Kompromiss tatsächlich als solchen sehen, müssten darauf bestehen, dass folglich in einem räumlichen Modell o_3 zwischen o_1 und o_2 eingeordnet wird. Widerspruch kam aber von einer Gruppe um Otto Schily, der die örtliche Trennung von Parlament und Regierung als die schlechteste aller Lösungen ansah (Pappi 1992; Bundestag.de 2013). Um Präferenzkurven dieser Gruppenmitglieder über die Optionen einzutragen, müsste entweder der „Kompromiss" am Rand verortet werden, oder die Präferenzkurve (durchgezogene Linie in Abb. 5) verletzt die Bedingung der Eingipfligkeit (siehe oben) - unabhängig davon, ob wie Abb. 5 illustriert Berlin als Erstpräferenz angenommen wird oder Bonn.[12]

Auch durch eine Anordnung von o_3 am Rand ließe sich das Problem mehrgipfliger Präferenzkurven nicht lösen. Würde man o_3 rechts von o_2 ansetzen, erhielte man eine mehrgipflige Präferenzkurve der Bonn-Befürworter (gestrichelt); mit o_3 am linken Rand würde die Präferenzkurve der Berlin-Befürworter (punktiert)

[12] Für weitere Beispiele, siehe Bernholz und Breyer (1994, S. 56–60).

mehrgipflig. Hieraus ergibt sich eine Nicht-Angemessenheit der Darstellung dieser Streitfrage durch ein eindimensionales räumliches Modell.

Eingeschränkt werden muss zusätzlich, dass der Umkehrschluss nicht zulässig ist. Aus der Tatsache, dass eine Gruppe von Akteuren eine Menge verschiedener Alternativen räumlich so anordnen kann, dass ausschließlich eingipflige Präferenzkurven entstehen, lässt sich noch nicht eine sinnhafte räumliche Modellierung ableiten. Man stelle sich zum Beispiel eine Kleinfamilie (Mutter, Vater, Tochter) vor, die darüber entscheidet, welche Farbe der neu anzuschaffende Wagen haben soll. Mit Präferenzprofilen der Mutter (blau $\succ$ rot $\succ$ schwarz), des Vaters (schwarz $\succ$ rot $\succ$ blau) und der Tochter (rot $\succ$ blau $\succ$ schwarz) lassen sich die Alternativen durchaus so von links nach rechts in ein räumliches Modell eintragen, dass alle drei Präferenzkurven eingipflig sind. Eine mögliche Anordnung wäre blau links, rot in der Mitte und schwarz rechts. Der Sinn einer solchen Reihenfolge kann aber aufgrund des reinen Nominal-Niveaus der Alternativen nicht hergeleitet werden, weshalb eine räumliche Modellierung in solch einem Fall möglicherweise formal korrekt wäre, inhaltlich aber fragwürdig.

Sieht man davon ab, dass die eindimensionale räumliche Modellierung wie in den eben beschriebenen Beispiel mitunter nicht möglich oder zumindest nicht sinnvoll ist und wendet sich wieder den Fällen zu, in denen sie angemessen ist, so bleibt in einem nächsten Punkt die Frage von Nutzenfunktionen zu klären. Gerade für Politikräume mit vielen oder gar unendlich vielen Alternativen ist der Umgang mit Präferenzordnungen und -profilen wie in den Abb. 3 und 5 dargestellt kaum noch handhabbar. Lässt sich eine Nutzenfunktion $u\colon O \rightarrow \mathbb{R}$ finden, die die Struktur der Präferenzordnung erhält und somit in diese übertragen werden kann, so bringt dies einige Vorteile mit sich. Die Übertragbarkeit ist dann gesichert wenn für alle $o_r, o_s \in O$ gilt:

1. aus $o_r \approx o_s$ folgt $u(o_r) = u(o_s)$;
2. aus $o_r \succ o_s$ folgt $u(o_r) > u(o_s)$.

Ein erster Vorteil besteht darin, dass Transitivität gesichert ist, wenn eine solche Zuordnung möglich ist (Schofield 2008, S. 23), da die Verknüpfungen ‚=' und ‚>' im Bildraum $\mathbb{R}$ transitiv sind. Zweitens liefert die Nutzenfunktion eine reichere Information. Aus $o_1 \succ o_2 \succ o_3$ lässt sich lediglich ablesen, dass ein Akteur o_1 gegenüber o_2 und o_2 wiederum gegenüber o_3 bevorzugt. Wie groß die Unterschiede in der Bewertung der einzelnen Alternativen sind, ist nicht erkennbar. Aus einer Nutzenfunktion – z. B. $u(o_1) = 10$; $u(o_2) = 8$; $u(o_3) = 1$ – gehen hingegen Details hervor. Lässt sich drittens die Funktion allgemein definieren und erfordert keine Zuordnungsregel für jedes einzelne $o \in O$, dann lässt sich zudem die komplette

Struktur der Präferenzen mit einer einzelnen Formel darstellen und benötigt keine Auflistung kompletter Profile.

Da räumliche Modelle gerade so definiert sind, dass sich die Alternativenräume O durch Zahlenstrahlen (oder Abschnitte daraus) darstellen lassen, gibt es einen unendlichen Vorrat an genau solchen Funktionen, egal ob von $\mathbb{R} \rightarrow \mathbb{R}$, von $\mathbb{Z} \rightarrow \mathbb{R}$ oder von $[0, 1] \subset \mathbb{Q} \rightarrow \mathbb{R}$ usw. Gleichzeitig sind natürlich nicht alle Funktionen gleichermaßen geeignet und implizieren bestimmte Annahmen. Zwingende Grundanforderungen sind:

1. Jeder Akteur i besitzt im räumlichen Modell genau einen Idealpunkt y_i, den er allen übrigen Alternativen vorzieht, formal: $y_i \succ o$ für alle $o \in O \backslash \{y_i\}$. Daraus folgt, dass die Nutzenfunktion über y_i ihr Maximum besitzen muss.
2. Die Nutzenfunktionen u_i müssen für jeden Akteur i eingipflig sein. Das heißt, mit zunehmender Distanz vom Idealpunkt in dieselbe Richtung muss der Nutzen abnehmen (vgl. McCarty und Meirowitz 2007, S. 20; Bräuninger und Debus 2012, S. 30).

Zusätzlich wird häufig die Symmetrie der Nutzenfunktion gefordert (etwa bei Bernholz und Breyer 1994, S. 102; McCarty und Meirowitz 2007, S. 20; Bräuninger und Debus 2012, S. 30). Das heißt, dass alle Alternativen o, die gleich weit vom Idealpunkt y_i entfernt sind, gleich gut zu bewerten sind, unabhängig davon, in welcher Richtung sie vom Idealpunkt abweichen, formal:[13]

$$||y_i - o_r|| = ||y_i - o_s|| \Rightarrow u_i(o_r) = u_i(o_s) \text{ für alle } o_r, o_s \in O.$$

Die Annahme symmetrischer Nutzenfunktionen erleichtert Analysen, die auf räumlichen Modellen basieren (wie vor allem noch in Abschn. 4 zu sehen sein wird), ist aber im Gegensatz zu den Forderungen nach dem Maximum der Funktion über dem Idealpunkt und der Eingipfligkeit der Nutzenfunktion nicht zwingend. Sowohl Blacks Medianwähler-Theorem als auch Downs' Ergebnis zweier beim Median clusternder Parteien im Wettbewerb um Wählerstimmen lassen sich auch mit asymmetrischen Nutzenfunktionen nachweisen. Auch Downs (1968, S. 112) formuliert ausdrücklich: „Die Abnahme der Kurve vom Scheitelpunkt aus braucht auf beiden Seiten nicht genau gleich zu sein [...]"; er fordert aber, „[...] daß keine starke Asymmetrie besteht". Inhaltlich gibt es gute Gründe, Asymmetrien bei Nutzenfunktionen zuzulassen. So kann eine um xProzentpunkte zu hohe Steuer als

[13] $||y_i - o||$ bezeichnet hierbei die Distanz der beiden Punkte y_i und o. Im eindimensionalen Fall entspricht dies dem Absolutbetrag der Differenz: $|y_i - o|$.

ökonomisch schädlicher (oder weniger schädlich) angesehen werden als eine um den gleichen Prozentsatz zu niedrige. Oder ein Wähler im gemäßigt linken Lager kann eine linksextreme Partei durchaus schlechter bewerten als eine konservative, die in einem bestimmten Politikraum als gleichweit entfernt von seiner Idealposition geschätzt wird. Beides kann nur durch asymmetrische Nutzenfunktionen ausgedrückt werden.

Die heute meist benutzten Nutzenfunktionen sind nichtsdestotrotz alle symmetrisch und beruhen entweder auf linearen oder quadrierten Distanzen zum Idealpunkt (Merrill und Grofman 1999, S. 20–21; McCarty und Meirowitz 2007, S. 20). Da Abweichungen vom Idealpunkt negativ zu bewerten sind, geht die Distanz entsprechend mit einem negativen Vorzeichen in die Nutzenfunktion ein. Die entsprechenden Funktionen lauten daher $u_i(o) = const - ||y_i - o||$ (linear) bzw. $u_i(o) = const - ||y_i - o||^2$ (quadriert). *const* steht für eine beliebige Konstante, die entfallen kann ($const = 0$) oder häufig Normierungszwecken dient, etwa damit der Wertebereich der Nutzenfunktion positiv ist. Abbildung 6 illustriert diese Nutzenfunktionen.

Außerdem zeigt Abb. 6 zwei weitere Nutzenfunktionen: die Normalverteilung, die nach Poole (2005, S. 19–20) neben der quadrierten Distanz eine der Standardnutzenfunktionen[14] der räumlichen Modellierung ist, sowie das Gegenstück der Quadrierung, die Wurzelfunktion: $u_i(o) = const - \sqrt{||y_i - o||}$. Alle in Abb. 6 gezeigten Nutzenfunktionen erfüllen die oben genannten Grundanforderungen: Sie besitzen ein Maximum über dem Idealpunkt, sind eingipflig und zudem zusätzlich symmetrisch. Das heißt nicht, dass alle Nutzenfunktionen gleichermaßen zur Modellierung geeignet sind. Sie unterscheiden sich sowohl hinsichtlich formal-mathematischer Eigenschaften als auch substantiell.

In der Ökonomie wie auch in der Politischen Ökonomie ist die Maximierung von Nutzen oder Erwartungsnutzen eines der zentralen Lösungskonzepte (siehe etwa Behnke 2013, S. 37). Um Maxima von Funktionen analytisch zu bestimmen, sind diese zu differenzieren und die Ableitungen auf Nullstellen zu untersuchen. Von den hier gezeigten Funktionen sind lediglich die quadrierte Distanzfunktion sowie die Normalverteilung stetig differenzierbar. Die beiden anderen Funktionen sind ausgerechnet in ihrem Maximum – das es zu identifizieren gilt – nicht differenzierbar und daher zumindest dann, wenn auf analytische Weise Nutzenmaxima gesucht werden, weniger geeignet.

---

[14] Nach meinem Wissen gibt es keine Auszählung, welche Nutzenfunktion wie häufig in der räumlichen Modellierung genutzt wird. Im Gegensatz zu Poole halte ich die Nutzung der Normalverteilung als Nutzenfunktion allerdings eher für exotisch.

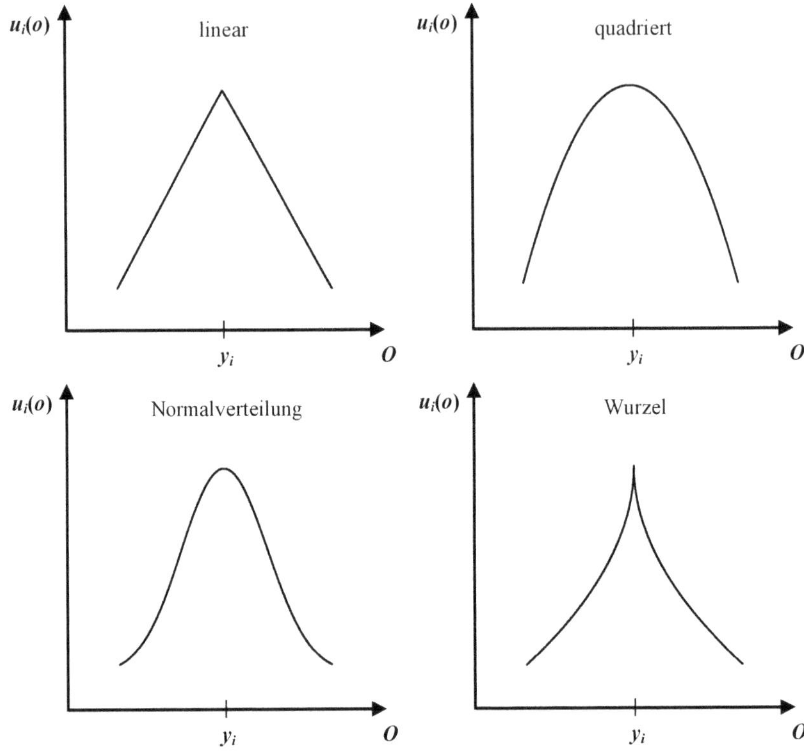

Abb. 6 Skizzierung von vier verschiedenen Nutzenfunktionen. (Quelle: eigene Darstellung)

Die unterschiedlichen Funktionen implizieren weiterhin unterschiedliche Annahmen über die Akteure. Je nachdem, wie eine Nutzenfunktion gekrümmt ist, sagt sie etwas über die Risikobereitschaft des Akteurs aus, für den sie angenommen wird. Eine Definition der unterschiedlichen Funktionstypen würde an dieser Stelle ebenso zu weit führen wie eine verständliche Erklärung, weshalb bestimmte Krümmungen von Funktionen Annahmen über die Risikobereitschaft der Akteure implizieren. Der Leser sei hierfür auf Behnke (2013, S. 50 f.) verwiesen, wo genau dies ausführlich erklärt wird. Als Ergebnis lässt sich festhalten, dass die lineare Nutzenfunktion neutral hinsichtlich der Risikobereitschaft der Akteure ist; mit ihrer Hilfe lassen sich daher risikoneutrale Akteure modellieren. Die quadrierte Distanzfunktion ist eine konkave Funktion. Mit konkaven Nutzenfunktionen können risikoaverse Akteure dargestellt werden. Die Wurzelfunktion ist genau in die entgegengesetzte Richtung gewölbt. Sie ist somit vom Idealpunkt ausgesehen in beide Richtungen konvex. Mit ihrer Hilfe kann Risikofreude eines Akteurs ausgedrückt werden. Die Normalverteilung ändert ihre Krümmung im Verlauf. Sie ist um den Idealpunkt des Akteurs herum konkav, an den Rändern hingegen konvex. Akteure mit einer solchen Nutzenfunktion sind daher im Bereich nahe ihrer Idealpunkte risikoavers und werden mit zunehmender Distanz risikofreudiger. Es kann an dieser Stelle kein allgemeines Urteil über die Angemessenheit der einzelnen Funktionen gefällt werden. Allerdings sollte sich der Anwender bei der Wahl einer Nutzenfunktion deren Implikationen bewusst sein.

3.2 Mehrdimensionale räumliche Modelle

Komplexere räumliche Modelle bestehen nicht mehr nur aus einem Zahlenstrahl, sondern aus dem kartesischen Produkt mehrerer Zahlenstrahlen, etwa $\mathbb{Z}^2, \mathbb{R}^m$ oder $[0, 1]^2 \subset \mathbb{R}^2$. Wie bei eindimensionalen räumlichen Modellen gilt auch für mehrdimensionale, dass $\mathbb{R}$-basierte Räume als euklidische Räume besonders wünschenswerte Eigenschaften besitzen.

Mehrdimensionale räumliche Modelle sind dann notwendig, wenn sich die Alternativen nicht mehr eindimensional anordnen lassen. Dies kann der Fall sein, wenn ganze Verhandlungssysteme analysiert werden, die aus einzelnen Verhandlungsgegenständen bestehen, die – jedes Thema für sich genommen – eindimensional darstellbar sind, aber insgesamt einen mehrdimensionalen Raum zur Darstellung erfordern.[15] So stellen beispielsweise Thurner et al. (2002) die Verhandlungen der EU-Regierungskonferenz 1996, die zum Vertrag von Amsterdam führte, im räumlichen Modell dar. Die einzelnen Verhandlungsgegenstände wie etwa die Frage der Finanzierung der Gemeinsamen Außen- und Sicherheitspolitik, die Zusammensetzung der Europäischen Kommission oder die Rolle der nationalen Parlamente sind für sich genommen jeweils im eindimensionalen räumlichen Modell darstellbar (Thurner et al. 2002 wählen jeweils das [0, 1]-Intervall als normierten Raum). Das gesamte Verhandlungssystem, das sich aus insgesamt 46 Einzelfragen zusammensetzt, ist dementsprechend durch den Raum $[0, 1]^{46}$ repräsentiert, in dem jede Dimension für einen Verhandlungsgegenstand steht.

Auch einzelne Fragen können verschiedene Aspekte beinhalten, die eine mehrdimensionale Darstellung des Themas erfordern. Oben wurde bereits die Hauptstadtfrage diskutiert, die sich nicht in einem eindimensionalen räumlichen

[15] Für Anwendungen, siehe etwa Bräuninger (2000); Henning (2000); Linhart (2006); Thurner und Pappi (2009).

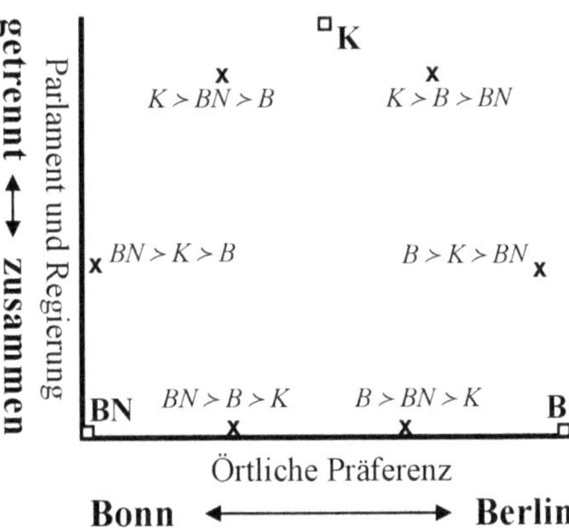

Abb. 7 Die Hauptstadtfrage im zweidimensionalen Politikraum. (Quelle: eigene Darstellung)

Modell darstellen lässt. Dies liegt daran, dass zwei voneinander unabhängige Aspekte hierbei eine Rolle spielen: zum Einen die Frage, ob Bonn oder Berlin die geeignetere Hauptstadt ist, zum Anderen die Frage, ob Parlament und Regierung in derselben Stadt ihren Sitz haben müssen oder nicht. Für unterschiedliche Akteure waren offenbar die beiden Aspekte unterschiedlich prägend für die Ausbildung ihrer Präferenzen. Während sich Geißler und de Maizière wohl an der „Bonn vs. Berlin"-Dimension orientierten, argumentiert die Gruppe um Schily mit Bezug auf die „getrennt vs. zusammen"-Dimension. Mithilfe eines zweidimensionalen Politikraums lässt sich das Dilemma der Nicht-Darstellbarkeit im räumlichen Modell (vgl. Abb. 5) lösen, wie Abb. 7 zeigt.

Die horizontale „Bonn vs. Berlin"-Dimension zeigt an, wo eine Position hinsichtlich der örtlichen Präferenz für eine der beiden Städte (und damit gegen die andere) zu verorten ist, wobei hier links Bonn repräsentiert und rechts Berlin. Die vertikal abgetragene „getrennt vs. zusammen"-Dimension positioniert Alternativen hinsichtlich der Frage, ob Parlament und Regierung örtlich zusammen oder getrennt sein sollen, wobei oben für getrennt steht, unten für zusammen.

Entsprechend sind die drei im Raum stehenden Alternativen „Bonn als alleinige Hauptstadt" (BN), „Berlin als alleinige Hauptstadt" (B) und „Kompromiss: Regierung in Bonn, Parlament in Berlin" (K) wie folgt einzutragen: Bei beiden Optionen BN und B sind Regierung und Parlament zusammen; sie sind also unten in das zweidimensionale räumliche Modell einzutragen. Dabei ist BN am linken Rand bei der örtlichen Präferenz für Bonn zu verorten, B entsprechend am rechten Rand bei der örtlichen Präferenz für Berlin. K stellt einen Kompromiss hinsichtlich des örtlichen Aspekts dar und wird daher in der Mitte dieser Dimension verortet. Auf der „getrennt vs. zusammen"-Dimension hingegen ist K am oberen Rand einzutragen.

Ohne bisher Nutzenfunktionen für mehrdimensionale räumliche Modelle behandelt zu haben, ist bereits anhand der Distanzen erkennbar – geringere Distanzen stehen für einen höheren Nutzen –, dass im zweidimensionalen Modell für alle möglichen Präferenzprofile über die drei Alternativen Positionen gefunden werden können, so dass die Distanzen zu den jeweiligen Alternativen der Reihenfolge im Präferenzprofil entsprechen.

Auch allgemeinere Politikräume, die über konkrete Sachfragen hinaus gehen, werden häufig mehrdimensional dargestellt. Orientiert man sich bei der Abschätzung von Parteipositionen an den Wahlprogrammen von Parteien, so kommen zahlreiche Analysen zu dem Schluss, dass die FDP sozioökonomisch rechts von der CDU/CSU zu verorten ist, soziokulturell aber links von ihr. Ein eindimensionaler Politikraum kann im Gegensatz zum zweidimensionalen solche Feinheiten nicht erfassen. Abbildung 8 zeigt ein Beispiel für die Schätzung von Parteipositionen nach der Methode von Linhart und Shikano (2009a) anhand der Wahlprogramme für die Bundestagswahl 2009, das den Sinn der Annahme eines zweidimensionalen Politikraums verdeutlicht. Pappi und Seher (2014, in diesem Band) zeigen für die deutschen Bundesländer auf, inwiefern auch Politikräume mit mehr als zwei Dimensionen ihre Berechtigung haben.

An Nutzenfunktionen in mehrdimensionalen räumlichen Modellen werden grundsätzlich dieselben Anforderungen gestellt wie in eindimensionalen. Das Maximum der Funktion muss über dem Idealpunkt liegen, und die Funktion muss eingipflig sein, also in jede beliebige Richtung vom Idealpunkt weg monoton abnehmen. Abbildung 9 illustriert exemplarisch die lineare ($u_i(o) = const - ||y_i - o||$, links) und die quadrierte ($u_i(o) = const - ||y_i - o||^2$, rechts) negative Distanznutzenfunktion im zweidimensionalen räumlichen Modell, wobei *const* wieder für eine beliebige Konstante steht. Formal besteht im m-dimensionalen Raum jeder Punkt o aus einem m-Tupel: $o = (o_1, \ldots, o_m)$. Die Distanz zwischen y_i und o ergibt sich dann aus $||y_i - o|| = \sqrt{\sum_{j=1}^{m} (y_{ij} - o_j)^2}$.

Gerade in mehrdimensionalen räumlichen Modellen sind asymmetrische Nutzenfunktionen gängiger als in eindimensionalen, wobei die Asymmetrien in der Regel nicht innerhalb einzelner Dimensionen modelliert werden, sondern zwischen den Dimensionen, um deren unterschiedliche Bedeutung darstellen zu können.

Es ist plausibel anzunehmen, dass im Allgemeinen unterschiedlichen Akteuren einzelne Themen oder Politikfelder unterschiedlich wichtig sind. Die in Fußnote 15 genannten Autoren haben dies für die von ihnen untersuchten Verhandlungssysteme beispielsweise explizit nachgewiesen. Auch in einem zweidimensionalen Politikraum wie in Abb. 8 dargestellt gibt es keinen Grund zur Annahme, dass die

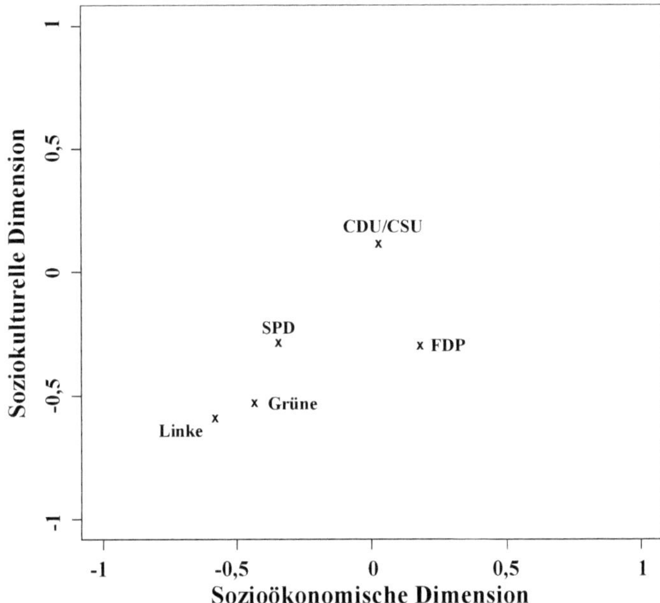

Abb. 8 Geschätzte Parteipositionen bei der Bundestagswahl 2009. (Quelle: Darstellung nach Linhart und Shikano 2009a, basierend auf Daten von Volkens et al. 2009)

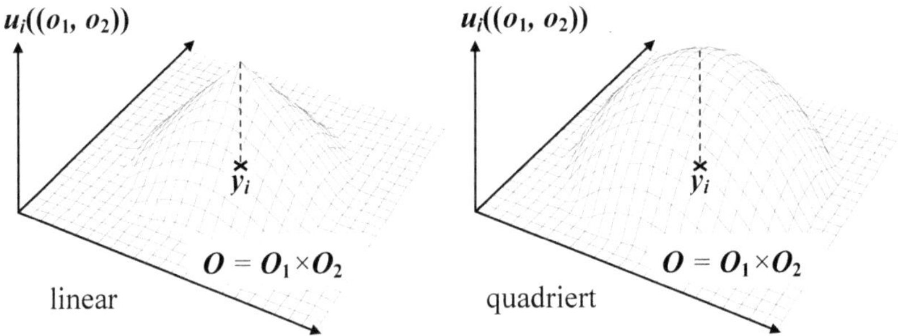

Abb. 9 Lineare und quadrierte Nutzenfunktion im zweidimensionalen räumlichen Modell. (Quelle: eigene Darstellung)

dort verorteten Parteien oder auch die Wähler in diesem Politikraum allesamt die sozioökonomische und die soziokulturelle Dimension als gleich wichtig erachten. Die unterschiedlich intensive Auseinandersetzung mit Themen beider Dimensionen in den Wahlprogrammen der Parteien lässt eher den gegenteiligen Schluss zu.

In der Nutzenfunktion kann dem mithilfe eines Salienzvektors $s_i = (s_{i1}, \ldots, s_{im})$ Rechnung getragen werden, der für jeden Akteur i angibt, für wie wichtig er welche Dimension erachtet (siehe etwa Coleman 1990). Um die relative Bedeutung der Dimensionen zu erfahren, ist der Salienzvektor zu normieren, so dass $\sum_{j=1}^{m} s_{ij} = 1$ für alle i. In der Nutzenfunktion kann die unterschiedliche Bedeutung einzelner Dimensionen berücksichtigt werden, indem die Distanzen in den einzelnen Dimensionen mit den entsprechenden Salienzen gewichtet werden, so dass Abweichungen vom Idealpunkt in wichtigeren Dimensionen stärker ins Gewicht fallen als in weniger wichtigen. Die quadrierte Nutzenfunktion lautet dann formal $u_i(o) = -\sum_{j=1}^{m} s_{ij}(y_{ij} - o_j)^2$, die anderen Funktionen ergeben sich analog.

3.3 Richtungsmodelle

Neben den unter 3.1. und 3.2. beschriebenen räumlichen Modellen, die auf Teilräumen des $\mathbb{R}^m$ basieren, in denen Ideal*punkte* von Akteuren verortet werden können, haben sich – vor allem in der Wahlforschung – auch Richtungsmodelle etabliert. Diese basieren auf Vektorräumen, in denen Akteure Präferenzen über die einzelnen Vektoren (also Richtungen) besitzen, und denen somit Ideal*vektoren* zugeordnet werden können. Die Idee hinter Richtungsmodellen ist, dass sich Politik nicht sprunghaft ändert, politische Akteure also weniger damit rechnen (können), in einer einzelnen großen Entscheidung ihren Idealpunkt zu erreichen. Vielmehr befindet sich Politik in einem ständigen Fluss, bei dem die Akteure versuchen, die Veränderung in eine von ihnen gewünschte Richtung zu lenken (vgl. Linhart und Shikano 2009b).

Vektorräume werden standardmäßig über ihre Basis definiert. Basis für einen m-dimensionalen Vektorraum ist die Menge von m Vektoren $\{\overrightarrow{v_{m1}}, \ldots, \overrightarrow{v_{mm}}\}$. Ein und derselbe Vektorraum lässt sich hierbei über verschiedene Basen darstellen; die einfachste Basiswahl für den m-dimensionalen Standardvektorraum ist diejenige, in der $\overrightarrow{v_{mj}}$ einen Vektor mit m Einträgen darstellt, der aus lauter Nullen besteht außer an der j-ten Stelle aus einer Eins. Die Basis für den zweidimensionalen Vektorraum ist dann $\{\overrightarrow{(1,0)}, \overrightarrow{(0,1)}\}$, die für den dreidimensionalen $\{\overrightarrow{(1,0,0)}, \overrightarrow{(0,1,0)}, \overrightarrow{(0,0,1)}\}$ etc. Der entsprechende Vektorraum besteht dann aus jeder beliebigen Linearkombination aus Vektoren seiner Basis.

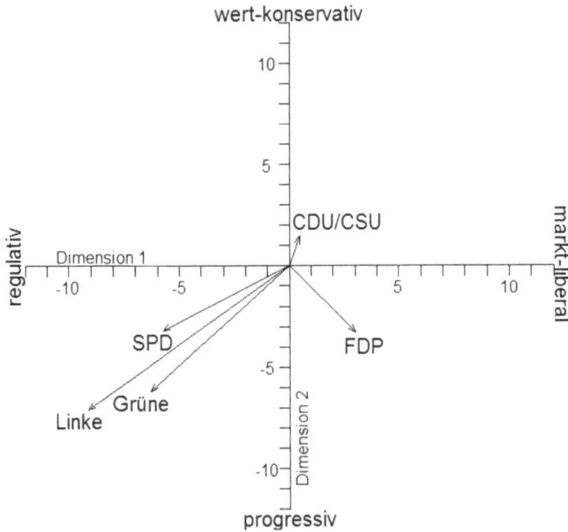

Abb. 10 Geschätzte Idealvektoren der Parteien bei der Bundestagswahl 2009. (Quelle: Darstellung nach Linhart und Shikano 2013, S. 442)

Für Richtungsmodelle hat sich bisher weniger ein Standard durchgesetzt als für Distanzmodelle. Während Matthews (1979) beispielsweise ein Modell beschreibt, in dem nur die Richtungen von Vektoren, nicht aber deren Längen von Bedeutung sind, entwickeln Grofman (1985) und Rabinowitz und Macdonald (1989) Modelle, in denen auch die Intensitäten der Richtungen eine Rolle spielen.[16] Abbildung 10 zeigt zur Illustration die gemäß den Wahlprogrammen der Parteien geschätzten Idealvektoren für die bei der Bundestagswahl 2009 erfolgreichen Parteien. Die horizontale Achse repräsentiert hierbei die sozioökonomische Dimension des Vektorraums, die vertikale Achse die soziokulturelle. In der Darstellung sind die Vektorlängen berücksichtigt; für ein reines Richtungsmodell im Sinne von Matthews (1979) wären alle in Abb. 10 gezeigten Vektoren gleich lang darzustellen.

Als Nutzenfunktionen für vektorraumbasierte Richtungsmodelle eignen sich vor allem die Cosinus-Funktion und das Skalarprodukt. Bezeichnet $\overrightarrow{y_i}$ den Idealvektor eines Akteurs i und $\overrightarrow{v}$ einen beliebigen anderen Vektor im Vektorraum, so ist einer ausschließlichen Richtungslogik im Sinne Matthews' (1979) folgend der Nutzen am

[16] Für eine detailliertere Diskussion siehe etwa Linhart und Shikano (2009b) oder Tiemann (2014, in diesem Band).

größten, wenn beide Vektoren in die gleiche Richtung zeigen (ihr Winkel also 0° beträgt), und am kleinsten, wenn sie in exakt die entgegengesetzten Richtungen weisen (ihr Winkel also 180° beträgt). Dazwischen sollte der Nutzen kontinuierlich abnehmen bzw. ansteigen. Da die Cosinus-Funktion bei 0° den Wert 1 annimmt und bei 180° den Wert -1, eignet sie sich hervorragend als Nutzenfunktion in solchen Fällen (Merrill und Grofman 1999, S. 26).

Für die Rabinowitz & Macdonald-Version, bei der zusätzlich Vektorlängen eine Rolle spielen, ist das Skalarprodukt ein geeigneteres Maß, da es im Gegensatz zur Cosinus-Funktion eben neben dem Winkel φ zwischen den beiden Vektoren $\overrightarrow{y_i}$ und $\overrightarrow{v}$ auch deren Längen $|\overrightarrow{y_i}|$ und $|\overrightarrow{v}|$ berücksichtigt (Merrill und Grofman 1999, S. 30–31): $u_i(\overrightarrow{v}) = \langle \overrightarrow{y_i}, \overrightarrow{v} \rangle = |\overrightarrow{y_i}| \cdot |\overrightarrow{v}| \cdot \cos(\varphi)$.

4 Entscheidungs- und spieltheoretische Konzepte in räumlichen Modellen

Bei der Analyse von Entscheidungs- und Spielsituationen, die räumlich modelliert werden, kann mittlerweile auf eine Vielzahl an Lösungskonzepten zurückgegriffen werden, deren Darstellung an dieser Stelle den Rahmen sprengen würde. Um dem Leser einen Einblick in dieses Gebiet zu geben, seien hier zumindest drei der grundlegendsten Konzepte für $\mathbb{R}^m$-basierte Räume dargestellt. Dies sind Paretomengen, Präferenzmengen und Gewinnmengen.[17]

4.1 Paretomengen in räumlichen Modellen

Als pareto-optimal bezeichnet man ein Ergebnis o, für das es kein anderes Ergebnis o' gibt, durch das sich mindestens einer der Akteure besser stellen kann als mit o, aber keiner der Akteure schlechter gestellt ist, formal:

o ist pareto-optimal $\Leftrightarrow$ es gibt kein o' mit

1. $u_i(o') > u_i(o)$ für mindestens ein i, und
2. $u_i(o') \geq u_i(o)$ für alle i.

[17] Die Darstellung dieser Konzepte für Vektorräume findet sich bei Linhart und Shikano (2009b). Weitere Konzepte für Distanz- wie auch für Vektorräume finden sich vor allem in zahlreichen Arbeiten von Norman J. Schofield.

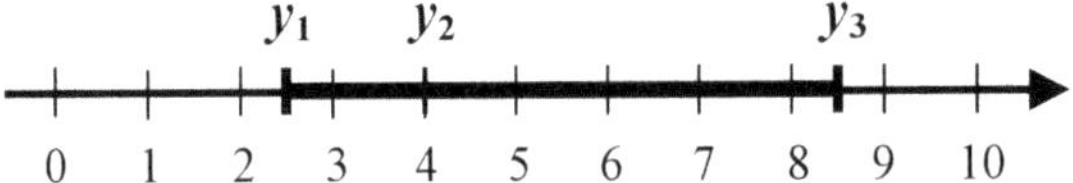

Abb. 11 Die Paretomenge im eindimensionalen räumlichen Modell. (Quelle: eigene Darstellung)

Gibt es hingegen ein solches *o'*, so nennt man *o'* pareto-superior gegenüber *o*; *o* selbst ist dann nicht pareto-optimal. Die Menge aller pareto-optimalen Lösungen eines Ergebnisraums *O* bezeichnet man als Paretomenge (siehe etwa Behnke 2013, S. 93).

Für eindimensionale räumliche Modelle, etwa $O = \mathbb{R}$, lässt sich die Paretomenge leicht bestimmen. Bezeichnet $N = \{1, \ldots, n\}$ die Menge aller Akteure, für die die Paretomenge zu bestimmen ist, und $Y = \{y_1, \ldots, y_n\}$ die zugehörigen Idealpositionen, so gleicht die Paretomenge *P* für diese Akteure dem abgeschlossenen Intervall mit den Randpunkten als Grenzen: $P(N) = [min(Y), max(Y)]$. Abbildung 11 illustriert dies.

Der Einfachheit halber sind die Akteure in der Abbildung in der Reihenfolge ihrer Position sortiert, so dass $y_1 = min(Y)$ und $y_n = max(Y)$. Die Paretomenge entspricht hier also $[y_1, y_n]$ bzw. konkret [2.5, 8.5]. Dass alle Punkte außerhalb dieses Intervalls nicht pareto-optimal sind, ist leicht ersichtlich. $min(Y) = 2.5$ liegt näher an allen Idealpunkten {2.5, 4, 8.5} als jeder beliebige Punkt links von 2.5 (beispielsweise als der Punkt 1). Aufgrund der geringeren Distanz ist der Nutzen über 2.5 für alle Akteure höher als der Nutzen über 1. Somit ist 2.5 pareto-superior gegenüber 1 (oder allgemein jedem Punkt links von 2.5); Punkte links von 2.5 sind also nicht pareto-optimal. Analog sind alle Punkte rechts von $max(Y) = 8.5$ ebenfalls nicht pareto-optimal.

Alle Punkte zwischen $min(Y)$ und $max(Y)$ inklusive der beiden Randpunkte selbst hingegen sind pareto-optimal. Wählt man einen beliebigen Punkt zwischen 2.5 und 8.5, z. B. den Punkt 7, so lässt sich zu diesem Punkt keine Alternative *o'* finden, die nicht mindestens einer der Akteure schlechter bewertet. Jede Alternative rechts von 7 besitzt eine größere Distanz zu y_1 und wird damit von Akteur 1 schlechter bewertet. Jede Alternative links der 7 entfernt sich von Akteur *n*'s Position und liefert diesem einen geringeren Nutzen. Es kann daher keinen Punkt geben, der pareto-superior gegenüber einem Punkt innerhalb des Intervalls ist, somit sind

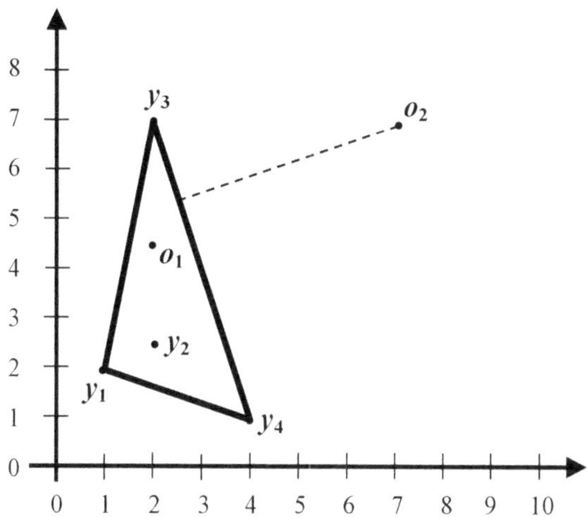

Abb. 12 Die Paretomenge im mehrdimensionalen räumlichen Modell. (Quelle: eigene Darstellung)

die Punkte zwischen $min(Y)$ und $max(Y)$ pareto-optimal und bilden gemeinsam die Paretomenge (fette Linie in Abb. 11).[18]

Als Randbemerkung sei erwähnt, dass die Anzahl der weiteren Akteure zwischen $min(Y)$ und $max(Y)$ keine Rolle spielt. Für die Argumentation, ob ein Punkt pareto-optimal ist oder nicht, sind ausschließlich $min(Y)$ und $max(Y)$ relevant.

Das Intervall $[min(Y), max(Y)]$ bildet mathematisch gesprochen die konvexe Hülle über Y; letztere definiert allgemein die Paretomenge für eine Punktmenge Y in Teilräumen des $\mathbb{R}^m$. Die konvexe Hülle von Y ist definiert als die kleinste konvexe Menge, die Y enthält. Eine Menge heißt wiederum konvex, wenn für zwei beliebige Punkte der Menge auch deren direkte Verbindungslinie vollständig in der Menge liegt. Abbildung 12 zeigt ein Beispiel für die Paretomenge von vier Akteuren im $\mathbb{R}^2$.

Hier besteht die konvexe Hülle der Menge aller Positionen $Y = \{(1, 2), (2, 2.5), (2, 7), (4, 1)\}$ aus dem eingezeichneten Dreieck mit den Eckpunkten y_1, y_3 und y_4. Zur Paretomenge gehören sowohl der Inhalt des Dreiecks als auch die Randlinien und -punkte. Zu Anschauungszwecken sind ein beliebiger Punkt o_1 in-

[18] Da sich mit jedem Abweichen von y_1 Akteur 1 verschlechtert und mit jedem Abweichen von y_n Akteur n, sind die Randpunkte selbst auch pareto-optimal und damit Teil der Paretomenge.

nerhalb der Paretomenge und ein beliebiger Punkt o_2 außerhalb der Paretomenge eingezeichnet.

Für o_2 ist zu sehen, dass es verschiedene andere Punkte im $\mathbb{R}^2$ gibt, die im Vergleich zu o_2 von allen vier Akteuren bevorzugt werden, die also gegenüber o_2 pareto-superior sind. Zeigen lässt sich dies, indem zunächst der Punkt der konvexen Hülle gewählt wird, der o_2 am nächsten liegt, und von dort aus eine Verbindungslinie zu o_2 gezogen wird (gestrichelte Linie in Abb. 12).[19]

Jeder Punkt auf dieser Strecke zwischen o_2 und der konvexen Hülle ist allen Positionen aus Y näher als o_2, was sich insbesondere an dem Punkt leicht sehen lässt, an dem die Verbindungslinie auf die konvexe Hülle trifft. Der Punkt o_2 außerhalb der konvexen Hülle ist also nicht pareto-optimal.

Für den Punkt o_1 lässt sich hingegen kein anderer Punkt finden, der o_1 gegenüber pareto-superior ist. Egal, in welcher Richtung man einen solchen Punkt sucht: Dadurch, dass o_1 sich im Inneren der konvexen Hülle befindet, bewegt man sich immer von mindestens einem der Idealpunkte fort und stellt damit mindestens einen der Akteure schlechter.

4.2 Präferenzmengen in räumlichen Modellen

Ein weiteres zentrales Konzept der Entscheidungs- und Spieltheorie sind Präferenzmengen. Als Präferenzmenge Pr eines Akteurs i gegenüber einem Referenzpunkt o^* bezeichnet man alle Alternativen $o \in O$, die i gegenüber o^* präferiert, über die er also einen höheren Nutzen besitzt als über o^* (McCarty und Meirowitz 2007, S. 21):[20]

$$Pr_i\left(o^*\right) = \{o \in O; o \succ o^*\} = \{o \in O; u_i(o) > u_i\left(o^*\right)\}$$
$$\text{bzw. } \{o \in O; u_i(o) \geq u_i\left(o^*\right)\}.$$

Geht man von symmetrischen Nutzenfunktionen in räumlichen Modellen aus, so lässt sich Nutzen direkt über Distanzen beschreiben: Alle Positionen, die dem

[19] In diesem Beispiel lässt sich die relevante Linie am leichtesten finden, indem erst diejenige Seite der konvexen Hülle ausgewählt wird, die o_2 am nächsten liegt, und dann eine Orthogonale auf dieser Seite konstruiert wird, die durch o_2 verläuft. In anderen Situationen trifft eine solche Orthogonale nicht auf die konvexe Hülle. In diesen Fällen ist der zu o_2 naheste Punkt derjenige der Eckpunkte mit der geringsten Distanz zu o_2.

[20] Verlangt man einen echt größeren Nutzen, spricht man von starken Präferenzen. Kann der Nutzen größer oder gleich sein, so spricht man von *schwachen* Präferenzen. Im Folgenden gehe ich von schwachen Präferenzen aus. Die Analogien für starke Präferenzen erhält man, indem man ‚≥‘ durch ‚>‘ austauscht.

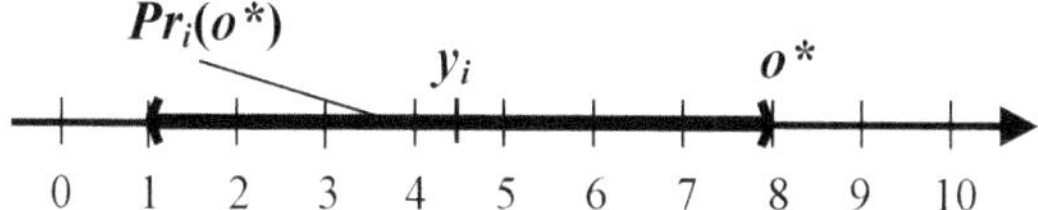

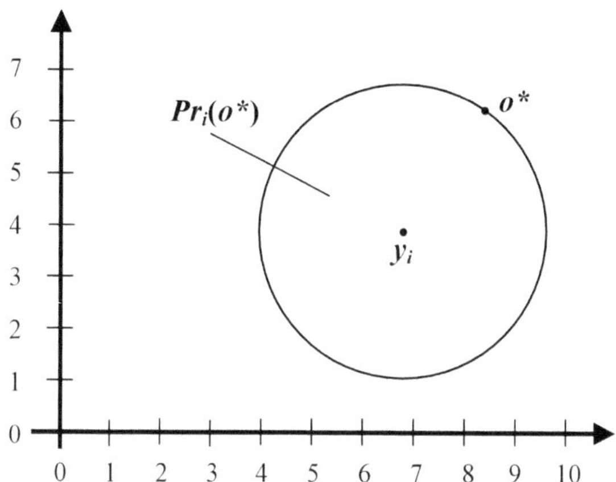

Abb. 13 Die Präferenzmenge im eindimensionalen und im zweidimensionalen räumlichen Modell. (Quelle: eigene Darstellung)

Idealpunkt näher sind als der Referenzpunkt o^* besitzen einen höheren Nutzen, alle, die weiter entfernt sind, einen niedrigeren. Es folgt daher

$$Pr_i\left(o^*\right) = \{o \in \mathbb{R}^m; ||y_i - o|| \leq ||y_i - o^*||\}.$$

Konstruiert man eine Kugel um den Idealpunkt y_i eines Akteurs i mit dem Radius $||y_i - o^*||$, befinden sich auf dem Rand dieser Kugel alle Punkte, die vom Idealpunkt genau so weit entfernt sind wie der Referenzpunkt o^*; alle diese Punkte besitzen also für i dasselbe Nutzenniveau wie o^*. Alle Punkte außerhalb der Kugel sind weiter entfernt und besitzen daher ein niedrigeres Nutzenniveau als o^*; alle Punkte innerhalb haben eine geringere Distanz zu i's Idealpunkt und daher einen höheren Nutzen. Die Präferenzmenge entspricht also exakt dem Inneren der Kugel – im Falle schwacher Präferenzen inklusive des Kugelrands – und kann auf diese Weise grafisch dargestellt werden.

Abbildung 13 zeigt zwei Beispiele. Das obere illustriert eine Situation im eindimensionalen räumlichen Modell, wo die Kugel einem Intervall entspricht. Das untere zeigt eine Konstellation im zweidimensionalen räumlichen Modell mit dem Kreis als zweidimensionaler Kugel.

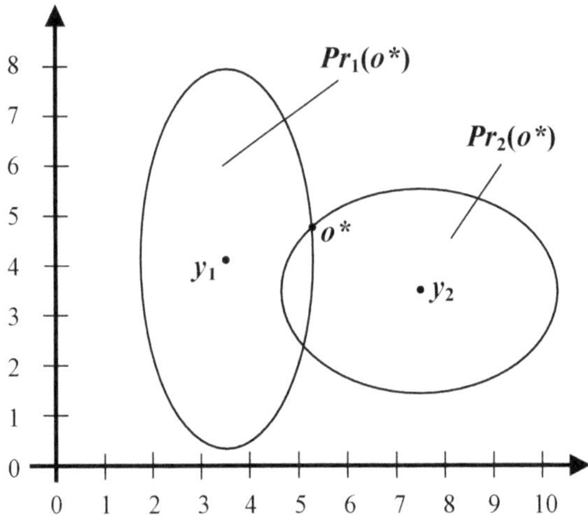

Abb. 14 Asymmetrische Nutzenfunktionen mit elliptischen Präferenzmengen. (Quelle: eigene Darstellung)

Unter Annahme asymmetrischer Nutzenfunktionen lassen sich die Präferenzmengen nicht mehr als Kreise darstellen. Bezieht sich die Asymmetrie in mehrdimensionalen räumlichen Modellen alleine auf die unterschiedliche Gewichtung der verschiedenen Dimensionen, wie durch die obige Formel ausgedrückt, so entsprechen die Indifferenzkurven, auf denen die Punkte mit gleichem Nutzenniveau wie der Referenzpunkt o^* liegen, Ellipsen. Ist für einen Akteur Dimension 1 wichtiger als Dimension 2, so fällt für ihn eine Abweichung der gleichen Größe in Dimension 1 bei der Bewertung seines Nutzens stärker ins Gewicht als in Dimension 2. Anders ausgedrückt: In Dimension 2 führt eine größere Abweichung vom Idealpunkt zu dem gleichen Nutzenniveau wie eine geringere Abweichung in Dimension 1. Aus genau diesem Grund sind die entsprechenden Indifferenzkurven hier nicht rund, sondern elliptisch. Die Präferenzmenge von Akteur 1 in Abb. 14 zeigt genau solch eine Präferenzmenge, die auf einer asymmetrischen Nutzenfunktion basiert. Der ebenfalls skizzierte Akteur 2 besitzt ebenfalls eine asymmetrische Nutzenfunktion. Er gewichtet allerdings Dimension 2 stärker, und seine Präferenzmenge ähnelt eher einem Kreis, d. h. er gewichtet beide Dimensionen ähnlicher als Akteur 1.

4.3 Gewinnmengen in räumlichen Modellen

Wählt man als Referenzpunkt o^* für Präferenzmengen den Status quo sq aus, so erlaubt dies die Interpretation, dass $Pr_i(sq)$ alle Punkte beinhaltet, durch die sich Akteur i gegenüber einem bestehenden Ist-Zustand verbessern kann.[21] Es kann somit erwartet werden, dass i bei gegebenem sq allen Punkten innerhalb seiner Präferenzmenge grundsätzlich zustimmen würde, wenn sie zur Abstimmung gegenüber dem sq stünden.

Kommt man auf Blacks (1948) Ausgangsfrage zurück, welche Entscheidungen Komitees treffen, so ist das Zusammenspiel der Präferenzmengen mehrerer Akteure gegenüber dem sq (oder unter Umständen auch gegenüber einem anderen Referenzpunkt o^*) relevant. Es ist nicht ausreichend zu fragen, welchen Punkten *ein* Akteur bereit wäre zuzustimmen, sondern auf welche Punkte sich *mehrere* Akteure einigen können. Solche Punkte müssen daher in den Präferenzmengen mehrerer Akteure, also in der Schnittmenge der entsprechenden Präferenzmengen liegen. Bezeichnet $C \subseteq N$ eine Teilmenge an Akteuren, so lässt sich deren gemeinsame Teilmenge Pr_C also bestimmen über

$$Pr_C\,(sq) = \cap_{i \in C} Pr_i(sq).$$

Abbildung 15 zeigt eine exemplarische Situation mit drei Akteuren im zweidimensionalen räumlichen Modell. Eingetragen sind zur Anschauung die gemeinsamen Präferenzmengen der Akteursgruppen $\{1, 2\}$, $\{1, 3\}$ und $\{2, 3\}$.

Welche Akteure gemeinsam eine Entscheidung durchsetzen können, hängt von der jeweiligen Entscheidungsregel und gegebenenfalls weiteren Variablen ab. In der allgemeinsten Formulierung lässt sich mit 2^N die Potenzmenge[22] über N bezeichnen, die alle Kombinationen an Akteursgruppen enthält. Die Entscheidungsstruktur $D \subseteq 2^N$ eines Abstimmungsspiels ist dann die Menge aller Akteursgruppen C, die ausreichend Macht besitzen, um eine Entscheidung durchzusetzen.

Am Beispiel einer Abstimmungssituation mit drei Akteuren 1, 2 und 3 lässt sich diese abstrakte Herangehensweise leichter nachvollziehen. Die Gruppe aller Akteure N entspricht dann der Menge $\{1, 2, 3\}$, die Potenzmenge ist die Menge aller Teilmengen von N:

$$2^N = \{\phi, \{1\}, \{2\}, \{3\}, \{1, 2\}, \{1, 3\}, \{2, 3\}, \{1, 2, 3\}\}.$$

[21] Vgl. für diesen gesamten Teilabschnitt Tsebelis (1990, 1995) und Schofield (1993).

[22] Die Potenzmenge einer Menge N ist definiert als die Menge aller (echten und unechten) Teilmengen von N. Der Name Potenzmenge rührt daher, dass sie genau 2^n Elemente besitzt.

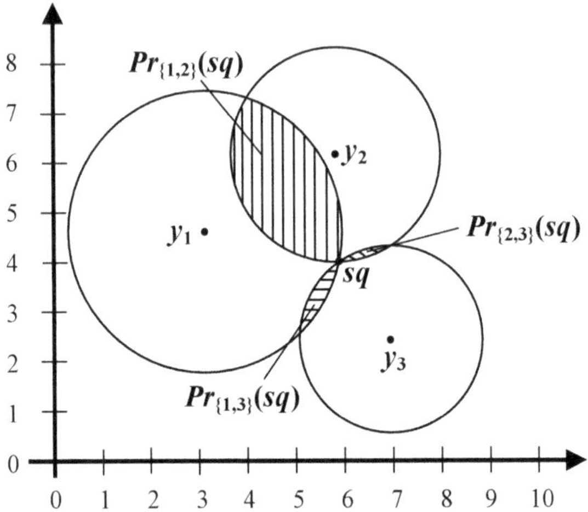

Abb. 15 Gemeinsame Präferenzmengen verschiedener Akteure. (Quelle: eigene Darstellung)

Besitzt jeder der Akteure genau eine Stimme und ist eine absolute Mehrheit für die Durchsetzung einer Entscheidung nötig, so besteht die Entscheidungsstruktur D aus allen Akteursgruppen C, die mindestens zwei Akteure beinhalten:

$$D = \{\{1,2\}, \{1,3\}, \{2,3\}, \{1,2,3\}\}.$$

Nimmt man Einstimmigkeit als Entscheidungsregel an, so besteht die Entscheidungsstruktur ausschließlich aus der Akteursgruppe, die alle Akteure enthält:

$$D = \{N\} = \{\{1, 2, 3\}\}.$$

Der Phantasie des Konstruierens weiterer sinnhafter wie unsinniger Entscheidungsstrukturen sind natürlich keine Grenzen gesetzt; die beiden hier genannten Entscheidungsstrukturen sollen an dieser Stelle genügen. Wichtig ist vielmehr, dass jede Gruppe C einer Entscheidungsstruktur in der Lage ist, eine Entscheidung durchzusetzen. Das heißt, die Punkte in genau deren gemeinsamen Präferenzmengen sind im Folgenden von Bedeutung. Da jede Gruppe $C \in D$ für sich genommen eine Entscheidung durchsetzen kann, kann jeder Punkt durchgesetzt werden, der in mindestens einer der entsprechenden Präferenzmengen liegt. Die Vereinigungsmenge all dieser Präferenzmengen entspricht also der Menge aller Punkte, die gemäß der Entscheidungsstruktur durchgesetzt werden können. Genau so ist die

Gewinnmenge einer Entscheidungsstruktur, G_D, definiert:

$$G_D\left(sq\right) = \cup_{C \in D} Pr_C\left(sq\right).$$

In dem Beispiel in Abb. 15 entspricht die Gewinnmenge gegenüber dem *sq* bei einer Mehrheitsregel somit dem gesamten schraffierten Bereich. Unter Einstimmigkeit besteht sie lediglich aus dem *sq* selbst.

5 Politikwissenschaftliche Anwendungsbereiche

Abschließend seien exemplarisch noch einige Anwendungsbereiche räumlicher Modellierung in der politikwissenschaftlichen Forschung aufgezeigt. Auch hier kann und soll keinesfalls der Anspruch auf Vollständigkeit erhoben werden. Es geht vielmehr darum, dem Leser durch die Vorstellung ausgewählter Beispiele einen Eindruck zu vermitteln, welche Möglichkeiten die räumliche Modellierung bietet.

5.1 Parteienwettbewerb und Wahlverhalten

Eine Anwendungsmöglichkeit räumlicher Modelle bei der Modellierung von Parteienwettbewerb wurde bereits in Abschn. 2.3. vorgestellt; schließlich ist das Ausgangsmodell von Downs gerade ein Modell des Parteienwettbewerbs und des Wahlverhaltens. Unter den vielen Weiterentwicklungen und Ergänzungen zu Downs' Modell (für einen Überblick siehe etwa Bräuninger 2009) fällt der Beitrag von Laver (2005) auf, der auf die Suche von Gleichgewichtslösungen verzichtet. Die Erkenntnis, dass sich empirisch Gleichgewichte beim Parteienwettbewerb häufig nicht nachweisen lassen, führt Laver auf die Annahme zurück, dass Parteien hierfür exakte Kenntnisse über die Verteilung der Wählerschaft besitzen müssten – eine Annahme, die Laver für unrealistisch hält. Stattdessen geht er von *adaptiven* Parteien aus (Kollman et al. 1992), die nicht sprunghaft ihre Positionen bei der Suche nach neuen Gleichgewichten wechseln, sondern auf der Basis von Erfolg und Misserfolg bei vergangenen Wahlen ihre Positionen anpassen.

Laver (2005) stellt vier mögliche Strategien vor, die adaptive Parteien anwenden können: den *Sticker*, der seine Position nie ändert, den *Predator*, der sich in Richtung des erfolgreichsten Bewerbers bei der letzten Wahl bewegt, den *Aggregator*, der sich zur Mitte seiner eigenen Wähler der letzten Wahl bewegt, und den *Hunter*, der sein letztes mit seinem vorletzten Wahlergebnis vergleicht. Er wiederholt seine letzte Bewegung, falls er damit erfolgreich war, ansonsten bewegt er sich in eine zufällige Richtung.

Aufbauend auf Laver (2005) entwickelten verschiedene Autoren weitere Strategien und wendeten die Modelle empirisch an. So zeigt z. B. Shikano (2009), dass es auch möglich ist, von Parteien auszugehen, die einzelne Strategien mischen. Am Beispiel des Parteienwettbewerbs in der Schweiz bestimmt er die Gewichte der verschiedenen Strategien, um die Positionen der einzelnen Parteien zu erklären. Als Ergebnisse findet Shikano, dass die Schweizerischen Parteien ihre Strategien in verschiedenen Politikdimensionen unterschiedlich mischen. Auch zwischen den einzelnen Parteien lassen sich Unterschiede aufzeigen.

Ebenfalls bereits in den Ausgangsmodellen von Black (1948) und Downs (1957) enthalten sind Theorien des Wahlverhaltens unter Annahme von räumlichen Modellen wie oben beschrieben. Eine Übersicht über verschiedene Weiterentwicklungen und empirische Anwendungen des Modells findet sich bei Poole (2005) oder auch bei Tiemann (2014, in diesem Band). Da zwei Beiträge in diesem Band (Shikano et al. 2014; Tiemann 2014) eine räumliche Theorie des Wahlverhaltens direkt anwenden, sei an dieser Stelle auf weitere Beispiele verzichtet.

5.2 Koalitionsbildung

Nachdem die ersten Koalitionstheorien von Parteien ausgingen, die sich im Wesentlichen an der Besetzung von Ämtern orientieren,[23] entwickelten spätere Autoren[24] Modelle der Koalitionsbildung, die auch (oder ausschließlich) politikorientierte Parteien annehmen. Die hier genannten Autoren messen Politikorientierung dabei, indem sie räumliche Modelle unterstellen, in denen die Idealpunkte der verschiedenen Parteien eingetragen werden.

Von Neumann und Morgenstern (1944) beispielsweise gehen in ihrer politikblinden Theorie davon aus, dass sich minimale Gewinnkoalitionen bilden. Dies sind solche Koalitionen, deren Mitglieder über eine parlamentarische Mehrheit verfügen, die aber keine Partei beinhalten, die für diese Mehrheit nicht notwendig ist. Ausgehend von einer Parteienkonstellation wie in Abb. 16 dargestellt mit 101 Sitzen insgesamt (und entsprechend einer Mehrheit bei 51 Sitzen), gibt es folglich

[23] Beginnend mit von Neumann und Morgenstern (1944). Für eine Übersicht siehe Laver und Schofield (1990) oder Linhart (2013).

[24] Dies sind unter anderem Axelrod (1970); De Swaan (1973); Van Roozendaal (1992); Laver und Shepsle (1996) und Van Deemen (1997), um nur einige zu nennen.

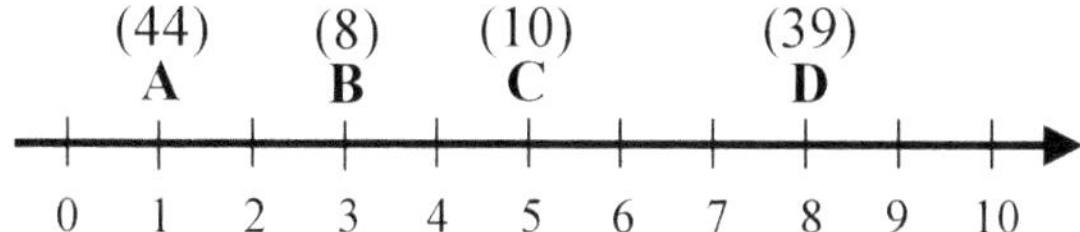

Abb. 16 Ein Parteiensystem im eindimensionalen räumlichen Modell. (Anmerkung: Die Werte in Klammern geben die Sitzstärken der jeweiligen Parteien an. Quelle: eigene Darstellung)

genau vier minimale Gewinnkoalitionen: {A, B}, {A, C}, {A, D} und {B, C, D}. Im Sinne von Neumanns und Morgensterns sind all diese vier Koalitionen gleichberechtigt, das heißt das Bündnis aus A und D mit vergleichsweise weit voneinander entfernten Parteien wird grundsätzlich als genauso wahrscheinlich angesehen wie die Koalition {A, B}, bei der die Idealpunkte der beteiligten Parteien relativ nahe beieinander liegen.

Axelrod (1970) begegnet diesem Problem, indem er alternativ formuliert, dass sich nur minimale verbundene Gewinnkoalitionen bilden sollten. Er bezeichnet eine Koalition als verbunden, wenn sie nur unmittelbar oder mittelbar benachbarte Parteien enthält. Formal ausgedrückt heißt eine Koalition verbunden, wenn gilt: Aus $i, j \in C$ und $y_i < y_k < y_j$ (oder $y_i > y_k > y_j$) folgt $k \in C$. Das heißt, das Kriterium der Verbundenheit verlangt, dass jede Partei, die zwischen zwei Parteien einer Koalition positioniert ist, ebenfalls Teil der Koalition ist. Eine verbundene Gewinnkoalition ist dann eine verbundene Koalition, die über die Mehrheit der Sitze verfügt. Eine minimale verbundene Gewinnkoalition wiederum ist eine verbundene Gewinnkoalition, in der jedes Mitglied entweder für die Mehrheit notwendig ist, oder um die Verbundenheit der Koalition zu sichern. In Abb. 16 sind nur die beiden Koalitionen {A, B} und {B, C, D} minimale verbundene Gewinnkoalitionen. Die unintuitive Koalition {A, D} entfällt also durch die Berücksichtigung von Politikdistanzen über ein räumliches Modell.

Noch weiter geht De Swaan (1973), der annimmt, dass sich diejenige minimale verbundene Gewinnkoalition bilden sollte, deren äußere Parteien einen kleinstmöglichen Abstand zueinander besitzen (*minimal range coalition*). In diesem Beispiel ist dies die Koalition {A, B}, die mit einer Distanz von 2 eine geringere Spannweite aufweist als {B, C, D} mit einem Wert von 5.

Heutige Theorien gehen davon aus, dass sich Parteien bei der Koalitionsbildung sowohl an Ämtern als auch an Politikdistanzen orientieren. Die in der Regel mithilfe räumlicher Modelle geschätzten Distanzen sind elementarer Bestandteil solcher Theorien (für empirische Anwendungen, siehe Shikano und Linhart 2010 oder Shikano und Seibert 2014, in diesem Band).

5.3 Legislatives Entscheiden

Auch bei der Analyse legislativer Entscheidungen kommen räumliche Modelle zum Einsatz. Eine verbreitete Anwendung geht davon aus, dass es einen Akteur gibt, der einen Politikvorschlag formulieren kann (den Agenda-Setzer), für dessen Durchsetzung aber die Zustimmung weiterer Akteure benötigt wird. Dies kann etwa der Fall sein, wenn im politischen System der Bundesrepublik eine Regierung die Zustimmung des Bundesrates braucht, in dem andere Mehrheiten herrschen (Bräuninger und König 1999), im Senat der USA die Minderheitsfraktion ausreichend groß ist, um Entscheidungen mit einem *filibuster* zu verhindern (Krehbiel 1996) oder im politischen System der EU die Europäische Kommission zwar Vorschläge ausarbeitet und unterbreitet, aber den Rat und je nach Entscheidungsverfahren auch das Europäische Parlament für die Beschlussfassung benötigt (Steunenberg 1994).

Alle hier genannten Autoren legen ihren Arbeiten räumliche Modelle zugrunde, so dass für die Zustimmung von Akteuren zu einzelnen Vorschlägen die Präferenzmengen gegenüber dem jeweiligen Status quo bedeutsam sind wie in Abschn. 4 beschrieben. Davon ausgehend, dass Akteure einem Vorschlag o nur dann zustimmen, wenn er in deren Präferenzmenge $Pr(sq)$ liegt, antizipieren die Agenda-Setzer, welche Vorschläge zu welchen Ergebnissen führen. Ein wenig komplizierter gestaltet sich dies für die EG-Entscheidungsverfahren, bei denen neben der Annahme und Ablehnung von Vorschlägen auch deren Abänderung möglich ist (siehe Steunenberg 1994). In allen hier genannten Beiträgen trägt die räumliche Modellierung dazu bei, Ergebnisse legislativer Entscheidungen, aber auch legislativen Stillstand in bestimmten Situationen zu erklären.

Ein weiterer nennenswerter Strang der Verwendung räumlicher Modelle zur Analyse legislativer Entscheidungen sind Lösungskonzepte wie das *uncovered set* (Shepsle und Weingast 1984), das *political heart* (Schofield 1993) oder der *structurally stable core* (Schofield 1986). Diese Lösungskonzepte erlauben Aussagen darüber, welche Positionen in einem räumlichen Modell bei gegebener Positionierung verschiedener Akteure mögliche Ergebnisse eines legislativen Spiels sein können und welche nicht. Die einzelnen Konzepte selbst sind zu komplex, um an dieser Stelle knapp und gleichzeitig verständlich dargestellt werden zu können. Hier sei auf die entsprechende Primär-Literatur verwiesen.

5.4 Verhandlungsanalyse

Schließlich sei auf eine Anwendungsmöglichkeit der räumlichen Modellierung hingewiesen, die sich nicht in die Entscheidungskette vom Wahlkampf über die

Wahlentscheidung und Regierungsbildung bis hin zum Ergebnis von legislativen Entscheidungen einordnen lässt, nämlich die Analyse von Verhandlungen. Wie bei legislativen Entscheidungen geht es auch hier um die Frage, welche Politiken eine Gruppe von Akteuren mit in der Regel unterschiedlichen Positionen durchsetzt bzw. durchsetzen kann. Allerdings kann diese Frage durchaus auch losgelöst von dem eher engen Korsett institutioneller Vorgaben, wie sie im Rahmen legislativer Prozesse zu finden sind, räumlich modelliert werden.

Verschiedene Autoren haben supra- und internationale Verhandlungen analysiert, indem sie den beteiligten Akteuren für jeden Verhandlungsgegenstand eine Verhandlungsposition in einem eindimensionalen räumlichen Modell zuordneten. Über das kartesische Produkt lassen sich die aus m Verhandlungsgegenständen bestehenden Verhandlungssysteme durch ein m-dimensionales räumliches Modell darstellen. Dadurch dass ebenfalls der bestehende Status quo und das Verhandlungsergebnis im räumlichen Modell verortet werden können, erlaubt die räumliche Modellierung die Beantwortung verschiedener Fragen, z. B. in den Präferenzmengen welcher Akteure die Verhandlungsergebnisse liegen und in welchen nicht, welche Akteure sich im Vergleich zum Ausgangspunkt, dem Status quo, am stärksten verbessern konnten, ob das ausgehandelte Ergebnis pareto-optimal ist oder nicht und viele mehr.

Anwendungen dieser oder ähnlicher Art finden sich bei Henning (2000), der sich mit der EG-Agrarpolitik beschäftigt und in diesem Rahmen die Verhandlungen zur MacSharry-Reform von 1992 untersucht. Bräuninger (2000) befasst sich mit internationalen Verhandlungen im Kontext der Vereinten Nationen. Konkret analysiert er die dritte Seerechtskonferenz der UN (UNCLOS III). Linhart und Thurner (2004) untersuchen die Abschlussverhandlungen (das sogenannte *Endgame*) der EU-Regierungskonferenz 1996, die zum Vertrag von Amsterdam führte. Sie wenden verschiedene spiel- und tauschtheoretische Modelle im räumlichen Modell an und überprüfen deren Erklärungskraft.

6 Schlussbetrachtungen

Dieser Beitrag gab einen Überblick über räumliche Modelle im Allgemeinen und deren Anwendungsmöglichkeiten in der Politikwissenschaft im Speziellen. Neben einem historischen Überblick, der die ersten räumlichen Modelle diskutierte, und der Behandlung der Grundlagen wurden zentrale Konzepte der räumlichen Modellierung vorgestellt und verschiedene Anwendungsbereiche skizziert.

Alleine die zahlreichen Verweise auf weiterführende Literatur, die in diesem Beitrag nicht diskutiert werden konnte und/oder die einen weiteren, detaillierteren Überblick über Spezialbereiche der räumlichen Modellierung bietet, lassen erkennen, dass der vorliegende Überblick nur einen kleinen Ausschnitt des Themas „Räumliche Modelle der Politik" beleuchten kann. Dieser Beitrag soll daher weniger als abschließende Behandlung mit dem Thema verstanden werden – dies ist er sicher nicht. Er soll vielmehr für Einsteiger ein Grundverständnis für die in diesem Band folgenden Beiträge schaffen und zu weiterer Forschung auf Basis räumlicher Modellierung anregen.

Danksagung

Für sehr hilfreiche Anmerkungen zu einer früheren Version dieses Beitrags möchte ich Franz U. Pappi und Johannes Raabe ganz herzlich danken. Johannes Raabe gilt zusätzlich Dank für seine Assistenz bei der Erstellung der Grafiken. Mein Dank für institutionelle Unterstützung gilt dem Hanse-Wissenschaftskolleg/Institute for Advanced Study in Delmenhorst.

Literatur

Anselin, Luc (1988): *Spatial Econometrics: Methods and Models.* Boston: Kluwer Academic Publishers.

Axelrod, Robert (1970): *Conflict of Interest: A Theory of Divergent Goals with Application to Politics.* Chicago: Markham.

Behnke, Joachim (2013): *Entscheidungs- und Spieltheorie.* Baden-Baden: Nomos.

Bernholz, Peter & Friedrich Breyer (1994): *Grundlagen der Politischen Ökonomie. Band 2: Ökonomische Theorie der Politik, 3. Aufl.* Tübingen: Mohr.

Black, Duncan (1948): On the rationale of group decision making, *Journal of Political Economy* 56: 23–34.

Black, Duncan (1958): *The Theory of Committees and Elections.* Cambridge: Cambridge University Press.

Braun, Dietmar (1999): *Theorien rationalen Handelns in der Politikwissenschaft: Eine kritische Einführung.* Opladen: Leske + Budrich.

Bräuninger, Thomas (2000): *Internationale Institutionenpolitik. Die Wahl von Entscheidungsregeln für die Meeresbodenbehörde.* Frankfurt am Main: Campus.

Bräuninger, Thomas (2009): Responsivität und strategische Adaption im Parteienwettbewerb in den deutschen Bundesländern, in: Henning, Christian, Eric Linhart & Susumu Shikano (Hrsg.): *Parteienwettbewerb, Wählerverhalten und Koalitionsbildung* (27–46). Baden-Baden: Nomos.

Bräuninger, Thomas & Marc Debus (2012): *Parteienwettbewerb in den Bundesländern*. Wiesbaden: VS Verlag.

Bräuninger, Thomas & Thomas König (1999): The checks and balances of party federalism. German federal government in a divided legislature, *European Journal of Political Research* 36: 207–234.

Bundestag.de (2013): Historische Debatten im Deutschen Bundestag, http://www.bundestag.de/dokumente/textarchiv/2011/34518922_serie_historische_debatten12/index.jsp, abgerufen am 23.08.2013.

Coleman, James S. (1990): *Foundations of Social Theory*. Cambridge: The Belknap Press of Harvard University Press.

Davis, Otto A. & Melvin J. Hinich (1966): A mathematical model of policy formation in a democratic society, in: Joseph L. Bernd (Hrsg.): *Mathematical Applications in Political Science II* (175–208). Dallas: SMU Press.

Davis, Otto A., Melvin J. Hinich & Peter C. Ordeshook (1970): An expository development of a mathematical model of the electoral process, *American Political Science Review* 64: 426–448.

De Swaan, Abram (1973): *Coalition Theories and Cabinet Formations*. Amsterdam: Elsevier.

Debus, Marc, Hrsg. (2009): *Estimating the Policy Preferences of Political Actors in Germany and Europe: Methodological Advances and Empirical Applications* (Special Issue of *German Politics* 18). London: Routledge.

Downs, Anthony (1957): *An Economic Theory of Democracy*. New York: Harper & Row.

Downs, Anthony (1968): *Ökonomische Theorie der Politik*. Tübingen: Mohr Siebeck.

Dreier, Volker (2014): Zur logischen Struktur der räumlichen Theorie der Wahl. Ein Beitrag zur Repräsentation politikwissenschaftlicher Theorien im metatheoretischen Strukturalismus (in diesem Band).

Eagles, Munroe, Hrsg. (1995): *Spatial and Contextual Models in Political Research*. London: Taylor & Francis.

Enelow, James M. & Melvin J. Hinich (1984): *The Spatial Theory of Voting*. New York: Cambridge University Press.

Fischer, Manfred M. & Arthur Getis, Hrsg. (2010): *Handbook of Applied Spatial Analysis. Software Tools, Methods and Applications*. Heidelberg und andere: Springer.

Grofman, Bernard (1985): The neglected role of the status quo in models of issue voting, *The Journal of Politics* 47: 230–237.

Henning, Christian (2000): *Macht und Tausch in der europäischen Agrarpolitik. Eine positive Theorie kollektiver Entscheidungen*. Frankfurt am Main: Campus.

Hinich, Melvin J. & Michael Munger (1997): *Analytical Politics*. New York: Cambridge University Press.

Holler, Manfred J. & Gerhard Illing (1996): *Einführung in die Spieltheorie, 3. Aufl.* Berlin und Heidelberg: Springer.

Hotelling, Harold (1929): Stability in competition, *The Economic Journal* 39: 41–57.

Kohler-Koch, Beate, Hrsg. (1998): *Regieren in entgrenzten Räumen* (PVS-Sonderheft 29). Opladen: Westdeutscher Verlag.

Kollman, Ken, John Miller & Scott Page (1992): Adaptive parties in spatial elections, *American Political Science Review* 86: 929–937.

Krehbiel, Keith (1996): Institutional and partisan sources of gridlock. A theory of divided and unified government, *Journal of Theoretical Politics* 8: 7–40.

Laver, Michael (2005): Policy and the dynamics of political competition, *American Political Science Review* 99: 263–281.

Laver, Michael & Norman J. Schofield (1990): *Multiparty Government. The Politics of Coalition in Europe*. Oxford: Oxford University Press.

Laver, Michael & Kenneth A. Shepsle (1996): *Making and Breaking Governments: Cabinets and Legislatures in Parliamentary Democracies*. New York: Cambridge University Press.

Linhart, Eric (2006): *Die Erklärungskraft spiel- und tauschtheoretischer Verhandlungsmodelle in Abhängigkeit vom Institutionalisierungsgrad des Verhandlungssystems*. Mannheim: Mannheim University Press.

Linhart, Eric (2013): Does an appropriate coalition theory exist for Germany? An overview of recent office- and policy-oriented coalition theories, *German Politics* 22: 288–313.

Linhart, Eric & Susumu Shikano (2009a): Ideological signals of German parties in a multidimensional space: An estimation of party preferences using the CMP data, *German Politics* 18: 301–322.

Linhart, Eric & Susumu Shikano (2009b): A basic tool set for a generalized directional model, *Public Choice* 140: 85–104.

Linhart, Eric & Susumu Shikano (2013): Parteienwettbewerb, Wahlverhalten und Regierungsbildung bei der Bundestagswahl 2009: Schwarz-gelb als Wunschkoalition ohne gemeinsame Marschrichtung?, in: Weßels, Bernhard, Oscar W. Gabriel & Harald Schoen (Hrsg.): *Wahlen und Wähler: Analysen aus Anlass der Bundestagswahl 2009* (426–451). Wiesbaden: Springer VS.

Linhart, Eric & Paul W. Thurner (2004): Die Erklärungskraft spiel- und tauschtheoretischer Verhandlungsmodelle. Ein empirischer Vergleich am Beispiel des Endgames der Regierungskonferenz 1996, in: Pappi, Franz Urban, Eibe Riedel, Paul W. Thurner & Roland Vaubel (Hrsg.): *Die Institutionalisierung internationaler Verhandlungssysteme* (261–289). Frankfurt am Main: Campus.

Matthews, Steven A. (1979): A simple direction model of electoral competition, *Public Choice* 34: 141–156.

McCarty, Nolan M. & Adam Meirowitz (2007): *Political Game Theory: An Introduction*. Cambridge: Cambridge University Press.

Merrill, Samuel & Bernard Grofman (1999): *Unified Theory of Voting*. Cambridge: Cambridge University Press.

Müller, Jochen & Christian Stecker (2014): Zur Aussagekraft von Idealpunktschätzungen in parlamentarischen Systemen. Eine Analyse potentieller Auswahlverzerrungen (in diesem Band).

Pappi, Franz U. (1992): Die Abstimmungsreihenfolge der Anträge zum Parlaments- und Regierungssitz am 20. Juni 1991 im Deutschen Bundestag, *Zeitschrift für Parlamentsfragen* 23: 403–412.

Pappi, Franz U. & Nicole M. Seher (2014): Die Politikpositionen der deutschen Landtagsparteien und ihr Einfluss auf die Koalitionsbildung (in diesem Band).

Plümper, Thomas & Eric Neumayer (2010): Model specification in the analysis of spatial dependence, *European Journal of Political Research* 49(3): 418–442.

Poole, Keith T. (2005): *Spatial Models of Parliamentary Voting*. New York: Cambridge University Press.

Rabinowitz, George & Stuart E. Macdonald (1989): A directional theory of issue voting, *American Political Science Review* 83: 93–121.

Schofield, Norman J. (1986): Existence of a 'structurally stable' equilibrium for a non-collegial voting rule, *Public Choice* 51: 267–284.
Schofield, Norman J. (1993): Party competition in a spatial model of coalition formation, in: Barnett, William A., Melvin J. Hinich & Norman J. Schofield (Hrsg): *Political Economy. Institutions, Competition, and Representation* (135–174). Cambridge: Cambridge University Press.
Schofield, Norman J. (2008): *The Spatial Model of Politics*. Abingdon: Routledge.
Shepsle, Kenneth A. (2008): Vorwort zu Schofield, Norman J. (2008): *The Spatial Model of Politics* (ix–xi). Abingdon: Routledge.
Shepsle, Kenneth A. & Barry R. Weingast (1984): Uncovered sets and sophisticated voting outcomes with implications for agenda institutions, *American Journal of Political Science* 28: 49–74.
Shikano, Susumu (2009): Die Positionierung von adaptiven Parteien im ideologischen Raum, in: Henning, Christian, Eric Linhart & Susumu Shikano (Hrsg.): *Parteienwettbewerb, Wählerverhalten und Koalitionsbildung* (27–46). Baden-Baden: Nomos.
Shikano, Susumu & Eric Linhart (2010): Coalition-formation as a result of policy and office motivations in the German federal states: An empirical estimate of the weighting parameters of both motivations, *Party Politics* 16: 111–130.
Shikano, Susumu & Sjard T. Seibert (2014): Was verbirgt sich hinter der ämterorientierten SPD? Numerische Experimente mit der Gewichtung von Policy- und Ämtermotivation bei der Koalitionsbildung (in diesem Band).
Shikano, Susumu, Simon Munzert, Thomas Schübel, Michael Herrmann & Peter Selb (2014): Eine empirische Schätzmethode für Valenz-Issues auf der Basis der Kandidatenbeurteilung am Beispiel der Konstanzer Oberbürgermeisterwahl 2012 (in diesem Band).
Smithies, Arthur (1941): Optimum location in spatial competition, *Journal of Political Economy* 49: 423–439.
Steunenberg, Bernard (1994): Decision making under different institutional arrangements: Legislation by the European Community, *Journal of Theoretical and Institutional Economics* 150: 642–669.
Thurner, Paul W. & Franz U. Pappi (2009): *European Union Intergovernmental Conferences: Domestic Preference Formation, Transgovernmental Networks, and the Dynamics of Compromise*. New York und London: Routledge.
Thurner, Paul W., Franz U. Pappi & Michael Stoiber (2002): *EU Intergovernmental Conferences. A Quantitative Analytical Reconstruction and Data-Handbook of Domestic Preference Formation, Transnational Networks, and Dynamics of Compromise during the Amsterdam Treaty Negotiations*. Mannheim: MZES-Arbeitspapier Nr. 60.
Tiemann, Guido (2014): Zentripetale Parteienkonkurrenz? Nähe-, Diskontierungs- und Richtungsmodelle bei Wahlen zum Europäischen Parlament (in diesem Band).
Tsebelis, George (1990): *Nested Games: Rational Choice in Comparative Politics*. Berkeley: University of California Press.
Tsebelis, George (1995): Decision making in political systems: Veto players in presidentialism, parliamentarism, multicameralism and multipartyism, *British Journal of Political Science* 25: 289–325.
Van Deemen, Adrian M.A. (1997): *Coalition Formation and Social Choice*. Dordrecht: Springer Verlag.

Van Roozendaal, Peter (1992): *Cabinets in Multi-party Democracies: The Effect of Dominant and Central Parties on Cabinet Composition and Durability*. Amsterdam: Thesis.

Volkens, Andrea, Onawa Lacewell, Sven Regel, Henrike Schultze & Annika Werner (2009): *The Manifesto Data Collection. Manifesto Project (MRG/CMP/MARPOR)*. Berlin: Wissenschaftszentrum Berlin für Sozialforschung (WZB).

Von Neumann, John & Oskar Morgenstern (1944): *Theory of Games and Economic Behavior*. Princeton: Princeton University Press.

Zur logischen Struktur der räumlichen Theorie der Wahl. Ein Beitrag zur Repräsentation politikwissenschaftlicher Theorien im metatheoretischen Strukturalismus

Volker Dreier

Zusammenfassung

In dem Beitrag wird am Beispiel ausgewählter räumlicher Modelle der Wahl aus der Literatur gezeigt, wie sich diese als ein partielles Theorie-Netz der räumlichen Theorie der Wahl im Rahmen des metatheoretischen Strukturalismus repräsentieren lassen. Die historische Entwicklung der räumlichen Theorie wird, ausgehend von einem qualitativen Kern, über drei intertheoretische Relationen zwischen den räumlichen Modellen rekonstruiert. Als ein Ergebnis der Rekonstruktion wird gezeigt, dass das Modell von Downs historisch zwar für die Entwicklung der räumlichen Theorie am Anfang steht, nicht aber den Kern der Netzstruktur der Theorie bildet, sondern sich am anderen Ende des Netzes findet. Die Theorie ähnelt in ihrer Entwicklung deshalb weniger naturwissenschaftlichen Theorien, sondern eher ausgereiften ökonomischen Theorien.

1 Einführung

Die räumliche Theorie der Wahl (*The Spatial Theory of Voting*) wird von Enelow und Hinich (1984, S. XI) als eine vollständige wissenschaftliche Theorie innerhalb der modernen Politikwissenschaft bezeichnet. Sie wird als vollständig angesehen,

V. Dreier (✉)
Institut für Soziologie und Sozialpsychologie,
Lindenburger Allee 15, 50931 Köln, Deutschland
E-Mail: volker.dreier@uni-koeln.de

E. Linhart et al. (Hrsg), *Jahrbuch für Handlungs- und Entscheidungstheorie*,
Jahrbuch für Handlungs- und Entscheidungstheorie 8,
DOI 10.1007/978-3-658-05008-5_2, © Springer Fachmedien Wiesbaden 2014

weil wir mit ihr in der Lage sind, alle relevanten Faktoren des (politischen) Wahlprozesses zu beleuchten. Betrachten wir den Entwicklungsverlauf der räumlichen Theorie der Wahl in der Zeit seit den Arbeiten von Hotelling (1929), Smithies (1941), Black (1948, 1958), Downs (1957, 1968) und Davis und Hinich (1966) bis heute, so sind wir mit einem Bündel von Modellen zur Verbesserung, Verfeinerung und Erweiterung dieser Theorie konfrontiert (siehe dazu etwa exemplarisch Austen-Smith 1983 und Ordeshook 1996). Es mag deshalb auch nicht vermessen klingen, zu behaupten, dass die räumliche Theorie der Wahl innerhalb der Politikwissenschaft als eine „Wachstumsindustrie" angesehen werden kann (Enelow und Hinich 1990, S. 1), als ein machtvolles Forschungsprogramm, als die innerhalb der Sozialwissenschaften am weitesten mathematisch entwickelte und ausgearbeitete Theorie (Balzer und Dreier 1999, S. 614), als eines der „herausragenden Themengebiete in der Politikwissenschaft" (Behnke 2001, S. 50).

Die zahlreichen Modelle der räumlichen Theorie der Wahl beziehen sich primär auf Bemühungen, sie unter theoretischen Gesichtspunkten kohärenter zu machen (interner Aspekt) (Ferejohn 1995, S. 254). Wenn wir uns nur auf diesen internen Aspekt beziehen, so stellen sich die Fragen: 1) Wie lassen sich diese Modelle adäquat und übersichtlich *repräsentieren*? 2) Wie hängen die einzelnen Modelle miteinander zusammen? 3) Auf welche Grundmodelle rekurrieren sie und (4) welche Modelle erweitern sie?

Es ist hilfreich, bei der Beantwortung dieser Fragen auf metatheoretische Konzeptionen der modernen Wissenschaftstheorie zur rationalen Rekonstruktion wissenschaftlicher Theorien zurückzugreifen. Dass deren Bemühungen zu einer einheitlichen Konzeption der Entität „wissenschaftliche Theorie" bis heute noch nicht abgeschlossen sind, sondern wir es vielmehr mit einer Anzahl teilweise heterogener metatheoretischer Explikationsversuche dieser Entität zu tun haben, macht eine Antwort auf diese Frage keinesfalls einfacher.

In Abschn. 2 werde ich deshalb zunächst wissenschaftstheoretische Antworten auf die Frage „Was ist eine wissenschaftliche Theorie?" präsentieren und kurz die jeweiligen Vor- und Nachteile dieser Vorschläge diskutieren und meine Entscheidung für den metatheoretischen Strukturalismus als Rekonstruktions- und Repräsentationsrahmen für die räumliche Theorie der Wahl begründen, welchen ich in Abschn. 3 in seinen Grundzügen kurz vorstellen werde. In Abschn. 4 nehme ich eine strukturalistische Rekonstruktion der Modelle der räumlichen Theorie der Wahl vor und repräsentiere sie als ein partielles Modell-Netz. Dass ich sie *nur* als ein partielles Modell-Netz repräsentiere, gründet in meiner Entscheidung, dass ich aus Gründen der Übersicht aus der Menge der in der Literatur entwickelten räumlichen Modelle bewusst nur eine Teilmenge auswähle. Ziel dieses Beitrags ist es deshalb auch nicht, eine vollständige Rekonstruktion der räumlichen Theorie der Wahl zu geben, sondern primär das Aufzeigen *einer* Möglichkeit, wie sich diese Modelle analog zu jenen ausgereifter Theorien der Physik als Modell-Netz rekonstruieren und repräsentieren lassen. Es sei hinzugefügt, dass ich mich nur auf die theoretischen Modelle konzentriere und nicht auf ihre Konfrontation mit Datenmodellen, d. h. ihrer empirischen Anwendung und Überprüfung. Die Auswahl der Modelle für die strukturalistische Repräsentation der räumlichen Theorie der Wahl wird von folgenden Überlegungen geleitet. Ausgehend von Downs' Modell werde ich ein allgemeines Modell der räumlichen Theorie der Wahl definieren, das ich als Kern-Modell der Theorie bezeichne. Dieses Modell wird im weiteren Verlauf durch *exemplarisch* ausgewählte Modelle aus der Literatur modifiziert. In der Zusammenfassung ergeben diese Modelle ein *mögliches* Modell-Netz der räumlichen Theorie der Wahl. Die *exemplarisch* ausgewählten Modelle beziehen sich auf Verbesserungen, Verfeinerungen und Erweiterungen des Kern-Modells.

2 „Was ist eine wissenschaftliche Theorie?"

Als Metatheorie der Wissenschaft beinhaltet die moderne Wissenschaftstheorie verschiedene Theorien, sogenannte Metatheorien[1] (Balzer 1982, S. 1) darüber, was unter einer wissenschaftlichen Theorie strukturell konkret verstanden werden kann *oder* soll.[2] Sehr allgemein lassen sich hier zwei Hauptpositionen identifizieren: Eine klassische und eine nachklassische Position.[3]

Der klassischen Position zufolge besteht eine Entität, die das Prädikat „ist eine wissenschaftliche Theorie" erfüllen kann, aus folgenden zwei miteinander verbundenen Bestandteilen (Suppes 1967, S. 56; 2002, S. 2 f.): 1) Einem abstrakten logischen Kalkül, welches das Vokabular der logischen und primitiven Symbole der Theorie enthält; und 2) einer Menge von Regeln, die dem logischen Kalkül einen empirischen Gehalt zuschreiben, ihn „partiell" interpretieren (Position des *Logischen*

[1] D. h. Theorien über Theorien.

[2] Wobei wir jedoch auch hier bereits anmerken können, dass keine fachwissenschaftliche Theorie in der Praxis eine der in den Metatheorien vorgeschlagenen Definitionen von „wissenschaftlicher Theorie" eindeutig erfüllt (Chakravartty 2010, S. 197 f.).

[3] Die klassischen Positionen (Logischer Empirismus und Kritischer Rationalismus) sind als normative Wissenschaftstheorien anzusehen. Sie geben Kriterien vor, die erfüllt sein müssen, um eine Entität als „wissenschaftliche Theorie" bezeichnen zu dürfen. Nachklassische Wissenschaftstheorien dagegen sind eher deskriptiv ausgerichtet, indem sie die Entitäten, die in der Forschungspraxis von den Praktikern selbst als Theorien bezeichnet werden, rational zu rekonstruieren versuchen.

Empirismus). Darüber hinaus muss eine wissenschaftliche Theorie dem Kriterium der Falsifizierbarkeit genügen, um als eine wissenschaftliche (empirische) Theorie angesehen zu werden, d. h. eine wissenschaftliche Theorie muss prinzipiell an der Erfahrung scheitern können (Position des *Kritischen Rationalismus*).

Gemeinsam ist diesen beiden Positionen, dass wissenschaftliche Theorien als Aussagensysteme aufgefasst werden: „Wissenschaftliche Theorien sind allgemeine Sätze" (Popper 2002, S. 31). Retrospektiv betrachtet werden diese metatheoretischen Sichtweisen einer wissenschaftlichen Theorie auch als „statement-view" (Stegmüller 1979, S. 5, 22, 45), als „received-view"[4] (Putnam 1987, S. 215), als „linguistische Konzeption" (Hendry und Psillos 2007, S. 59) oder als die *syntaktische* Sichtweise wissenschaftlicher Theorien (French 2008, S. 269) bezeichnet.

Nachklassische Positionen der Wissenschaftstheorie sehen den syntaktischen Ansatz zur Charakterisierung wissenschaftlicher Theorien als für gescheitert an. Insbesondere seien wissenschaftliche Theorien nicht als Systeme von Aussagen oder Propositionen aufzufassen, sondern als außerlinguistische Entitäten. D. h.: Es wird von den eine Theorie formulierenden Sätze Abstand genommen und das analytische Augenmerk auf das gerichtet, was diese Sätze wahr macht, also auf die Semantik (Lambert und Brittain 1991, S. 177). Wenn jedoch eine Theorie keine linguistische Entität ist, was ist oder kann sie dann sein?

In seiner Analyse zur syntaktischen Auffassung wissenschaftlicher Theorien kommt Frederick Suppe zu dem Schluss, dass Theorien nicht als linguistische, sondern als außerlinguistische Entitäten aufzufassen sind, welche durch mehrere, unterschiedliche linguistische Formulierungen charakterisiert oder beschrieben werden können (Suppe 1977, S. 221 f.). Als ein instruktives Beispiel für die Durchführung eines solchen „multiplen Formulierungsarguments" führt Suppe (1977, S. 222, 2000, S. 105) zwei Arbeiten zur Quantenmechanik aus den 1930er Jahren von von Neumann (1932) und Birkhoff und von Neumann (1936) an, in denen sie zeigen, dass es möglich ist, mit zwei sich von einander grundsätzlich unterscheidenden quantenmechanischen Formalismen (Wellenmechanik und Matrixmechanik) die *gleiche* Theorie zu beschreiben. Ohne dass diese Autoren ihren Ansatz zu einem allgemeinen Programm zur Analyse der Struktur wissenschaftlicher Theorien weiter entwickelten, geben sie intuitiv eine Idee der Strukturauffassung wissenschaftlicher Theorien als außerlinguistische Entitäten. Damit kommt ein Moment der Auffassung wissenschaftlicher Theorien in den Blickpunkt, der nicht mehr primär auf den syntaktischen Aspekt von Theorien abzielt, sondern auf den semantischen. Unter Bezug auf den Schwerpunkt der Semantik werden Theorien alternativ zur syntak-

[4] Erhard Scheibe (1983, S. 169) bezeichnet den „received-view" auch als „überlieferte Auffassung".

tischen Sichtweise als mengentheoretische Entitäten aufgefasst und daraus folgend eine *semantische* Auffassung wissenschaftlicher Theorien propagiert. Suppe fasst diese Auffassung kurz wie folgt zusammen:

> The Semantic Conception gets its name from the fact that it construes theories as what their formulations refer to when the formulations are given a (formal) *semantic* interpretation. Thus 'semantic' is used here in the sense of formal semantics or model theory in mathematical logic. (Suppe 1989, S. 4)

So klar wie diese Charakterisierung der semantischen Sichtweise wissenschaftlicher Theorien auf den ersten Blick erscheinen mag, ist sie jedoch in der wissenschaftstheoretischen Praxis keinesfalls. Hendry und Psillos (2007, S. 59 f.) bspw. unterscheiden die semantische, oder wie sie es nennen „nicht-linguistische" Konzeption nach einer starken und nach einer schwachen Lesart. In der starken Lesart sind Theorien als Familien oder Populationen von Modellen zu identifizieren, in der schwachen als Repräsentationen von Aussagen in Modellen. Grundlegend für die „nicht-linguistischen" Konzeptionen für die Sichtweise wissenschaftlicher Theorien ist, unabhängig von einer starken oder schwachen Lesart, der Begriff des Modells. Wir können diese Ansätze deshalb auch als modell-theoretische Ansätze bezeichnen oder, wie es Moulines (2008, S. 131) bezeichnet, als „modellistische" Ansätze.

Als einigenden Hauptgedanken dieser Ansätze kann die Feststellung gelten, dass die Beziehung zwischen Theorien und der realen Welt über Modelle erfolgt (Giere 1999, S. 73; Balzer 2009, S. 48). Dass der Begriff „Modell" in diesen Ansätzen unterschiedlich interpretiert wird, trägt dazu bei, dass der modell-theoretische Ansatz selbst nicht einheitlich, sondern plural ist, je nachdem ob er (der Modell-Begriff) auf formale Weise definiert oder in informeller Weise verwendet wird.

Innerhalb der modernen Wissenschaftstheorie sind hier anzuführen (Dreier 2014, Kap. 8): Die Arbeiten der Stanford-Schule um Patrick Suppes (1957, 1967, 2002), der Metatheoretische Strukturalismus[5], Fredrick Suppes Quasi-Realismus (1977, 1989, 2000), der Konstruktive Empirismus von Bas van Fraassen (1970, 1980, 1989, 2008) und der Konstruktive Realismus von Ronald N. Giere (1988, 1999, 2006).

In Tab. 1 sind die metatheoretischen Ansätze zur Strukturauffassung wissenschaftlicher Theorien, unterteilt nach klassischen und nachklassischen Positionen, komprimierend zusammenfasst.

Die wissenschaftstheoretischen Ansätze der nachklassischen Positionen zeichnen sich gegenüber den Ansätzen der klassischen Position durch folgende Vorzüge aus. Zum einen werden wissenschaftliche Theorien nicht unter normativen Gesichtspunkten rational rekonstruiert, sondern unter deskriptiven. D. h.: Es werden

[5] Siehe die Literaturangaben in Fußnote 8.

Tab. 1 Metatheorien und die Struktur wissenschaftlicher Theorien

Wissenschafts-theoretische Position	Metatheorie	Theorieontologie	Theoriestruktur
Klassische Positionen	Logischer Empirismus (Rudolf Carnap)		Logisch axiomatisierte uninterpretierte Kalküle, die über Korrespondenzregeln empirisch interpretiert werden
Syntaktische Ansätze	Kritischer Rationalismus (Karl R. Popper)	Aussagensystem	Hypothetisch-deduktive Systeme nomologischer Aussagen in axiomatisierter Form
Nachklassische Positionen	Stanford-Schule (Patrick Suppes)		Mengentheoretisches Prädikat
	Metatheoretischer Strukturalismus (Joseph D. Sneed, Wolfgang Stegmüller)	Nicht-linguistische Entität	Mengentheoretisches Prädikat *plus* empirischer Anwendungsbereich
Semantische Ansätze (modellistische Ansätze)	Frederick Suppe (Quasi-Realismus)	(Familie von Modellen)	Relationales System, das aus einem Phasenraum (logisch mögliche Zustände des emp. Systems) und den Relationen zwischen den Zuständen im Phasenraum besteht
	Bas C. van Fraassen (Konstruktiver Empirismus)		Zustandsraum *plus* empirischer Anwendungsbereich
	Ronald N. Giere (Konstruktiver Realismus)		Modellmenge ohne formale Spezifizierung

im Vorfeld der Rekonstruktion keine Kriterien dafür angelegt, ob es sich bei der Entität „Theorie", die rekonstruiert werden soll, überhaupt um eine wissenschaftliche Theorie handelt, sondern das Untersuchungsobjekt bilden Entitäten, die von Substanzwissenschaftlern *selbst* als Theorie bezeichnet werden. Zum anderen werden

Theorien nicht als Aussagensysteme aufgefasst, sondern als außer-linguistische Entitäten. Damit wird bspw. die Problematik vermieden, die entsteht, wenn wir Theorien mit ihren Formulierungen gleichsetzen. Diese Problematik besteht darin, dass wir mit einer anderen Formulierung der Theorie auch eine andere Theorie hätten. In den Sozialwissenschaften werden Theorien in überwiegender Weise als Texte in Büchern dargelegt. Betrachten wir hier etwa Downs' *An Economic Theory of Democracy* von 1957 und seine Übersetzung in das Deutsche unter dem Titel *Ökonomische Theorie der Demokratie* von 1968, so müssten wir selbst in diesem Beispiel der Formulierung einer Theorie in zwei Sprachen (englisch und deutsch) von zwei unterschiedlichen Theorien ausgehen. Dies ist natürlich absurd, doch wäre es eine Folgerung aus der Gleichsetzung von Theorien mit ihren Formulierungen. Wie Lambert und Brittain (1991, S. 177) dazu anmerken, sind wir jedoch intuitiv der Ansicht, „dass ein und dieselbe Theorie auf viele verschiedene Weisen und in verschieden Sprachen formuliert werden kann." Damit wird aber nicht in Abrede gestellt, dass die Präsentation einer Theorie trivialerweise nur in einer und durch eine Sprache erfolgen kann (Van Fraassen 1989, S. 222). Theorien werden in Abgrenzung zu Aussagensystemen deshalb als Strukturen aufgefasst, d. h. als Klassen von Modellen.[6]

Welcher der semantischen Ansätze könnte für eine rationale Rekonstruktion der räumlichen Theorie der Wahl jetzt der fruchtbarste sein? Die Ansätze von Suppe und van Fraassen beziehen sich dezidiert auf physikalische Theorien und auf quantitative, hohes Messniveau besitzende physikalische Größen. In den Sozialwissenschaften, und hier vornehmlich in der Soziologie und der Politikwissenschaft, finden wir jedoch primär Variablen mit nominalem oder ordinalem Messniveau – ein Faktum, dass die Übernahme dieser semantischen Ansätze bereits auf der Datenebene eher ausschließt. Erfolgsverprechender erscheinen für eine Übernahme eher die Ansätze von Giere und der Metatheoretische Strukturalismus zu sein. Mit Bezug auf Gieres semantischen Ansatz argumentieren bspw. Albert (2006, 2007) in der Soziologie und Clarke und Primo (2007, 2012) in der Politikwissenschaft. Als geeigneter für eine Rekonstruktion der räumlichen Theorie der Wahl bietet sich jedoch der Metatheoretische Strukturalismus an. Zum einen, weil er als Metatheorie zur rationalen Rekonstruktion quantitativ als auch qualitativ orientierter Theorien angewendet, und zum anderen, weil er auch für die Konstruktion von Theorien herangezogen werden kann.[7]

---

[6] Siehe dazu ausführlicher Dreier (2013).

[7] Für die Sozialwissenschaften sind dazu auszugsweise anzuführen: Für die Psychologie Westmeyer (1989, 1992), für die Soziologie (Balzer 1993; Manhart 1995; Koob 2007) und für die Politikwissenschaft (Dreier 1993, 2005).

3 Wissenschaftliche Theorien im metatheoretischen Strukturalismus

Das strukturalistische Forschungsprogramm, der metatheoretische Strukturalismus, ist im Kern eine Weiterentwicklung der Stanford-Schule. Mit der Charakterisierung dieses Ansatzes als „Forschungsprogramm" soll ausgedrückt werden, dass dieser Ansatz von seinen Vertretern seit seinem Beginn in den 1970er Jahren immer wieder Phasen der Modifizierung und Erweiterung erfahren hat und noch erfährt.[8]

Als Initialwerk dieses Programms gilt die erstmals 1971 veröffentlichte Monographie *The Logical Structure of Mathematical Physics* von Suppes' Schüler Joseph D. Sneed (1979), indem versucht wird, die empirischen Behauptungen von Theorien mittels eines mathematischen Apparates zu präzisieren (Sneed 1983, S. 350). Von Wolfgang Stegmüller und seinen Schülern Wolfgang Balzer, Carlos U. Moulines und weiteren wurde dieser Ansatz weiter verfeinert und weiterentwickelt. Der in diesem Programm entwickelte strukturalistische Theorienansatz kann dezidiert als *ein* Versuch angesehen werden, das theoriendynamische Defizit der syntaktischen Auffassung wissenschaftlicher Theorien zu beheben und gleichzeitig den mengentheoretischen Ansatz der Standford-Schule um einen empirischen Anwendungsaspekt zu ergänzen. Betrachten wir uns kurz die Hauptunterschiede dieses Ansatzes zum syntaktischen Ansatz.

In der Strukturalistische Theorienkonzeption wird eine wissenschaftliche Theorie nicht mehr als ein System von Sätzen dargestellt, sondern als eine mathematische Struktur interpretiert, die man auf empirische Phänomene anzuwenden versucht. Darüber hinaus abstrahiert dieser Ansatz bei der Axiomatisierung von Theorien von der deduktiv-logischen Methode in der syntaktischen Theorieauffassung und ersetzt sie durch informelle mengentheoretische Methoden. Ausdrücke, die sonst als Axiome bezeichnet werden, werden zu integrierten Bestandteilen der Definition. Dies führt zu einer modelltheoretischen Darstellung der Struktur wissenschaftlicher Theorien, die auf dem mathematischen Strukturbegriff beruht.

Eine „wissenschaftliche Theorie", verstanden als eine ausgereifte und in der Zeit erfolgreich erprobte Theorie, ist eine strukturierte und durch intertheoretische Relationen miteinander verbundene Menge von Theorie-Elementen, welche in ihrer Gesamtheit als Theorie-Netz bezeichnet wird. Jedes Theorie-Element, das für sich selbst eine „kleine", lokale Theorie darstellt, besteht aus vier Komponenten (Balzer

---

[8] Siehe Stegmüller (1979, 1980, 1986); Balzer (1982, 1997, 2009); Balzer und Sneed (1983, 1995); Balzer et al. (1987); Balzer und Moulines (1996); Balzer et al. (2000) sowie Moulines (2002).

2009, S. 48): Einer Klasse M von Modellen, einer Menge I von intendierten Systemen, einer Menge D von Datenstrukturen und einem Approximationsapparat U. Sie kann abgekürzt angeschrieben werden als $T = < M, I, D, U >$. Diesen vier Komponenten kommt folgende Semantik zu: Die Klasse der Modelle, die selbst wieder in Teilklassen von vollen Modellen (M), potenziellen (M_p) und partiell potenziellen Modellen (M_{pp}) unterteilt werden kann, ist durch Sätze über die Axiome, Hypothesen, Gesetze und Annahmen der Theorie charakterisiert. Die Menge I der intendierten Systeme stellt jene empirischen Entitäten dar, die die Aussagen der Modellklasse erfüllen, d. h. auf die der mathematische Strukturkern einer Theorie oder eines Theorie-Elements zutrifft. Damit intendierte Systeme die Modellklasse einer Theorie erfüllen können, ist es erstens notwendig, dass wir in Bezug auf die Menge der intendierten Systeme Daten konstruiert haben, und zweitens, dass diese Daten zu den Modellen der Theorie „passen". Daten erfüllen für eine Theorie somit zwei Funktionen: Zum einen werden sie zur Bewährung der Modelle der Theorie herangezogen, und zum anderen werden die Modelle der Theorie zur Bewährung der Daten herangezogen (Balzer 1997, S. 189).

Ein letzter Bestandteil einer „lokalen" Theorie oder eines Theorie-Elements stellt der Approximationsapparat U dar. Er legt fest, inwieweit Modelle und Daten einer Theorie „zusammenpassen", aber auch, bis zu welchem Approximationsgrad wir sagen können, dass Daten die Modelle erfüllen und *vice versa*.

In einer Abbildung kann das Zusammenspielen dieser vier eine „lokale" Theorie oder ein Theorie-Element konstituierender Entitäten wie folgt veranschaulicht werden (Abb. 1).

Ein Theorie-Netz N umfasst schließlich eine durch intertheoretische Relationen verbundene strukturierte Menge von Theorie-Elementen, aufbauend auf einem sogenannten Basis-Theorie-Element (Abb. 2).

4 Die räumliche Theorie der Wahl als Theorie-Netz

Nach diesen metatheoretischen Vorklärungen wird im weiteren Verlauf des Beitrags gezeigt, wie sich die räumliche Theorie der Wahl als ein Theorie-Netz im Rahmen des metatheoretischen Strukturalismus übersichtlich präsentieren lässt. Darüber hinaus wird untersucht, inwieweit eine solche Netz-Struktur analog zu hoch entwickelten Theorien aus anderen Disziplinen unter den Begriff des Spezialisierungsnetzes subsumiert werden kann.[9]

[9] Ich beziehe mich in der Rekonstruktion auf Dreier (1993, 1994) und Balzer und Dreier (1995, 1996, 1999).

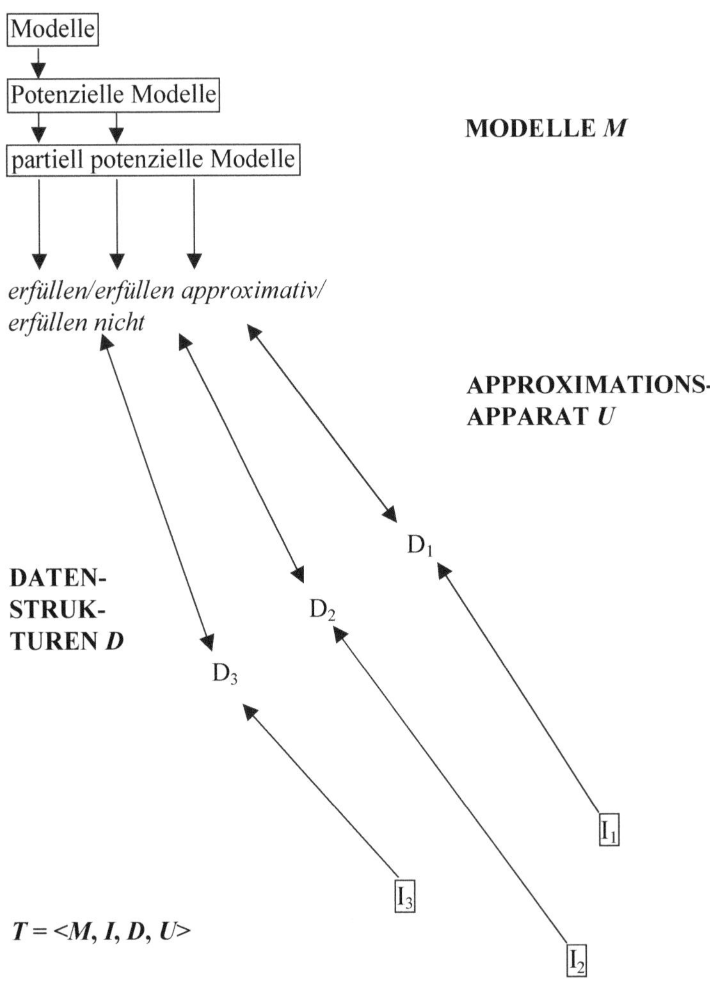

Abb. 1 Die ein Theorie-Element konstituierenden Entitäten in ihrem interrelationalen Zusammenhang (nach Dreier 2005, S. 91)

Die räumliche Theorie der Wahl besitzt ihren zentralen Ursprung in Anthony Downs' *An Economic Theory of Democracy* (1957), in der ein Modell aus der Ökonomie aufgenommen wurde, das bereits zuvor von Hotelling (1929) entwickelt

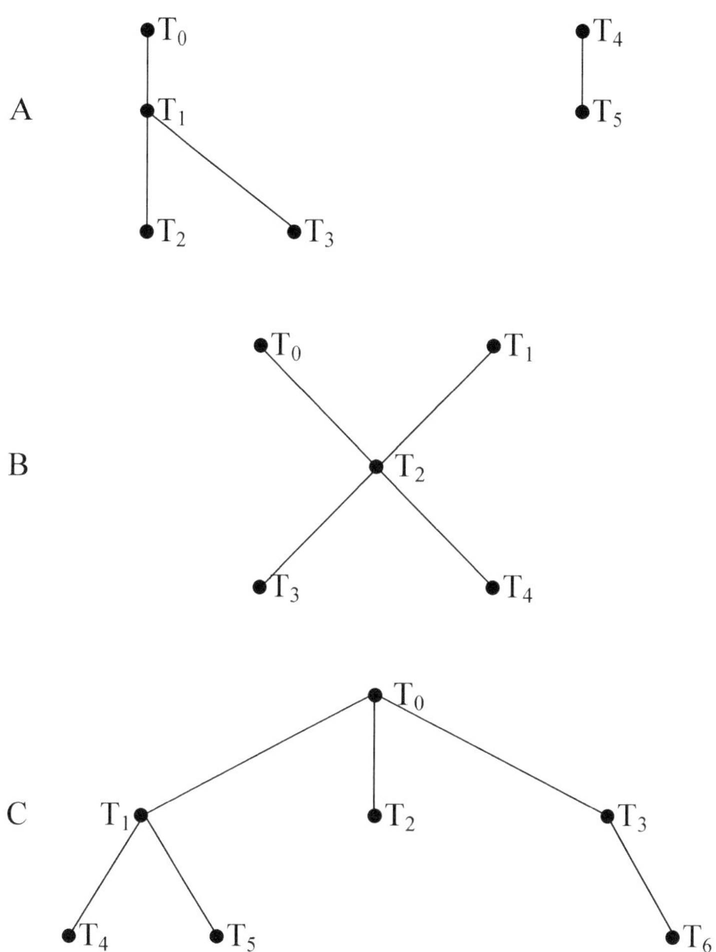

Abb. 2 Typen von Theorie-Netzen (Dreier 2005, S. 92)

wurde. Die Grundidee ist, dass Wähler und Parteien als nutzenmaximierende Akteure im Sinne der Ökonomie betrachtet werden. Auf der Grundlage dieser Idee wurde im Lauf der Zeit durch Einbindung mathematischer und spieltheoretischer Elemente ein Forschungsprogramm generiert, das auch gegenwärtig noch nicht abgeschlossen ist.

Für die Repräsentation der räumlichen Theorie der Wahl als Netz-Struktur gehe ich von einer statischen Perspektive aus. Da dieses Netz bis heute ziemlich komplex geworden ist, wird in der Präsentation auch keine vollständige Repräsentation der Theorie vorgelegt, sondern nur eine partielle. Das Netz wird insgesamt 20, miteinander in der einen oder anderen Form durch intertheoretische Relationen verbundene Modelle umfassen. Wie ich bereits in der Einleitung ausgeführt habe, handelt es sich bei diesen Modellen nur um eine Teilmenge der in der Literatur existierenden Modelle, die ich als Musterbeispiele für die Theorie halte, um zu demonstrieren, dass die räumliche Theorie der Wahl als ein Theorie-Netz repräsentiert werden kann. In einem ersten Schritt werde ich zunächst das Grundmodell von Downs betrachten.

4.1 Das Grund-Modell von Downs

Downs (1968) analysiert den Prozess politischer Wahlen in liberalen Demokratien aus ökonomischer Perspektive. Unter Bezug auf Überlegungen von Schumpeter (1980, S. 427 ff.), nach denen Demokratie als eine Methode zu konzipieren ist, mittels welcher Institutionen politische Entscheidungen im Rahmen eines Konkurrenzkampfes um Stimmen erreichen, entwickelt Downs ein Modell des Wählens und des Parteienwettbewerbs analog zum Marktmodell der positiven Volkswirtschaftslehre. Das Verhalten von Parteien kann mit dem Verhalten von Unternehmen verglichen werden und das Wählerverhalten kann im Sinne des Verhaltens von Konsumenten verstanden werden. Der politische „Markt" in repräsentativen Demokratien besteht aus:

- mindestens zwei politischen Parteien, wobei eine die Regierungsverantwortung besitzt und eine andere in der Opposition ist,
- einer endlichen Anzahl von Wählern oder Bürgern, die Wahlrecht besitzen,
- sowie den Plattformen für politische Handlungen der Parteien (d. h. den Parteiprogrammen).

Ein solcher Markt bezeichnet eine „demokratische Regierungsform" (Downs 1968, S. 23), welche folgende Bedingungen erfüllen muss (Downs 1968, S. 23):

- Jeweils eine Partei wird durch das Volk zur Ausübung staatlicher Gewalt gewählt.
- Wahlen finden in regelmäßigen Abständen statt.
- Jeder Wähler besitzt nur eine Stimme.
- Die Partei, die die Mehrheit der Stimmen erhält, ist berechtigt, die Regierungsgewalt bis zur nächsten Wahl zu übernehmen.

Der politische Markt wird als die Gesamtheit der ökonomischen Beziehungen zwischen den politischen Parteien als Anbietern politischer Güter (Parteiprogramme oder Plattformen) und den Wählern als Nachfragern dieser politischen Güter verstanden. Dieses ökonomische Beziehungssystem wird von den oben genannten drei Merkmalen des politischen Marktes bedingt. Aus dem homo oeconomicus der positiven Ökonomie wird in Downs' Modell ein homo politicus – im Sinne eines rationalen Bürgers.

Eine politische Partei wird von Downs als eine Gruppe von Personen definiert, die den Regierungsapparat mit legalen Mitteln unter ihre Kontrolle zu bringen sucht (Downs 1968, S. 25) und in der alle Gruppenmitglieder dieselben Ziele verfolgen. Sobald eine Partei ins Amt gewählt ist, versucht sie die politische Unterstützung für sie zu maximieren, um ihre Wiederwahl zu sichern. Die Oppositionspartei versucht hingegen die politische Unterstützung für ihr Programm zu sichern, um in der nächsten Wahl gewählt zu werden.

Für das Verhalten der politischen Akteure, d. h. Parteien und Wähler, wird Rationalität als Grundannahme postuliert. Mit dieser ist jedoch auch die weitere Annahme verbunden, dass jeder politische Akteur egoistisch handelt: "Wenn wir von rationalem Verhalten sprechen, meinen wir daher stets rationales Verhalten, dem primär eigennützige Absichten zugrunde liegen" (Downs 1968, S. 26). Die Motive für das Verhalten von Parteien und Wählern basieren folglich auf eigennütziger Rationalität. In Bezug auf das Verhalten von Parteien innerhalb repräsentativer Demokratien formuliert Downs das Axiom, dass politische Parteien ihre Politik so planen, dass sie ihren Stimmenanteil maximieren (Downs 1968, S. 290). Die zugrunde liegende Motivation der Parteimitglieder für dieses Verhalten liegt folglich nicht darin, *bestimmte* Politiken zu machen, sondern leitet sich ausschließlich aus dem Eigeninteresse ab, nämlich die Vorteile zu genießen, die ein öffentliches Amt an sich bietet (Downs 1968, S. 27).

Für die Motivation des Wählers, an der Wahl teilzunehmen, gilt für Downs das Axiom, „dass jeder Bürger auf rationale Weise bemüht ist, sein Nutzeneinkommen, einschließlich desjenigen, das ihm aus der Regierungstätigkeit zufließt, zu maximieren" (Downs 1968, S. 291). Dieses Axiom impliziert, dass die Entscheidung des Wählers für eine bestimmte Partei von der Überzeugung abhängt, dass die gewählte Partei dem Wähler mehr Gewinne bereitstellen wird, als die andere. Diese Überzeugung resultiert aus dem Vergleich der beiden vor der Wahl präsentierten Wahlprogramme bezüglich dem erwarteten Nutzen für den Bürger, falls dieses Programm nach der Wahl umgesetzt werden würde.

Aus der Beschreibung dieser Modellelemente können wir folgende Punkte schlussfolgern:

1. Politische Parteien handeln wie Firmen mit dem Ziel, ihren Gewinn zu maximieren.
2. Politik ist ein Prozess der Stimmenmaximierung durch Programme und Politiken.
3. Die soziale Funktion der Politik wird nur nebenher erfüllt.
4. Die Entscheidung der Bürger, an der Wahl teilzunehmen basiert auf einer Kosten-Nutzen-Kalkulation übereinstimmend mit dem,Prinzip der Ökonomie'.

Die Struktur des politischen Marktes in Downs Modell selbst wird durch fünf Annahmen bestimmt (Downs 1968, S. 70 f.):

1. Die Maßnahmen der Regierung stellen eine Funktion des von ihr erwarteten Verhaltens der Wähler und der Strategie der Opposition dar.
2. Die Regierung rechnet damit, dass die Wähler entsprechend ihres Nutzeneinkommens aus Regierungstätigkeit und entsprechend der oppositionellen Strategie entscheiden.
3. Die Wähler entscheiden tatsächlich entsprechend den Veränderungen ihrer Nutzeneinkommen und der oppositionellen Alternativen.
4. Das Nutzeneinkommen der Wähler hängt von der Regierungstätigkeit während der Wahlperiode ab.
5. Die Strategien der Oppositionspartei hängen von (4.) ab und von den von der Regierung getroffenen Entscheidungen.

Durch Präzisierung dieser Annahmen, der Hinzufügung einiger Plausibilitätsanforderungen und der Wahrung des Prinzips der kleinstmöglichen Komplexität kann das sogenannte Medianwähler-Ergebnis mathematisch überprüft werden.

Die Minimalitätsannahmen bestehen darin, dass Parteiprogramme lediglich Punkte auf einer realen Linie darstellen, sodass der Raum der Programme eine Teilmenge R der Menge $\mathbb{R}$ der reellen Zahlen ist, und dass es nur zwei Parteien gibt. Weitere Plausibilitätsanforderungen bestehen darin, dass die Nutzenfunktionen von Wählern und Parteien ausschließlich von den Parteiprogrammen abhängen und plausible Formen aufweisen. Darüber hinaus besitzt jeder Wähler w ein präferiertes Programm p_w, sodass sein Nutzen $u_w(p)$ für jedes andere Programm p durch eine streng monoton fallende Funktion u^*_w des Abstandes $||p - p_w||$, $u_w(p) = u^*_w(||p - p_w||)$ definiert ist. Die Nutzen der Parteien werden bezüglich der Pluralität, d. h. im Hinblick auf den Unterschied in der Anzahl der Wähler, die das eigene Programm gegenüber dem anderen Programm präferieren, definiert. Wenn das Gleichgewicht als ein Zustand definiert wird, in welchem alle Wähler ihre Stimme abgeben, um ihren Nutzen zu maximieren und die Kandidaten Wahlprogramme wählen, die ein spieltheoretisches Gleichgewicht ergeben, das die Pluralität maximiert, dann kann nachgewiesen werden, dass ein Zustand des Gleichgewichts dann und nur dann existiert, wenn es einen Medianwähler gibt, d. h. einen Wähler w, dessen präferiertes Programm p_w die Menge aller präferierten Programme in zwei Hälften gleicher Kardinalität teilt. Diese Bedingung impliziert vor allem, dass beide Parteien dasselbe Programm annehmen.

Dieses kleine Modell in Kombination mit Downs' grundlegender Diskussion diente als Paradigma für weitere Untersuchungen, die sich allgemeine Modelle zum Ziel gesetzt hatten. Dieses Modell wurde durch die Ersetzung des eindimensionalen Raumes der Parteiprogramme durch multidimensionale Räume in eine Richtung ausgeweitet (vgl. Davis und Hinrich 1966; Plott 1967). Andere wichtige Generalisierungen wurden durch die Berücksichtigung unvollständiger Informationen mittels probabilistischer Elemente (Calvert 1986, S. 9) und durch die Erforschung der Bedingungen, unter welchen Wähler sich enthalten, (Riker und Ordeshook 1968) geleistet. Es fehlt u. E. jedoch noch immer das „allgemeinste" Modell, von dem alle anderen in der Zwischenzeit entwickelten Modelle Verfeinerungen wären.

Ich werde im Folgenden ein solches allgemeines Modell vorstellen, welches aus metatheoretischer Perspektive als grundlegendes, als Kern-Theorieelement für das Theorienetz der räumlichen Theorie der Wahl dienen kann.

4.2 Das allgemeine Modell der räumlichen Theorie der Wahl

Da sich der Großteil der Literatur auf statische „one-shot" Gleichgewichts-Ergebnisse konzentriert, erscheint es mir angemessen, den Faktor Zeit nicht von Anfang an explizit einzubinden. So beziehen sich alle Bestandteile des nun beschriebenen Modells auf die Situation kurz vor und nach einer Wahl, d. h. wenn alle Parteien ihr Programme beschlossen und veröffentlicht sowie die Wähler abgestimmt haben.

Das allgemeine Modell setzt sich aus folgenden Bestandteilen zusammen: Einem Raum R von Parteiprogrammen oder Plattformen oder politischen Issues, die im allgemeinen Fall unstrukturierte Elemente von R sind; der Menge W der Wähler und die Menge K der Kandidaten oder Parteien. W und K sind in der Regel unstrukturierte Mengen. Das beobachtete Verhalten der Wähler wird durch eine Funktion *Wahl* erfasst, die jedem Wähler w den Kandidaten zuordnet, für den gestimmt wurde. $Wahl(w) = k$ bedeutet, dass Wähler w für Kandidat k gestimmt hat. Das beobachtete Verhalten der Kandidaten wird analog dazu durch eine Funktion *Auswahl* dargestellt, die jedem Kandidaten k ein Wahlprogramm p zuordnet. $Auswahl(k) = p$ bedeutet, dass Kandidat k das Wahlprogramm p vertritt. Die Präferenzen der Wähler werden durch eine Nutzenfunktion *u* dargestellt, die jedem Wähler eine reale Zahl zuordnet, die dessen Nutzen verdeutlicht. Im Allgemeinen mag dieser Nutzen von den Stimmen aller anderen Wähler und den Wahlprogrammen, die von allen anderen Parteien ausgewählt wurden, abhängen. Im „normalen" Spezialfall hängt es von nur einem Wahlprogramm ab, das von einem Kandidaten gewählt wurde und das von einem Wähler bewertet wird. Um den allgemeinen Fall zu erfassen, führe ich die Mengen aller möglichen Funktionen der Form der beobachtbaren Variablen *Wahl* und *Auswahl* ein, die ich als *WAHL* und *AUSWAHL* bezeichne. Mit *wo* für eine beliebige Wahl- Funktion und *kh* für eine beliebige Auswahl-Funktion schreibe ich *u*(*w*, *wo*, *kh*), um den Nutzen, den ein Wähler *w* aus den allgemeinen Wahl- und Entscheidungsergebnissen, die von *wo* und *kh* erfasst werden, zu bezeichnen.

Die Ziele oder Nutzen auf Seiten der Kandidaten werden durch eine Ziel-Funktion *o* erfasst. Der Nutzen eines Kandidaten *k* hängt von den Stimmergebnissen ab, die wiederum von den von *k* und anderen Kandidaten ausgewählten Wahlprogrammen abhängen. Unter Verwendung von *WAHL* und *AUSWAHL* schreibe ich *o*(*k*, *wo*, *kh*), um den Nutzen auszudrücken, den *k* aus den Stimmergebnissen *wo* und der Auswahl *kh* von den Plattformen der anderen Kandidaten gewinnt.

Die letzte Komponente eines Kernmodells ist die Menge *G* von Gleichgewichtszuständen. Ein Gleichgewichtszustand wird durch ein Paar (*Wahl**, *Auswahl**) repräsentiert. Er besteht aus Funktionen, die einige Möglichkeiten des Verhaltens von Wählern und Kandidaten beschreiben, und zusätzliche Bedingungen erfüllt, die später noch spezifiziert werden. Im Allgemeinen kann ein Modell keinen, einen oder mehrere Gleichgewichtszustände zulassen, sodass wir mit einer Menge solcher Zustände arbeiten müssen und nicht nur mit einem einzigen Zustand. Der konzeptionelle Bereich, aus dem die Elemente von *G* ausgewählt werden können, wird durch alle Funktionen des richtigen Typs gebildet, die über die Mengen von Wahlprogrammen *P*, von Wählern *W* und von Kandidaten *K*, d. h. *WAHL* und *AUSWAHL* möglich sind; und zwar so, dass jeder mögliche Gleichgewichtszustand ein Element von *WAHL* x *AUSWAHL* und *G* eine Teilmenge von *WAHL* x *AUSWAHL* ist.

Zur Definition des allgemeinen (Kern-)Modells sind die folgenden Bestimmungen und Definitionen relevant:

1. *R*, *W*, *K* sollen Mengen sein und *a* irgendein neues Element, das nicht in *R*, *W* oder *K* enthalten ist.
2. Ich definiere *WAHL* mit $WAHL = \{f/f\colon W \to K\}$ und *AUSWAHL* mit $AUSWAHL = \{g/g\colon K \to R\}$.

3. Für $w \in W$ und $f \in WAHL$: fw bezeichnet die Funktion, die aus f resultiert, wenn das Argument f aus dem Bereich f' s und dem Funktionswert $f(w)$ von f s Bereich genommen wird, d. h. $fw = f \setminus \{(w, f(w))\}$.
4. Für $k \in K$ und $g \in AUSWAHL$ gilt analog: $gk = g \setminus \{(k, g(k))\}$.

Wir können jetzt das allgemeine, das Kern-Modell der räumlichen Theorie der Wahl wie folgt definieren:

D-1: x ist ein *Kern-Modell der räumlichen Theorie der Wahl*, wenn und nur wenn es *R, W, K, Wahl, Auswahl, u, o* und *G* gibt, sodass:

1. $x = < R, W, K, Wahl, Auswahl, u, o, G >$.
2. *R, W* und *K* sind nicht-leere Mengen und paarweise unzusammenhängend. *K* beinhaltet mindestens zwei Elemente.
3. *Wahl*: $W \to K$ und Auswahl: $K \to R$.
4. u: W x $WAHL$ x $AUSWAHL \to$IR und K x $WAHL$ x $AUSWAHL \to \mathbb{R}$.
5. $G \subseteq WAHL$ x $AUSWAHL$.
6. $\forall$ wo^*, kh^*, wenn $(wo^*, kh^*) \in G$, dann:
   (a) $\forall$ $w \in W$ und $wo \in WAHL$, wenn $wo_w = wo^*{}_w$,
   dann $u(w, wo, kh^*) \leq u(w, wo^*, kh^*)$.
   (b) $\forall$ $k \in K$ und $kh \in AUSWAHL$, wenn $kh_k = kh^*{}_k$,
   dann $o(k, wo^*, kh) \leq o(k, wo^*, kh^*)$.
7. $(Wahl, Auswahl) \in G$.

Erläuterung:
Die Axiome (6) und (7) können folgendermaßen interpretiert werden. (6) sagt aus, dass das Wahl- und Entscheidungsverhalten von Wählern und Kandidaten ein Nash-Gleichgewicht in dem Spiel von Wählern und Kandidaten als Akteure hervorbringt, deren Strategiemenge durch *R* und deren Gewinnfunktion durch *u* und *o* gegeben ist. (6)(a) besagt, dass, wenn ein Wähler *W* von seiner Gleichgewichts-Wahl abweicht, was, zusammen mit dem Verhalten der anderen Wähler und Kandidaten einen Nutzen von $u(w, wo^*, kh^*)$ ergibt, dass dann, ceteris paribus, *w*'s Nutzen $u(w, wo, kh^*)$ abnimmt oder gleich bleibt. (6)(b) besagt dasselbe für die Kandidaten. Wenn Kandidat *k* von einer Gleichgewichts-Wahl kh^* abweicht, wird der sich ergebende Nutzen $u(k, wo^*, kh)$, ceteris paribus, abnehmen. An dieser Stelle muss jedoch berücksichtigt werden, dass, anders als in ökonomischen Gleichgewichtsmodellen, Maximierung hier natürlicherweise von der Menge der Kandidaten und Wahlprogramme bestimmt wird. Axiom (6) kann so verstanden werden, dass alle Akteure ihren Nutzen unter strategischen Gesichtspunkten maximieren. Sie wählen ein Verhalten, welches maximalen Nutzen im Sinne eines Nash-Gleichgewichts ergibt. Eine Abweichung von diesem Verhalten kann den Nutzen nicht erhöhen, wenn alle anderen Akteure bei ihrem Gleichgewichts-Verhalten bleiben. Bedingung (7) schließlich drückt aus, dass alle Akteure tatsächlich so handeln, dass ein Gleichgewicht erreicht wird. Dies ist natürlich eine idealisierte Aussage, die abgeschwächt

werden muss, um auf wirkliche Fälle angewendet werden zu können. Diese Annahme ist entscheidend für die Verbindung des Gleichgewichtskonzepts mit empirischen Konzepten. Ohne dieses Axiom wäre das Gleichgewicht nicht mit dem tatsächlichen Akteursverhalten verbunden.

Es ist offensichtlich, dass *Wahl* und *Auswahl* beobachtbare Konzepte sind: Die abgegebenen Stimmen und die angenommenen Wahlprogramme können leicht beobachtet werden. Die Rolle des Nutzens ist weniger offensichtlich. Angesichts der Schwierigkeiten, ihn empirisch zu bestimmen, ist es verlockend, ihn als theoretischen Begriff im strukturalistischen Sinne zu verstehen. Die Idee eines theoretischen Begriffes hat jedoch eine genau bestimmte Bedeutung (siehe Balzer 1985, 1986, 1996). Zwei Argumente, die in Balzer (1982, S. 102–107) für den theoretischen Status von Nutzen in der allgemeinen Gleichgewichts-Theorie vorgeschlagen werden, treffen ebenso auf den hier dargestellten Fall zu und können wie folgt zusammengefasst werden. Erstens und übereinstimmend mit Sneeds (1979) Kriterium der Theoretizität, erscheint es korrekt, dass jede Bestimmung von Nutzen bei Anwendung der räumlichen Theorie der Wahl deren grundlegenden Axiome (6) und (7) aus **D-1** voraussetzt. Wenn wir bei einer gegebenen Bestimmung irgendeines Nutzenwertes wissen würden, dass der Akteur die Bedingungen dieser Axiome nicht zumindest annähernd erfüllt, würde dies zu ernsthaften Zweifeln an der Rationalität seiner Wahl führen. Zweitens werden die meisten im Theorie-Netz auftretenden Verfeinerungen durch weiteres Verfeinern und Spezifizieren der Nutzenfunktionen vorgenommen. Dies ist jedoch gerade eine typische methodologische Funktion von theoretischen Begriffen in empirischen Theorien. Dieselben Argumente gelten für die Ziel-Funktionen und wir könnten deshalb schlussfolgern, dass u und o tatsächlich theoretische Begriffe in der räumlichen Theorie der Wahl darstellen.

4.3 Einige Verbesserungen, Verfeinerungen und Erweiterungen des Kern-Modells der räumlichen Theorie der Wahl

Ich werde nun einige Musterbeispiele für Modifikationen (Verbesserungen, Verfeinerungen und Erweiterungen) des Kernmodells vorstellen, wie sie sich in der Literatur finden. Mein Ziel ist es, mit den ausgewählten Beispielen die Entwicklungsstufen der räumlichen Theorie der Wahl aufzeigen. Gleichzeitig gebe ich auch Beispiele für intertheoretische Relationen, die sich in der Netzstruktur der räumlichen Theorie der Wahl identifizieren lassen.

Eine erste Modifikation betrifft die Möglichkeit der Wahlenthaltung, die im Kernmodell nicht enthalten ist. Dort wird *jedem* Wähler durch die Funktion *Wahl* ein Kandidat zugeordnet. Für Modelle mit Wahlenthaltung füge ich einen Dummy-Kandidaten $\neg$ zur Menge der Kandidaten hinzu, sodass die Enthaltung von Wähler *w* durch *w*'s Stimmabgabe für $\neg$ mit $Wahl(w) = \neg$ ausgedrückt werden kann. Die Menge *AUSWAHL* für alle möglichen Auswahlen von Wahlprogrammen muss dementsprechend auf eine Menge $AUSWAHL^{-}$ beschränkt werden, um nur *wirkliche* Kandidaten zu berücksichtigen, sodass $AUSWAHL^{-} = \{g/g: K\backslash\{\neg\} \rightarrow R\}$. Analog zum Kern-Modell gilt dann $k \in K$ und $g \in AUSWAHL^{-}$ sowie $g_k = g\backslash\{(k, g(k))\}$.

Wir können mit diesen Erweiterungen jetzt ein *Modell der räumlichen Theorie der Wahl mit Stimmenthaltung* wie folgt definieren:

D-2: *x* ist ein Modell der räumlichen Theorie der Wahl mit Stimmenthaltung, wenn und nur wenn es *R, W, K, Wahl, Auswahl, u, o, G* und $\neg$ gibt, sodass:

1. $x = <R, W, K, Wahl, Auswahl, u, o, G$ und $\neg>$.
2. *R, W* und *K* sind nicht-leere Mengen und paarweise unzusammenhängend. *K* beinhaltet mindestens drei Elemente und $\neg$ ist ein Element von K.
3. *Wahl*: $W \rightarrow K$ und *Auswahl*: $K\backslash\{\neg\} \rightarrow R$.
4. $G \subseteq WAHL$ x $AUSWAHL^{-}$.
5. *u*: W x $WAHL$ x $AUSWAHL^{-} \rightarrow \mathbb{R}$ und K x $WAHL$ x $AUSWAHL^{-} \rightarrow \mathbb{R}$.
6. $\forall$ wo^*, kh^*, wenn $(wo^*, kh^*) \in G$, dann:
   (a) $\forall$ $w \in W$ und wo $\in WAHL$, wenn $wo_w = wo^*w$,
   dann $u(w, wo, kh^*) \leq u(w, wo^*, kh^*)$.
   (b) $\forall$ $k \in K$ und $kh \in AUSWAHL-$, wenn $kh_k = kh^*$k,
   dann $o(k, wo^*, kh) \leq o(k, wo^*, kh^*)$.
7. $(Wahl, Auswahl) \in G$.

Erläuterung:

Das Verständnis des Gleichgewichts auf Seiten der Wähler bezieht sich nun auf die generalisierten Wahl-Funktionen. Im Gleichgewicht könnten sich einige oder sogar alle Wähler enthalten. Auf Seite der Kandidaten hat sich jedoch nichts verändert, da der Dummy $\neg$ aus *K* genommen wurde.

In einem nächsten Schritt werden diese Modelle (**D-1**, **D-2**) durch die Begrenzung der Nutzen- und Ziel-Funktionen auf rein „egoistisches" Verhalten, das bedeutet, nur von einem einzigen Wahlprogramm abhängig zu sein, spezialisiert.

D-3: x ist ein Modell der räumlichen Theorie der Wahl mit egoistischen Nutzen u^* (bzw. mit der egoistischen Zielfunktion o^*) genau dann, wenn es *R*, *W*, *K*, *Wahl*, *Auswahl*, *u*, *o*, *G* und $\neg$ gibt, sodass:

1. $\mathrm{x} = <R, W, K, \mathit{Wahl}, \mathit{Auswahl}, u, o, G, \neg, \mathrm{u}^*>$
   (bzw. $\mathrm{x} = <<R, W, K, \mathit{Wahl}, \mathit{Auswahl}, u, o, G, \neg, o^*>$).
2. $<R, W, K, \mathit{Wahl}, \mathit{Auswahl}, u, o, G, \neg>$ ist ein *Kern-Modell der räumlichen Theorie der Wahl mit Enthaltung* (**D-2**).
3. $u^*: W \times R \to \mathbb{R}$ (bzw. $o^*: K \times R \to \mathbb{R}$).
4. $\forall\, wo \in \mathit{WAHL}, kh \in \mathit{AUSWAHL}$:
   $\forall\, w \in W: u(w, wo, kh) = u^*(w, kh(wo(w)))$
   (bzw. $\forall\, k \in K: o(k, wo, kh) = o^*\,(k, wo, kh))$).

Erläuterung:
Entsprechend Bedingung (4) hängt der Nutzen des Wählers w nun nur noch von einem Wahlprogramm ab, nämlich von $kh(wo(w))$, d. h. dem ausgewählten Wahlprogramm von Kandidat k, das der Wähler für die Stimmabgabe in Betracht zieht. In gleicher Weise hängt der Nutzen für Kandidat k nur von dem Wahlprogramm ab, das k für die Auswahl in Betracht zieht.

In einem nächsten Schritt wende ich mich dem Standardwählermodell zu. In diesem Modell wird die Entscheidung des Wählers, die Stimme für einen Kandidaten k abzugeben oder sich zu enthalten allein durch seinen Nutzen bestimmt. Seine egoistische Nutzenfunktion wird darüber hinaus als eingipflig im folgenden Sinne angenommen. Er besitzt einen Idealpunkt $i(w)$ (ein Wahlprogramm, an dem sein Nutzen maximal ist und sein Nutzen durch andere Wahlprogramme p mit dem Abstand zu diesem Idealpunkt abnimmt $||i(w) - p||$. Diese Überlegung lässt sich dadurch umsetzen, indem der Raum R von Wahlprogrammen als eine Teilmenge von $\mathbb{R}^n$ darstellt wird (**D-4** (3)); $||x - y||$ wird dann definiert durch $\sqrt{\Sigma_i |x_i - x_i|^2}$, wenn $x = (x_1, \ldots, x_n)$ und $y = (y_1, \ldots, y_n)$).

D-4: x ist ein *Standardwählermodell der räumlichen Theorie der Wahl* in Bezug auf n, $\neg$, u^*, i, f, wenn und nur wenn es *R*, *W*, *K*, *Wahl*, *Auswahl*, *u*, *o*, und *G* gibt, sodass

1. $x = <R, W, K, \mathit{Wahl}, \mathit{Auswahl}, u, o, G, \neg, u^*, i, f>$.
2. $<R, W, K, \mathit{Wahl}, \mathit{Auswahl}, u, o, G, \neg, u^*>$ ist ein *Modell der räumlichen Theorie der Wahl mit egoistischen Nutzen* u^* (**D-3**).
3. $n \in \mathbb{N}$ und $R \subseteq \mathbb{R}^n$.

4. $i: W \to R$.
5. $f: W \times \mathbb{R} \to \mathbb{R}$ ist streng monoton fallend (für jedes fixierte Argument w).
6. $\forall\, w \in W, p \in R$: $u^*(w, p) = f(w, ||i(w) - p||$.
7. $\forall\, w \in W$: $Wahl(w) = k$, wenn $\forall\, k' \in K$:
   $u^*(k, \text{Auswahl}(k')) < u^*(w, Auswahl(k))$, sonst $= \neg$.

Erläuterung:
In Bedingung (7) wird die Wahlfunktion explizit definiert. Wähler v stimmt für Kandidat k, wenn das von k gewählte Wahlprogramm, *Auswahl*(k), maximalen Nutzen für w im Vergleich mit den Wahlprogrammen der anderen Kandidaten ergibt. Wenn es kein solch streng präferiertes Wahlprogramm gibt, zum Beispiel, wenn mehrere Kandidaten dasselbe Wahlprogramm gewählt haben, enthält sich w. In diesem Modell darf sich jedoch ein Wähler nicht enthalten, wenn die Kosten der Wahl die erwarteten Gewinne übersteigen. Dieses Modell ist so im Grunde ein Modell ohne Enthaltung, obwohl ein besonderer Fall der Enthaltung in das Modell Eingang gefunden hat.

Mit einer vollständigen Bestimmung der Funktion f zur Konstruktion des Nutzens kann das Standardwählermodell noch weiter spezialisiert werden.

D-5: x ist ein *einfaches Euklidisches Wählermodell der räumlichen Theorie der Wahl* in Bezug auf $n, \neg, u^*, i, f$, wenn und nur wenn es R, W, K, *Wahl*, *Auswahl*, u, o, und G gibt, sodass

1. $x = <R, W, K, Wahl, Auswahl, u, o, G, \neg, u^*, i, f>$.
2. x ist ein *Standardwählermodell der räumlichen Theorie der Wahl* in Bezug auf $n, \neg, u^*, i, f$ (**D-4**).
3. $\forall\, w \in W$ und $\forall\, a \in \mathbb{R}^n$: $f(w, ||a||) = 1/\sqrt{||i(w) - p||}$.

Erläuterung:
In diesen Modellen ist die Distanz, die den Nutzen eines beliebigen Wahlprogramms für den Wähler mit einem bestimmten Idealpunkt generiert, direkt als die inverse gewöhnliche Euklidische Distanz in $\mathbb{R}^n$ gegeben. D. h.: Die Kombination von Bedingung (6) des Standardwählermodells (D-4) mit Bedingung (3) des einfachen Euklidischen Wählermodells (D-5) ergibt: $u^*(w, p) = f(w, ||i(w) - p|| = 1/\sqrt{||i(w) - p||}$.

Ähnlich wie das Standardwählermodell kann ein Standardkandidatenmodell formuliert werden, in welchem die Ziel-Funktionen durch Pluralität, d. h. im Falle von zwei Kandidaten, durch die Differenz der Stimmenanzahl zwischen beiden Kandidaten definiert wird. In einer anspruchsvollen Version des Modells wird ein Maß μ verwendet, um einen Mittelwert für die Anzahl dieser Wähler hervorzubringen. So bezeichnet μ ($\{w/u(w, p) > u(w, p')\}$) den Mittelwert der Menge von Wählern, die das Wahlprogramm p gegenüber p' präferieren und sich daher für den Kandidaten entscheiden werden, der p annimmt.

D-6: x ist ein *Standardkandidatenmodell der räumlichen Theorie der Wahl* in Bezug auf $\neg$, u^*, o^*, Ω, μ, wenn und nur wenn es R, W, K, *Wahl*, *Auswahl*, u, o, und G gibt, sodass:

1. $x = <R, W, K, \mathit{Wahl}, \mathit{Auswahl}, u, o, G, \neg, u^*, o^*, \Omega, \mu>$.
2. (R, W, K, *Wahl*, *Auswahl*, u, o, G, $\neg$, u^*) *ist Modell der räumlichen Theorie der Wahl mit egoistischen Nutzen* u^* (**D-3**).
3. (W, Ω, μ) ist ein Wahrscheinlichkeitsraum, sodass für $w \in W$: u^*_w $(= u^*(w, p))$ messbar ist.
4. $K = \{1, 2\} \subseteq \mathbb{N}$.
5. $o^*: K \times R \times R \rightarrow \mathbb{R}$.
6. $\forall\, k \in K$, $wo \in \mathit{WAHL}$, $kh \in \mathit{AUSWAHL}$: $o(k, wo, kh) = o^*(k, kh(k))$ mit $k^* = k + 1$.
7. $\forall\, p_1, p_2 \in R$:
   $o^*(1, p_1, p_2) = \mu(\{w/u^*(w, p_1) > u^*(w, p_2)\}) - \mu(\{w/u^*(w, p_1) < u^*(w, p_2)\})$
   und $o^*(2, p_1, p_2) = -o^*(1, p_1, p_2)$.

Erläuterung:
Aus Gründen der Einfachheit ist dieses Modell auf zwei Kandidaten (1 und 2) beschränkt. Die Bezeichnung k^* wird verwendet, um auf den „anderen" Kandidaten Bezug zu nehmen. Wenn $k = 1$, $k^* = 2$ und wenn $k = 2$, dann ist $k^* = 1$. Die Ziel-Funktionen hängen von den beiden von den Kandidaten ausgewählten Wahlprogrammen ab. So wird die Zielfunktion von Kandidat 1 durch die Differenz der Wähleranzahl, die für sein vorgeschlagenes Programm p_1 (und damit gegen das Programm p_2 des Kontrahenten) stimmen und der Anzahl der Wähler gebildet, die für das Wahlprogramm p_2 des anderen Kandidaten stimmen. Kandidat 2 besitzt die gleiche Ziel-Funktion wie Kandidat 1 als Kontrahent.

Durch die Verbindung des Standardwählermodell (**D-4**) mit dem Standardkandidatenmodell (**D-6**) erhalten wir das Standard-Raum-Modell der räumlichen Theorie der Wahl mit zwei Kandidaten, Nutzen in Form von Abständen zu Idealwahlprogrammen, Ausschluss von Enthaltungen und der Berücksichtigung der maximierenden Pluralität der Kandidaten.

D-7: x ist ein *Standard-Raum-Modell der räumlichen Theorie der Wahl* in Bezug auf n, $\neg$, u^*, o^*, i, f, Ω, μ, wenn und nur wenn es R, W, K, *Wahl*, *Auswahl*, u, o, und G gibt, sodass

1. $x = <R, W, K, \mathit{Wahl}, \mathit{Auswahl}, u, o, G, n, \neg, u^*, o^*, i, f, \Omega, \mu>$.

2. $<R, W, K, Wahl, Auswahl, u, o, G, \neg, u^*, i, f>$ ist ein *Standardwählermodell der räumlichen Theorie der Wahl* in Bezug auf n, $\neg$, u^*, i, f (**D-4**).
3. $<R, W, K, Wahl, Auswahl, u, o, G, \neg, u^*, o^*, \Omega, \mu>$ ist ein *Standardkandidatenmodell der räumlichen Theorie der Wahl* in Bezug auf $\neg$, u^*, o^*, Ω, μ (**D-6**).

Das ursprüngliche Modell von Downs ist unterhalb des Standard-Raum-Modells in Form einer Spezialisierungsrelation angeordnet. Es verbindet das einfache euklidische Distanzmodell mit dem Standardkandidatenmodell und nimmt einen eindimensionalen Raum von Wahlprogrammen an.

D-8: x ist ein *Downs'sches Modell der räumlichen Theorie der Wahl* in Bezug auf n, $\neg$, u^*, o^*, i, f, Ω, μ, wenn und nur wenn es $R, W, K, Wahl, Auswahl, u, o$, und G gibt, sodass

1. $x = <R, W, K, Wahl, Auswahl, u, o, G, n, \neg, u^*, o^*, i, f, \Omega, \mu>$.
2. $<R, W, K, Wahl, Auswahl, u, o, G, \neg, u^*, i, f>$ ist ein *einfaches Euklidisches Standardwählermodell der räumlichen Theorie der Wahl* in Bezug auf n, $\neg$, u^*, i, f (**D-5**).
3. $<R, W, K, Wahl, Auswahl, u, o, G, \neg, u^*, o^*, \Omega, \mu>$ ist ein *Standardkandidatenmodell der räumlichen Theorie der Wahl* in Bezug auf $\neg$, u^*, o^*, Ω, μ (**D-6**).
4. $n = 1$.

Ich werde mich jetzt in einem weiteren Schritt einer rein spieltheoretischen Verfeinerung zuwenden, wie sie von Feddersen et al. (1990) vorgeschlagen wurden. In diesem Modell (**D-9**) wird die Möglichkeit berücksichtigt, dass sich Kandidaten „enthalten", d. h. nicht in die Kampagne einsteigen. Dies wird durch ein Dummy-Wahlprogramm ϕ modelliert. Die Bedingungen (5) und (6) im Modell beinhalten die Regeln für diesen besonderen Fall. Der Nutzen eines Wählers wird in Bedingung (8) als der erwartete Nutzen definiert, welcher aus einer der von den Kandidaten ausgewählten Wahlprogramme mit der maximalen Anzahl der erreichten Stimmen abgeleitet wird. Die Stimmenanzahl, die k erhält, wird in (a.2) definiert. C_x in (a.3) kann dann mehr als ein Mitglied enthalten, wenn mehrere Kandidaten eine gleiche maximale Stimmenanzahl erreichen. In Bedingung (9) werden die Nutzen der Kandidaten in Bezug darauf definiert, ob sie sich „enthalten", nicht die maximale Anzahl der Stimmen erhalten oder unter den Gewinnern sind. Das ist ein rein spieltheoretisches Modell, da sich auch die Wähler strategisch verhalten und

ihr Wahlverhalten von dem Verhalten aller anderen Wähler abhängt, was mit der Definition von C_x berücksichtigt wird.
Wenn $x = <R, W, K, Wahl, Auswahl, u, o, G>$ ein *Kern-Modell der räumlichen Theorie der Wahl* ist mit $K = \{1, \ldots, m\}$ und $W = \{1, \ldots, n\}$, dann:

(a.1) Für $w \in W$ und $k \in K$ definiert $\sigma_{wk} = 1$, wenn $Wahl(w) = k$, sonst $\sigma_{wk} = 0$. Für $j \in W$ sei $\sigma_j = (\sigma_{j1}, \ldots, \sigma_{jm})$ und $\sigma = (\sigma_1, \ldots, \sigma_n)$.
(a.2) Wenn $k \in K$, dann $w_k(\sigma) := \Sigma_w \in_W \sigma_{wk}$.
(a.3) $C_x = \{k \in K / \forall k \in K: w_k(\sigma) \geq w_{k'}(\sigma)\}$.

D-9: x ist ein *Feddersen-Sened-Wright-Modell der räumlichen Theorie der Wahl* in Bezug auf u^*, i, f, β, γ, wenn und nur wenn es $R, W, K, Wahl, Auswahl, u, o, G$ und ϕ gibt, sodass:

1. $x = <R, W, K, Wahl, Auswahl, u, o, G, \phi, u^*, i, f, \beta, \gamma>$.
2. $<R, W, K, Wahl, Auswahl, u, o, G>$ ist ein *Kern-Modell der räumlichen Theorie der Wahl* (**D-1**).
3. $R = [0,1] \cup \{\phi\}, \beta, \gamma \in \mathbb{R}^+$ und $\phi \notin Bereich(Wahl)$.
4. $W = \{1, \ldots, n\}$ und $K = \{1, \ldots, m\}, m < n$.
5. $\forall k \in K$: wenn $Auswahl(k) = \phi$, dann $k \notin Bereich(Wahl)$.
6. $u^*: W \text{ x } R \rightarrow \mathbb{R}$ und $\forall w \in W$ und $p \in R$: $u^*(w, \phi) < u^*(w, p)$.
7. $i: W \rightarrow R$, $f: \mathbb{R} \rightarrow \mathbb{R}$ ist streng abfallend und $\forall w \in W$ und $p \in R$: $u^*(w, p) = f(||i(w) - p||)$.
8. $\forall w \in W$ und wo, kh: $u(w, wo, kh) = (1/||C_x|| \Sigma_k \in_{Cx} u^*(w, kh(k))$.
9. $\forall k \in K$ und wo, kh:
   (a) $o(k, wo, kh) = 0$, wenn $kh(k) = \phi$
   (b) $o(k, wo, kh) = -\gamma$, wenn $kh(k) \neq \phi$ und $k \notin C_x$
   (c) $o(k, wo, kh) = \lambda\, \beta - \gamma$, wenn $k \in C_x$ mit $\lambda = 1/1/||C_x||$.

Eine letzte Verfeinerung, die ich an dieser Stelle im Detail betrachten möchte, ist charakteristisch für eine Anzahl weiterer Arbeiten (siehe etwa Zechman 1979; Enelow und Hinich 1982; Kramer 1978; Calvert 1985). In diesen Arbeiten beruhen entweder die Entscheidungen der Wähler oder der Kandidaten auf probabilistischen Überlegungen, welche eine Form von unvollständiger Information widerspiegeln. In dem von Hinich et al. (1973) untersuchtem Modell besitzen die Kandidaten bspw. keine vollkommen Information über das Verhalten der Wähler. Hier wird die Funktion *Wahl* durch eine Zufallsvariable ersetzt und die Kandidaten stützen ihre Entscheidung für ein Wahlprogramm auf die Wahrscheinlichkeiten für die Wahlentscheidung der Wähler (Bedingung (9)). Es wird ein

Wahrscheinlichkeitsraum eingeführt, der sich aus Gründen der Einfachheit direkt auf die Menge von Wählern stützt und nicht auf Typen von Wählern. Es gibt zwei Kandidaten und einen n-dimensionalen Raum von Wahlprogrammen. Kandidaten maximieren die Pluralität (Bedingung (13)). Das entscheidende Merkmal ist dabei, dass die Wahrscheinlichkeiten der Stimmen, die ein Kandidat k erhält ($p(\{w/Wahl(w) = k\})$) durch eine Funktion φ gegeben werden, die vom konkaven Nutzen abhängt und steigend oder fallend in ihren verschiedenen Argumenten ist. Sie ermöglicht es, etablierte mathematische Verfahren anzuwenden, um ein Gleichgewicht zu erreichen.

D-10: x ist ein *Hinich-Ledyard-Ordeshook-Modell der räumlichen Theorie der Wahl*, wenn und nur wenn es R, W, K, Ω, *prob*, *Wahl°*, *Auswahl*, u, o, G, n, i, und φ gibt, sodass

1. $x = <R, W, K, \Omega, prob, Wahl^\circ, Auswahl, u, o, G, n, i, \varphi>$.
2. R, W, K sind nicht-leere Mengen, paarweise unzusammenhängend, $K = \{1,2\}$ und $R \subseteq \mathbb{R}^n$.
3. $(W, \Omega, prob)$ ist ein Wahrscheinlichkeitsraum.
4. $Wahl^\circ$: $\mathrm{W} \rightarrow K$ ist eine Zufallsvariable.
5. $Auswahl$: $K \rightarrow R$.
6. u: $W \text{ x } R \text{ x } R \rightarrow \mathbb{R}$ und o: $K \text{ x } R \text{ x } R \rightarrow \mathbb{R}$.
7. $G \subseteq AUSWAHL = \{f/f: K \rightarrow R\}$.
8. i: $W \rightarrow R$ und φ: $W \text{ x } K \text{ x } \mathbb{R} \text{ x } \mathbb{R} \rightarrow \mathbb{R}$.
9. $\forall\, w \in W, k \in K: prob(\{w/Wahl(w) = k\})$ $= \varphi\ (\mathrm{w}, k, u(w, Auswahl(1), i(w)), u(w, Auswahl(2), i(w)))$.
10. $\forall\, w, p$: $u(w, \cdot, p)$ ist kontinuierlich und konkav $[u(w, \in, \cdot, p)(x) = u(w, x, p)]$.
11. $\forall\, w \in W, a, b, c \in \mathbb{R}$: wenn $a < b$, dann $\varphi(w, 1, a, c) < \varphi(w, 1, b, c)$ und $\varphi(w, 2, c, a) < \varphi(w, 2, c, b)$.
12. $\forall\, w \in W, a, b, c \in \mathbb{R}$: wenn $a < b$, dann $\varphi(w, 1, c, a) \geq \varphi(\mathrm{w}, 1, c, b)$ und $\varphi(w, 2, a, c) \geq \varphi(w, 2, b, c)$.
13. $\forall\, p, p' \in R$: $o(1, p, p') = \#\{w/u(w, p, i(w)) > u(w, p', i(w))\} - \#\{w/u(w, p, i(w)) < u(w, p', i(w))\}$ und $o(2, p, p') = -o(1, p, p')$.
14. $\forall\, kh$: wenn $kh \in G$ dann ist kh ein Nash-Gleichgewicht in dem Spiel (K, R, o).

4.4 Intertheoretische Relationen: Zu den Verbindungen zwischen den Modellen

Zwischen den angeführten Modellen der räumlichen Theorie der Wahl lassen sich unterschiedliche Verbindungen, sogenannte intertheoretische Relationen identifizieren. Auf formale Definitionen dieser Relationen werde ich an dieser Stelle verzichten. Ich gehe davon aus, dass die potenziellen Modelle (M_p) und die Modelle (M) eines Theorie-Elements T die Form ($B_1, \ldots, B_k; R_1, \ldots, R_n$) besitzen. $B_1, \ldots, B_k$ bezeichnen Basismengen und $R_1, \ldots, R_n$ Relationen eines (potenziellen) Modells. Ein Klumpengesetz ist ein Axiom, das nun mehr als eine relationale Stammfunktion (d. h. eine Stammfunktion, die sich auf eine Relation bezieht) in einer nicht reduzierbaren Weise enthält.

(I) Eine erste intertheoretische Relation wird durch den Übergang von *Kern-Modellen* zu *Modellen mit Enthaltung* sowie durch den Übergang von *Kern-Modellen* zu den *Feddersen-Sened-Wright- Modellen* gegeben. Solchen Relationen (Übergänge) bezeichne ich als *ontologische Erweiterungen.* In einer ontologischen Erweiterung wird eine der Basismengen durch ein prägendes neues Element erweitert, während alle anderen Basismengen unverändert bleiben. Die Relationen des ausgeweiteten Modells werden über die neuen Basismengen verkörpert, und zwar auf die gleiche Weise, wie die alten Relationen über die alten Basismengen verkörpert wurden. Darüber hinaus wird angenommen, dass die Klumpengesetze der alten Theorie in gleicher Form für die neuen Modelle gelten. Da die Einheiten, auf die diese Gesetze angewendet werden, sich zwischen beiden Theorien unterscheiden, ist jedoch die Bedeutung dieser Gesetze ebenfalls anders. Insbesondere gibt es keine geradlinige deduktive Verbindung zwischen den zwei Modellklassen.

Wir können sagen, dass ein Theorie-Element $T' = < M_p', M', M_{pp}', I', D', U'>$ eine ontologische Erweiterung von $T = < M_p, M, M_{pp}, I, D, U>$ genau dann ist, wenn für eine Basismenge die Nummer i aus T' und irgendein neues Element a das Folgende gilt:

1. Jedes potenzielle Element $x' \in M'_p$ ist eine Erweiterung eines korrespondierenden potenziellen Modells $x \in M_p$, sodass die Anzahl von Basismengen in beiden potenziellen Modellen gleich ist und die Basismenge B'_i von x' die Form $B_i \cup \{a\}$ besitzt, während B_i die korrespondierende Basismenge von x ist. Die anderen Basismengen B'_j ($j \neq i$) von x' sind die gleichen wie für x. x' und x besitzen die gleiche Anzahl von Relationen. Für jede Relation R'_s für x' gibt es eine korrespondierende Relation R_s für x, sodass R'_s vom gleichen Typ für die Basismengen von x' ist wie R_s für die Basismengen von x.
2. Jedes Klumpengesetz für M ist unter den Axiomen von M'.
3. Die Mengen der intendierten Systeme I und I' sind unzusammenhängend.

Im Beispiel ergibt der Ausschluss der Enthaltung eine andere Art von Gleichgewicht als in einem Modell, in welchem Enthaltungen zugelassen werden. In letzterem ergibt sich ein Gleichgewicht, wenn sich jeder enthält. Es erscheint plausibel anzunehmen, dass die intendierten Systeme beider Theorieelemente disjunkt sind, da es sich bei der Zulassung von Enthaltung aus empirischer Perspektive um einen gesetzlichen Rahmen der durchzuführenden Wahlen handelt. In dem Sinne ist Enthaltung in dem System entweder legal oder nicht.

(II) Die zweite Art von intertheoretischen Relationen zwischen den Theorie-Elementen der räumlichen Theorie der Wahl ist die *Standard-Spezialisierung*. Theorieelement $T' = (Mp', M', Mpp', D', U', I')$ ist eine Spezialisierung (Balzer et al. 1987, S. 168–177) von $T = (Mp, M, Mpp, D, U, I)$ genau dann, wenn die Klassen der Modelle und intendierten Systeme von T' enger gefasst sind als die von T. Intuitiv gesprochen wird T' durch das Hinzufügen weiterer Axiome zu T gebildet, die möglicherweise andere Konzepte anwenden, und die Menge der intendierten Systeme von T einschränkt. Am Beispiel der räumlichen Theorie der Wahl tritt diese Relation u. a. auf:

a. Zwischen Modellen mit egoistischen Nutzenfunktionen (oder Ziel-Funktionen) und Modellen mit Enthaltung;
b. zwischen dem einfachen Euklidischen Wählermodell und dem Standardwählermodell;
c. zwischen dem Standardkandidatenmodell und dem Modell mit egoistischen Nutzenfunktionen;
d. zwischen dem Standardraummodell und sowohl dem Standardwählermodell als auch dem Standardkandidatenmodell;
e. zwischen dem Downs'schen Modell und sowohl dem Euklidischen Wählermodell als auch dem Standardkandidatenmodell; und
f. zwischen dem Feddersen-Sened-Wright-Modell und dem Kernmodell Spezialisierung ergibt eine offensichtlich deduktive Verbindung. Die Axiome der speziellen Theorie implizieren die Axiome der Theorie, die Ausgangspunkt der Spezialisierung ist.

(III) Die dritte intertheoretische Relation tritt im Bereich der räumlichen Theorie der Wahl auf, wenn eine „gewöhnliche" Nicht-Zufallsfunktion im (potenziellen) Modell durch eine Zufallsvariable ersetzt wird. Dies erfordert die Einführung eines Wahrscheinlichkeitsraumes. Zwei Fälle können hier unterschieden werden: Die Zufallsvariable wird entweder auf Basis einer neuen Hintergrund-Menge Ω oder auf einer der Basismengen, die im „alten" Modell bereits vorliegen, bestimmt. Das

Ergebnis einer solchen reinen Ersetzung ohne weitere Implikationen nenne ich eine *schwach probabilistische Variante* des ursprünglichen Theorieelements.

Normalerweise werden schwach probabilistische Varianten eingeführt, um irgendeine aus irgendeinem Grund im Originalmodell eingeführte Idealisierung zurückzunehmen oder zu konkretisieren. Wenn das ursprüngliche, idealisierte Modell gut genug verstanden wird, ist der nächste natürliche Schritt, Elemente unvollständiger Information einzuführen, um das Modell realistischer zu gestalten. Während der erste Schritt, die Veränderung des konzeptionellen Apparates, die zu einer schwach probabilistischen Variante führt, vorgegeben ist, gibt es keinen besonderen Weg für den Umgang mit den Axiomen. Sorgfältige Untersuchungen versuchen zu zeigen, dass das Originalmodell aus dem probabilistischen gewonnen werden kann, indem ein Mittel gebildet oder ein Grenzwert genommen wird (Hildenbrand 1974). Jedoch wird die Relation oft einfach offen gelassen. Dies gilt besonders für die räumliche Theorie der Wahl. Nur wenn die „deduktive" Relation zwischen den Axiomen beider Theorie-Elemente explizit gemacht wird, können wir von einer (vollkommen) probabilistischen Variante sprechen. Die Bezeichnung „schwach" soll anzeigen, dass die Relation zwischen den Axiomen auf beiden Seiten nicht behandelt wird. In der räumlichen Theorie der Wahl lassen sich mehrere Beispiele für schwach probabilistische Varianten identifizieren. Das Hinich-Ledyard-Ordeshook-Modell ergibt eine schwach probabilistische Variante des Kernmodells. Andere Beispiele finden sich in Zechman (1979), Enelow und Hinich (1982), Kramer (1978) und Calvert (1985).

(IV) Die letzte hier anzuführende intertheoretische Relation scheint typisch für die räumliche Theorie der Wahl zu sein. Die Relation fokussiert auf die Auffassung eines Gleichgewichts, das in den „vollkommenen", wie den Standard-Modellen, aus zwei Teilen besteht: Ein Teil behandelt die Wähler, der andere die Kandidaten. In der Forschungsliteratur finden wir eine große Anzahl von Modellen, die sich nur einem dieser Teile widmen und die keine expliziten Annahmen über den jeweils anderen Teil formulieren. Das Hinich-Ledyard-Ordeshook-Modell ist ein Beispiel für diesen Sachverhalt. Hier wird nur das Verhalten der Kandidaten untersucht. Es gibt keine Annahmen über *Wahl* und in der Tat tritt *Wahl* in dem Modell nicht als nicht-probabilistiche Funktion auf. Demzufolge ist das sich ergebende Verständnis des Gleichgewichts verkürzt, da es nur das Gleichgewicht zwischen den Kandidaten abdeckt (oder zwischen den Wählern, jedoch in anderen Untersuchungen).

Formal gesehen, wird eine solche verkürzte Gleichgewichts-Variante *T'* eines Theorie-Elements *T* dadurch gebildet, indem ein Teil des Gleichgewichtszustandes, der in *T* auftritt, abgetrennt wird. In *T'* wird nur die Menge von verkürzten Gleichgewichtszuständen verwendet. Dies geht normalerweise mit der Abwesenheit von Bedingungen für die jeweils andere beobachtbare Variable einher, welche in den „neuen" Gleichgewichtszuständen weggelassen wird. Dieses Merkmal lässt sich jedoch nur schwer erläutern, da stattdessen oft probabilistische Varianten verwendet werden. Weiterhin erscheint es auf einer abstrakten, metatheoretischen Ebene schwierig, den Begriff des Gleichgewichts von anderen Begriffen der Theorie abzugrenzen. Was ist der Unterschied zwischen einer Relation R_i, die eine Menge von Gleichgewichtszuständen bezeichnet und einer Relation R_j, die beispielsweise eine Präferenzrelation bezeichnet? Das hervorstechende Merkmal des Gleichgewichts-Konzeptes ist, dass es mit einem Axiom wie Bedingung (5) im Kern-Modell kombiniert wird, welches aussagt, dass jeder Gleichgewichtszustand in irgendeiner Hinsicht maximal ist. Ohne den Versuch zu unternehmen, dies zu präzisieren, könnte man sagen, dass die Theorie-Elemente die Axiome enthalten, die typisch für das Verständnis des Gleichgewichts sind. Wenn es keine anderen Axiome gibt, die Maximalität ausdrücken, würde dies genügen, um den Begriff des Gleichgewichts abzugrenzen.

Im Allgemeinen kann man sagen, dass $T' = < M_p', M', M_{pp}', D', U', I'>$ eine verkürzte Gleichgewichts-Variante von $T = < M_p, M, M_{pp}, D, U, I>$ genau dann ist, wenn:

1. beide Theorie-Elemente eine Menge von Gleichgewichtszuständen in ihren (potenziellen) Modellen enthalten;
2. die Gleichgewichtszustände in T die Form (u_1, u_2) haben, während die in T' die Form u_1 (oder u_2) haben; und
3. es für jedes potenzielle Modell x' von T' ein potenzielles Modell x von T gibt, sodass es für jeden Gleichgewichtszustand u' in x' irgendein w gibt, sodass (u', w) oder (w, u') ein Gleichgewichtszustand in x ist.

Es ist jedoch anzumerken, dass Bedingung (3) auf Ebene der potenziellen Modelle formuliert wird, auf der die Axiome, die das Gleichgewicht kennzeichnen, nicht erfüllt werden müssen. Daher ist Bedingung (3) keine substanzielle Beschränkung des verkürzten Gleichgewichts, so wie es auf den ersten Blick erscheinen mag. Das *Hinich-Ledyard-Ordeshook-Modell* kann als typisches Beispiel für den Begriff des verkürzten Gleichgewichts angesehen werden, da es eine solche Variante der Kernmodelle ist.

Mit der Ausnahme der Spezialisierung ergeben diese intertheoretischen Relationen keine geradlinig deduktiven Relationen zwischen den Axiomen für die Modelle auf beiden Seiten. Ebenso sind sie keine determinierenden Verbindungen im Sinne Moulines (1992), also Relationen durch die ein Konzept auf einer Seite vollständig determiniert wird. Obwohl man von einem rein formalen Standpunkt aus argumentieren könnte, dass in dem jeweiligen Originalmodell irgendeine Auffassung einzig durch die Mittel seines Gegenstücks im ihm varianten Modell bestimmt sind, bedeutet dies nicht, dass wir von determinierenden Verbindungen sprechen müssen.

5 Ein partielles Theorie-Netz der räumlichen Theorie der Wahl

Durch das Zusammenfügen der verschiedenen Theorie-Elemente, deren Modellklassen in Punkt 4.3. bestimmt wurden, und der eben beschriebenen intertheoretischen Relationen erhalten wir eine Netzstruktur, die *einen* Teil des Theorie-Netzes der räumlichen Theorie der Wahl darstellt. Die Knoten des Netzes stellen Theorie-Elemente dar und die Bögen verweisen auf die Anwesenheit einer der vier intertheoretischen Relationen.

In der Abbildung des Netzes (Abb. 3), werden nur die Modellklassen jedes Theorie-Elements erwähnt. Die intendierten Systeme *I* werden in den meisten Fällen durch diejenigen politischen Systeme repräsentiert, in denen es freie Wahlen zwischen Kandidaten und Wählern gibt. Natürlich wird es letztendlich Grenzfälle geben. Die intendierten Systeme können nie vollständig präzise bestimmt werden. Ich nehme einige weitere wichtige und nicht in Punkt 4.3. beschriebene Knoten in das Netz auf und beschränke die Abbildung gleichzeitig auf die Fälle mit zwei Kandidaten und einer räumlichen Dimension. Das bedeutet, dass das vollständige Netz aus drei weiteren Teil-Netzen ähnlicherer Komplexität bestehen würde. Weiterhin habe ich nur einige wenige probabilistische Modelle in das Netz einbezogen. Folgende Knoten werden im Netz dargestellt:

1. Ein verallgemeinertes Kern-Modell mit qualitativen Relationen anstatt mit numerischen Nutzen- und Zielfunktionen [*qualitativer Kern*].
2. Das Kern-Modell, wie es in Punkt 4.2. vorgestellt wurde [*Kern-Modell*].
3. Das Kern-Modell mit genau zwei Kandidaten [$K = 2$].
4. Das Kern-Modell mit mehr als zwei Kandidaten [$K > 2$] (das Netz unterhalb dieses Knotens ist nicht dargestellt).
5. Das Kern-Modell, welches Enthaltung nicht zulässt [*keine Enthaltung*].
6. Das Kern-Modell, das Enthaltung zulässt [*Enthaltung möglich*] (vgl. z. Bsp. Calvert 1986, S. 9).
7. Das Kern-Modell mit zwei Kandidaten mit einem n-dimensionalen wirklichem Raum [$R \subseteq IR^n$].
8. Das Modell aus 7) mit einem eindimensionalen Raum von Plattformen [$n = 1$].
9. Das Modell aus 7) mit einem mehrdimensionalen Raum an Plattformen [$n > 1$].

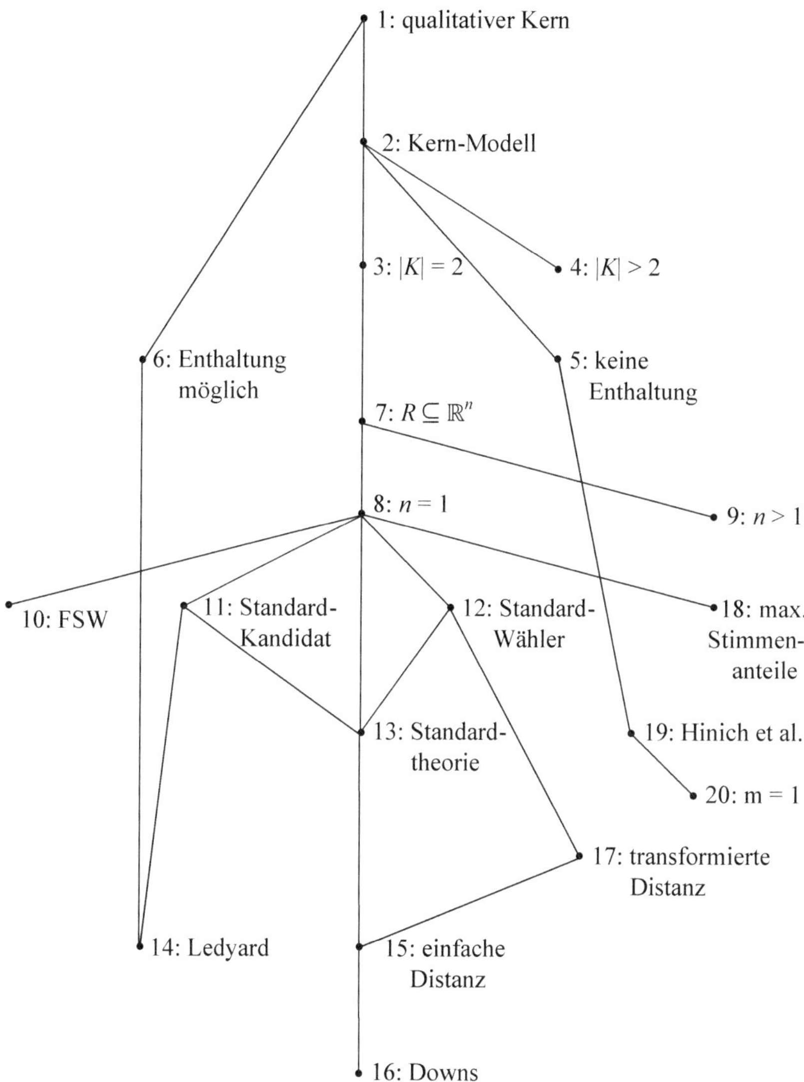

Abb. 3 Ein partielles Theorie-Netz der räumlichen Theorie der Wahl

10. Das in Punkt 4.3. beschriebene Feddersen-Sened-Wright Modell [*FSW*].
11. Das in Punkt 4.3. beschriebene Standardkandidatenmodell [*Standardkandidat*].
12. Das in Punkt 4.3. beschriebene Standardwählermodell [*Standardwähler*].
13. Das in Punkt 4.3. beschriebene Standardraummodell [*Standardtheorie*].
14. Die *reine Theorie der Wahl* von Ledyard (1984) [*Ledyard*].
15. Das Standardmodell mit Euklidischer Distanz [*einfache Distanz*].
16. Das in Punkt 4.3. beschriebene Downs'sche Modell [*Downs*].
17. Das Standardwählermodell bei dem die Distanz durch eine orthogonale Matrix definiert wird [*transformierte Distanz*] (vgl. Calvert 1986).
18. Ein Modell, bei welchem Kandidaten ihren Stimmanteil maximieren [*max. Stimmanteile*] (vgl. bspw. Hermsen und Verbeek 1992).
19. Ein Modell mit einer „voraussagenden" oder "ökonomischen" Dimension (wie „links-rechts" oder „liberal-republikanisch") zusätzlich zum Raum der Plattformen [*Hinich et.al.*] (vgl. Enelow und Hinich 1982, 1984).
20. Die auf 1 beschränkte Dimension m des voraussagenden Raumes aus 19) [*m = 1*].

Ein Merkmal, in dem sich dieses Netz entscheidend von anderen Theorie-Netzen, bspw. aus der Physik, unterscheidet, ist der Ort, welcher dem Gründermodell im Netz zukommt. In dem hier vorliegenden Fall wurde die Forschungstradition von Downs begründet, aber sein Modell findet sich am Boden des Netzes. Das Theorie-Netz der Newton'schen Teilchenmechanik sieht beispielsweise im Gegensatz dazu für das Modell seines Gründers, die Newton'schen Gesetze, die absolute Kopfposition des Netzes vor.

6 Zusammenfassung und Ausblick

Meine Rekonstruktion von Modellen der räumlichen Theorie der Wahl zeigt, dass sich ihre allgemeine statische Struktur als ein Netz repräsentieren lässt, welches aus einem grundlegenden Kern und einer teilweise geordneten Menge von Verfeinerungen besteht. Die Theorie besitzt eine baumähnliche Netzstruktur, die typisch für reife Theorien ist. Die Baumstruktur sowie die besonderen Formen der Verfeinerung, die in diesem Netz auftreten, können als allgemeine Merkmale der konzeptionellen Struktur und Entwicklung der Theorie betrachtet werden und sind in diesem Sinn wesentliche methodologische Charakteristika dieser Theorie.

Viele der Verfeinerungsrelationen, die in der räumlichen Theorie der Wahl identifiziert werden können, sind Spezialisierungen im technischen, strukturalistischen Verständnis, sodass die Netzstruktur sehr stark der eines Spezialisierungsnetzes ähnelt.

Es sind jedoch nicht alle Relationen zwischen den verschiedenen Modellen der Theorie vom Typ der Spezialisierung. Die vorliegende Fallstudie ergibt ein Netz, welches nicht normal in dem Sinn ist, dass es nur aus Spezialisierungen besteht. Da diese Situation verbreiteter ist, als ursprünglich angenommen, denke ich, dass Spezialisierung nicht überbetont werden sollte, indem man ihr die Bezeichnung „normal" zuweist.

Die besonderen Arten von intertheoretischen Relationen, durch die die räumliche Theorie der Wahl über das Verständnis eines Spezialisierungsnetzes hinausgeht, scheint einen relativ großen Anwendungsbereich in den Sozialwissenschaften zu haben. Ich konnte drei solcher Relationen identifizieren:

1. *Die ontologische Variante.* Sie tritt auf, wenn eine neue Handlung in den Modellen zugelassen wird, was dazu führt, dass sich Axiome grundlegend verändern.
2. Eine zweite Relation ist die zwischen einer „gewöhnlichen" (nicht-probabilistischen) Theorie und einer „randomisierten" Variante von ihr. Ich schlage eine *schwach probabilistische Variante* vor, um den einfachsten Fall, in welchem nur eine Funktion durch eine Zufallsvariable ersetzt wird, zu erfassen. Im Allgemeinen, und insbesondere am Beispiel der räumlichen Theorie der Wahl deutlich werdend, wird die Beziehung zwischen den Axiomen der randomisierten und der ursprünglichen Version offen gelassen (daher das Label „schwach"). Aus metatheoretischer Perspektive verdeckt die einfache Ersetzung einer Variablen durch eine Zufallsvariable jedoch zwei Probleme. Einerseits werden der Ursprung und die Natur der Zufälligkeit, die sich von Anwendung zu Anwendung unterscheidet, meist nicht behandelt oder klargestellt. Andererseits ist die Beziehung zwischen dem Originalmodell und den randomisierten Modellen meist nicht so einfach, als dass das erste der Ursprung des letzteren ist.
3. Die dritte Relation, die ich unter den Modellen der räumlichen Theorie der Wahl fand, nenne ich *verkürztes Gleichgewicht.* Es wird geschaffen, wenn ein spieltheoretisches Verständnis von Gleichgewicht in dem Sinne verkürzt wird, dass das Spiel auf ein Teilspiel reduziert wird, dessen Gewinnfunktion auf anderen Annahmen als das Originalspiel beruht.

Ich konnte in der Literatur kein Modell identifizieren, welches als Paradigma im technischen, strukturalistischen Sinne dienen könnte, d. h. dass alle anderen Modelle, die im Anschluss daran entworfen wurden, Spezialisierungen oder Verfeinerungen dieses Modells darstellen. Ich schlage jedoch ein sehr allgemeines Modell vor, welches ein potenzieller Kandidat für ein solches Paradigma sein könnte.

Obwohl ich diesen Sachverhalt nicht im Detail behandelt habe, wird deutlich, dass sich die historische Entwicklung der räumlichen Theorie der Wahl nicht in ihrer synchronen Netzstruktur widerspiegelt. In den Naturwissenschaften etwa wird der grundlegende Kern eines Netzes meist zu Beginn eines Forschungsprogramms eingeführt und jede Verfeinerungsstufe des Modells stellt die tatsächliche historische Einführung eines neuen Modells in die Theorie dar. Im Gegensatz dazu beginnt die Entwicklung der räumlichen Theorie der Wahl historisch mit dem von Downs (1957) präsentierten Modell. Dieses ist aber nicht der Kern der Netzstruktur der Theorie, sondern findet sich „am anderen Ende" des Netzes in Form einer abschließenden Verfeinerung, welche selbst nicht gewinnbringend weiter verfeinert werden kann. Das diachrone Bild der räumlichen Theorie der Wahl ist nicht das eines ursprünglichen Kerns, der über die Zeit weiter ausdifferenziert wird, wie im Falle der Naturwissenschaften. Stattdessen geht das diachrone Bild von einem speziellen Fall aus und versucht dann, diesen in verschiedenen Dimensionen zu verallgemeinern. In dieser Hinsicht ähnelt die Theorie eher der Entwicklung von ökonomischen Theorien als den Theorien der Naturwissenschaften.

Mit meiner Rekonstruktion der räumlichen Theorie der Wahl habe ich zudem nur ein *mögliches* Teilnetz dieser Theorie präsentiert, die zudem zeitlich nur eine Auswahl der theoretischen Forschungsergebnisse berücksichtigt. Weiteren Arbeiten sei es vorbehalten, dieses Teilnetz zu erweitern und/oder zu verbessern, um in Zukunft zu einer vollständigen Repräsentation der räumlichen Theorie der Wahl als Theorie-Netz zu gelangen.

Danksagung

Ich danke dem anonymen Gutachter und den Herausgebern für hilfreiche Hinweise und Fragen, die diesen Text verbessert haben.

Literatur

Albert, Gert (2006): Max Webers non-statement view. Ein Vergleich mit Ronald Gieres Wissenschaftskonzeption, in: Albert, Gert, Agathe Bienfait, Steffen Sigmund & Mateusz Stachura (Hrsg.): *Aspekte des Weber-Paradigmas* (49–79). Wiesbaden: VS Verlag für Sozialwissenschaften.

Albert, Gert (2007): Idealtypen und das Ziel der Soziologie, *Berliner Journal für Soziologie* 17: 51–75.

Austen-Smith, David (1983): The spatial theory of electoral competition: Instability, institutions, and information, *Environment and Planning C: Government and Policy* 1: 439–459.

Balzer, Wolfgang (1982): *Empirische Theorien Modelle, Strukturen, Beispiele*. Braunschweig: Vieweg.

Balzer, Wolfgang (1985): On a new definition of theoreticity, *Dialectica* 39: 127–145.

Balzer, Wolfgang (1986): Theoretical terms: A new perspective, *The Journal of Philosophy* 83: 71–90.

Balzer, Wolfgang (1993): *Soziale Institutionen*. Berlin: de Gruyter.

Balzer, Wolfgang (1996): Theoretical terms: Recent developments, in: Balzer, Wolfgang & Carlos U. Moulines (Hrsg.): *Structuralist Theory of Science. Focal Issues, New Results* (139–166). Berlin und New York: de Gruyter.

Balzer, Wolfgang (1997): *Die Wissenschaft und ihre Methoden. Grundsätze der Wissenschaftstheorie*. Freiburg und München: Alber.

Balzer, Wolfgang (2009): *Die Wissenschaft und ihre Methoden. Grundsätze der Wissenschaftstheorie* (2. Aufl.). Freiburg und München: Alber.

Balzer, Wolfgang & Volker Dreier (1995): *On the Economic Theory of Democracy*. München und Florenz (unveröffentlichtes Manuskript).

Balzer, Wolfgang & Volker Dreier (1996): Zur ökonomischen Theorie der Demokratie, in: Koller, Peter & Klaus Puhl (Hrsg.): *Aktuelle Probleme der politischen Philosophie. Gerechtigkeit und Wohlfahrt in Gesellschaft und Weltordnung* (8–16). Kirchberg am Wechsel: Die Österreichische Ludwig Wittgenstein Gesellschaft.

Balzer, Wolfgang & Volker Dreier (1999): The structure of the spatial theory of elections, *The British Journal for the Philosophy of Science* 50: 613–638.

Balzer, Wolfgang & Carlos U. Moulines, Hrsg. (1996): *Structuralist Theory of Science. Focal Issues, New Results*. Berlin und New York: de Gruyter.

Balzer, Wolfgang & Joseph D. Sneed (1983): Verallgemeinerte Netz-Strukturen empirischer Theorien, in: Balzer, Wolfgang & Michael Heidelberger (Hrsg.): *Zur Logik empirischer Theorien* (117–168). Berlin und New York: de Gruyter.

Balzer, Wolfgang & Joseph D. Sneed (1995): Der neue Strukturalismus, in: Stachowiak, Herbert (Hrsg.): *Pragmatik. Handbuch pragmatischen Denkens. Band V: Pragmatische Tendenzen in der Wissenschaftstheorie* (195–226). Hamburg: Meiner.

Balzer, Wolfgang, C. Ulises Moulines & Joseph D. Sneed (1987): *An Architectonic for Science. The Structuralist Program*. Dordrecht: Reidel.

Balzer, Wolfgang, Joseph D. Sneed & C. Ulises Moulines, Hrsg. (2000): *Structuralist Knowledge Representation. Pragmatic Examples*. Amsterdam und Atlanta: Rodopi.

Behnke, Joachim (2001): Responsivität und Informationsverhalten, in: Druwe, Ulrich, Volker Kunz & Thomas Plümper (Hrsg.): *Jahrbuch für Handlungs- und Entscheidungstheorie, Band 1* (49–73). Opladen: Leske + Budrich.

Birkhoff, Garrett & John von Neumann (1936): The logic of quantum mechanics, *The Annals of Mathematics* 37: 823–843.

Black, Duncan (1948): On the rationale of group decision-making, *Journal of Political Economy* 56: 23–34.

Black, Duncan (1958): *The Theory of Committees and Elections*. Cambridge: Cambridge University Press.
Calvert, Randall (1985): Robustness of the multidimensional voting model: Candidate motivations, uncertainty, and convergence, *American Journal of Political Science* 29: 69–95.
Calvert, Randall (1986): *Models of Imperfect Information in Politics*. Chur: Harwood Academic Publishers.
Chakravartty, Anjan (2010): Informational versus functional theories of scientific representation, *Synthese* 172: 197–213.
Clarke, Kevin A. & David M. Primo (2007): Modernizing political science: A model-based approach, *Perspectives on Politics* 5: 741–753.
Clarke, Kevin A. & David M. Primo (2012): *A model discipline. Political science and the logic of representations*. Oxford und New York: Oxford University Press.
Davis, Otto A. & Melvin J. Hinich (1966): A mathematical model of policy formation in a democratic society, in: Bernd, Joseph L. (Hrsg.): *Mathematical Applications in Political Science, II* (175–208). Dallas: Southern Methodist University Press.
Downs, Anthony (1957): *An Economic Theory of Democracy*. New York: Harper and Row.
Downs, Anthony (1968): *Ökonomische Theorie der Demokratie*. Tübingen: Mohr.
Dreier, Volker (1993): *Zur Logik politikwissenschaftlicher Theorien. Eine metatheoretische Grundlegung zur Analyse der logischen Struktur politikwissenschaftlicher Theorien im Rahmen der Strukturalistischen Theorienkonzeption*. Frankfurt am Main: Lang.
Dreier, Volker (1994): „Rational Choice" und Strukturalistische Wissenschaftstheorie, in: Druwe, Ulrich & Volker Kunz (Hrsg.): *Rational Choice in der Politikwissenschaft. Grundlagen und Anwendungen* (170–205). Opladen: Leske + Budrich.
Dreier, Volker (2005): *Die Architektur politischen Handelns. Machiavellis Il Principe im Kontext der modernen Wissenschaftstheorie*. Freiburg und München: Alber.
Dreier, Volker (2013): Modelle, Theorien und empirische Daten. Zum Beitrag der modernen Wissenschaftstheorie für eine metatheoretische Neuorientierung in der empirischen Sozialforschung, *Zeitschrift für Theoretische Soziologie* 2(1): 145–163.
Dreier, Volker (2014): *Aspekte und Perspektiven der modernen Wissenschaftstheorie*. Wiesbaden: Springer VS (in Vorbereitung).
Enelow, James M. & Melvin J. Hinich (1982): Nonspatial candidate characteristics and electoral competition, *Journal of Politics* 44: 115–130.
Enelow, James M. & Melvin J. Hinich (1984): *The Spatial Theory of Voting. An Introduction*. Cambridge: Cambridge University Press.
Enelow, James M. & Melvin J. Hinich, Hrsg. (1990): *Advances in the Spatial Theory of Voting*. Cambridge: Cambridge University Press.
Feddersen, Timothy J., Itai Sened & Stephen G. Wright (1990): Rational voting and candidate entry under plurality rule, *American Journal of Political Science* 34: 1005–1016.
Ferejohn, John (1995): The development of the spatial theory of elections, in: Farr, James, John S. Dryzek & Stephen T. Leonard (Hrsg.): *Political Science in History. Research Programs and Political Traditions* (253–275). Cambridge: Cambridge University Press.
French, Steven (2008): The structure of theories, in: Psillos, Stathis & Martin Curd (Hrsg.): *The Routledge Companion to Philosophy of Science* (269–280). London und New York: Routledge.

Giere, Ronald N. (1988): *Explaining Science. A Cognitive Approach.* Chicago: University of Chicago Press.
Giere, Ronald N. (1999): *Science without Laws.* Chicago und London: The University of Chicago Press.
Giere, Ronald N. (2006): *Scientific Perspectivism.* Chicago und London: The University of Chicago Press.
Hendry, Robin F. & Stathis Psillos (2007): How to do things with theories: An interactive view of language and models in science, in: Brzezinski, Jerzy, Andrzej Klawiter, Theo A.F. Kuipers, Krzysztof Lastowski, Katarzyna Paprzycka & Piotr Przybysz (Hrsg.): *The Courage of Doing Philosophy. Essays Presented to Leszek Nowak* (59–115). Amsterdam und New York: Rodopi.
Hermsen, Hanneke & Albert Verbeek (1992): Equilibria in multi-party systems, *Public Choice* 73: 147–156.
Hildenbrand, Werner (1974): *Core and Equilibria of a Large Economy.* Princeton: Princeton University Press.
Hinich, Melvin J., John O. Ledyard & Peter C. Ordeshook (1973): A theory of electoral equilibrium. A spatial analysis based on the theory of games, *Journal of Politics* 35: 154–193.
Hotelling, Harold (1929): Stability in competition, *The Economic Journal* 39: 41–57.
Koob, Dirk (2007): *Sozialkapital zur Sprache gebracht. Eine bedeutungstheoretische Perspektive auf ein sozialwissenschaftliches Begriffs- und Theorieproblem.* Göttingen: Universitätsverlag Göttingen.
Kramer, Gerald H. (1978): Robustness of the median voter result, *Journal of Economic Theory* 19: 565–567.
Lambert, Karel & Gordon G. Brittain (1991): *Eine Einführung in die Wissenschaftsphilosophie.* Berlin und New York: de Gruyter.
Ledyard, John O. (1984): The pure theory of large two-candidates elections, *Public Choice* 44: 7–41.
Manhart, Klaus (1995): *KI-Modelle in den Sozialwissenschaften. Logische Struktur und wissensbasierte Systeme von Balancetheorien.* München und Wien: Oldenbourg.
Moulines, Carlos U. (1992): Towards a typology of intertheoretical relations, in: Echverria, Javier, Andoni Ibara & Thomas Mormann (Hrsg.): *The Space of Mathematics. Philosophical, Epistemological, and Historical Explanations* (403–411). Berlin und andere: de Gruyter.
Moulines, Carlos U., Hrsg. (2002): Structuralism. *Synthese* 130(1), Special Issue.
Moulines, C. Ulises (2008): *Die Entwicklung der modernen Wissenschaftstheorie. Eine historische Einführung.* Hamburg: LIT.
Ordeshook, Peter C. (1996): The spatial analysis of elections and committees: Four decades of research, in: Mueller, Dennis C. (Hrsg.): *Perspectives on Public Choice: A Handbook* (247–270). Cambridge: Cambridge University Press.
Plott, Charles. R. (1967): A notion of equilibrium and its possibility under majority rule, *American Economic Review* 57: 787–806.
Popper, Karl (2002): *Logik der Forschung* (10. Aufl.). Tübingen: Mohr.
Putnam, Hilary (1987): What theories are not, in: Putnam, Hilary: *Mathematics, Matter and Method. Philosophical Papers, Vol. 1* (2. Aufl.) (215–227). Cambridge und andere: Cambridge University Press.

Riker, William H. & Peter C. Ordeshook (1968): A theory of the calculus of voting, *American Political Science Review* 62: 28–42.
Scheibe, Erhard (1983): Über die Struktur physikalischer Theorien. In: Balzer, Wolfgang & Michael Heidelberger (Hrsg.): *Zur Logik empirischer Theorien* (169–188). Berlin und New York: de Gruyter.
Schumpeter, Joseph A. (1980): *Kapitalismus, Sozialismus und Demokratie* (5. Aufl.). München: Francke.
Smithies, A. (1941): Optimum location in spatial competition, *Journal of Political Economy* 49: 423–439.
Sneed, Joseph D. (1979): *The Logical Structure of Mathematical Physics* (2. Aufl.). Dordrecht: Reidel.
Sneed, Joseph D. (1983): Structuralism and scientific realism, *Erkenntnis* 19: 245–370.
Stegmüller, Wolfgang (1979): *The Structuralist View of Theories. A Possible Analogue of the Bourbaki Programme in Physical Science.* Berlin und andere: Springer.
Stegmüller, Wolfgang (1980): *Neue Wege der Wissenschaftsphilosophie.* Berlin und andere: Springer.
Stegmüller, Wolfgang (1986): *Probleme und Resultate der Wissenschaftstheorie und Analytischen Philosophie, Band II: Theorie und Erfahrung, 3. Teilband: Die Entwicklung des Strukturalismus seit 1973.* Berlin und andere: Springer.
Suppe, Frederick (1977): The search for philosophic understanding of scientific theories, in: Suppe, Frederick (Hrsg.): *The Structure of Scientific Theories* (2. Aufl.) (1–241). Urbana und Chicago: University of Illinois Press.
Suppe, Frederick (1989): *The Semantic Conception of Theories and Scientific Realism.* Urbana und Chicago: University of Illinois Press.
Suppe, Frederick (2000): Understanding scientific theories: An assessment of developments, 1969–1998, *Philosophy of Science* 67 (Proceedings): S 102–S 115.
Suppes, Patrick (1957): *Introduction to Logic.* Belmont: Litton Educational Publishing.
Suppes, Patrick (1967): What is a scientific theory? in: Morgenbesser, Sidney (Hrsg.): *Philosophy of Science Today* (55–67). New York: Basic Books.
Suppes, Patrick (2002): *Representation and Invariance of Scientific Structures.* Stanford: CSLI Publications.
Van Fraassen, Bas C. (1970): On the extension of Beth's semantics of physical theories, *Philosophy of Science* 37: 325–339.
Van Fraassen, Bas C. (1980): *The Scientific Image.* Oxford: Clarendon Press.
Van Fraassen, Bas C. (1989): *Laws and Symmetry.* Oxford: Clarendon Press.
Van Fraassen, Bas C. (2008): *Scientific Representation: Paradoxes of Perspective.* Oxford: Clarendon Press.
Von Neumann, John (1932): *Mathematische Grundlagen der Quantenmechanik.* Berlin: Springer.
Westmeyer, Hans, Hrsg. (1989): *Psychological Theories from a Structuralist Point of View.* Berlin und andere: Springer.
Westmeyer, Hans, Hrsg. (1992): *The Structuralist Program in Psychology: Foundations and Applications.* Seattle und andere: Hogrefe & Huber.
Zechman, Martin J. (1979): Dynamic models of the voter's decision calculus: Incorporating retrospective considerations into rational-choice models of individual voting behavior, *Public Choice* 34: 297–315.

Teil II
Anwendungen

Zur Aussagekraft von Idealpunktschätzungen in parlamentarischen Systemen. Eine Analyse potentieller Auswahlverzerrungen

Jochen Müller und Christian Stecker

Zusammenfassung

Die Idealpunktschätzung auf Grundlage namentlicher Abstimmungen zur Ermittlung politischer Positionen von Parteien und Abgeordneten ist eine auch außerhalb der Forschung zum U.S.-Kongress zunehmend häufig genutzte Technik. Unser Beitrag setzt sich mit den handlungstheoretischen und methodischen Herausforderungen dieser Technik in parlamentarischen Systemen auseinander. Dabei argumentieren wir, dass das Problem der Auswahlverzerrung der Stichprobe namentlicher Abstimmungen auch bei der Idealpunktschätzung berücksichtigt werden muss. Konkret zeigen wir, dass der Dualismus von Regierung und Opposition je nach Abstimmungsvorlage die politischen Positionen von Parteien unterschiedlich stark überdeckt. Darüber hinaus demonstrieren wir, dass die Präsenz extremer Parteien zu einer Unterschätzung der politischen Distanz gemäßigter Parteien führt. Grundlage unserer Untersuchung sind 2305 namentliche Abstimmungen aus insgesamt 46 Wahlperioden in allen 16 deutschen Länderparlamenten.

J. Müller (✉)
Department of Government, University of Essex,
Wivenhoe Park, GB-Colchester CO4 3SQ,
Vereinigtes Königreich, England
E-Mail: jmueller@essex.ac.uk

C. Stecker
Neugasse 8, 68199 Mannheim, Deutschland
E-Mail: christian.stecker@lmu.de

E. Linhart et al. (Hrsg), *Jahrbuch für Handlungs- und Entscheidungstheorie*,
Jahrbuch für Handlungs- und Entscheidungstheorie 8,
DOI 10.1007/978-3-658-05008-5_3,

1 Einleitung und Fragestellung

Die Bestimmung der Präferenzen politischer Akteure über die Zusammenfassung ihres Abstimmungsverhaltens in Parlamenten ist eine wichtige Technik zur Beantwortung politikwissenschaftlicher Fragestellungen. Ausgangspunkt der verschiedenen Verfahren ist die Logik räumlicher Modelle des Entscheidens: Akteure wählen zwischen verschiedenen Alternativen anhand der Distanzen zu ihrem politischen Idealpunkt (Hinich und Munger 1997; McCarty 2011). Entsprechend können im Umkehrschluss unter Kenntnis des Abstimmungsverhaltens und auf Basis bestimmter Annahmen über die Lage der Alternativen die Idealpunkte der Akteure geschätzt werden.

In den Vereinigten Staaten, für deren Parlamente die entsprechenden Methoden entwickelt wurden, gehört die *ideal point estimation* auf Basis namentlicher Abstimmungen schon länger zum Standardrepertoire der Forschung. Nach den grundlegenden Arbeiten von Poole und Rosenthal (1991) wurden stetig neue Schätzverfahren entwickelt und bestehende verbessert (u.a. Poole 2000; Clinton et al. 2004; Clinton und Meirowitz 2003). Das Regierungssystem der USA bietet für die Technik auch besonders gute Voraussetzungen: Zum einen gewährleistet das kandidatenzentrierte Wahlsystem in Kombination mit vergleichsweise schwachen Parteien, dass individuelle Parlamentarier häufig entlang ihrer persönlichen policy-Präferenzen abstimmen. Zum anderen sind *roll calls* – also die nachvollziehbare Erfassung des individuellen Abstimmungsverhaltens – der Standardmodus im US-Kongress, sodass eine breite Verfügbarkeit auswertbarer Voten gesichert ist.

In jüngerer Zeit wurde das Verfahren auch auf parlamentarische Systeme übertragen (Debus und Hansen 2010; Bräuninger et al. 2010; Hix und Noury 2012; Rosenthal und Voeten 2004; Godbout und Høyland 2011; Shikano 2008). Allerdings sieht sich die Idealpunktschätzung hier besonderen Herausforderungen gegenüber. Erstens führt die Präsenz starker Parteien[1] dazu, dass das Abstimmungskalkül individueller Abgeordneter durch die Fraktionsdisziplin beeinflusst wird und somit die Schätzung individueller Idealpunkte oft unmöglich ist. Zweitens ist auch die Schätzung von parteilichen Idealpunkten problembehaftet, da der strukturelle Gegensatz von Regierung und Opposition praktisch immer dazu führt, dass Parteien nicht allein entlang ihrer policy-Präferenzen abstimmen. Drittens tritt zu diesen handlungstheoretischen Hindernissen ein methodisches Problem hinzu: In zahlreichen Parlamenten sind die auswertbaren (namentlichen) Abstimmungen nur eine

[1] In der Literatur zum amerikanischen Kongress gelten Parteien dann als stark (*party strength*), wenn sie Abgeordnete auf eine Parteilinie verpflichten können, obwohl diese deren Präferenzen entgegenläuft (Krehbiel 1993).

Stichprobe aller Abstimmungen, die entlang verschiedener Eigenschaften verzerrt sein kann (Hug 2010; Carrubba et al. 2006).[2] Aufgrund der verbreiteten Praxis, alle Abstimmungen in gleicher Gewichtung in die Schätzung einzubeziehen (z. B. Hix und Noury 2012), können diese Auswahlverzerrungen zu unterschiedlichen Fehlinterpretationen der resultierenden Idealpunkte führen.

Das Ziel unseres Beitrages ist eine systematische Auseinandersetzung mit diesen Herausforderungen der Idealpunktschätzung in parlamentarischen Regierungssystemen. Dabei konzentrieren wir uns empirisch auf die Probleme bei der Schätzung von Parteipositionen (vgl. Otjes 2011), da die häufig perfekte Geschlossenheit einzelner Fraktionen die Schätzung individueller Positionen unmöglich und unnötig macht. Unser Beitrag knüpft an die in der Literatur bekannten handlungstheoretischen Einsichten an, nach denen die Validität der Idealpunktschätzung von Regimetyp und Koalitionsformat beeinflusst ist (vgl. Hix und Noury 2012). Über die bestehende Forschung hinausgehend demonstrieren wir, dass diese Validität unter sonst gleichen Bedingungen auch durch die entsprechenden Abstimmungsinhalte beeinflusst wird. Konkret zeigen wir, dass der Dualismus von Regierung und Opposition je nach Abstimmungsvorlage die politischen Positionen von Parteien unterschiedlich stark überdeckt. Außerdem legen wir dar, dass es bei Parlamenten, in denen Abstimmungsvorlagen überproportional häufig von extremen Parteien eingebracht werden, zu einer Überschätzung der ideologischen Ähnlichkeit der gemäßigten Parteien kommt.

Unser Beitrag reflektiert somit das in einigen Forschungssträngen bereits wohlbekannte Problem des Auswahlbias' des *roll call samples* (Carrubba et al. 2006; Hug 2010; Thiem 2006; Høyland 2010) für das Verfahren der Idealpunktschätzung in parlamentarischen Systemen. Aus unseren Ergebnissen ergeben sich verschiedene Empfehlungen für die Verwendung des Verfahrens. Dabei ist unser zentrales Argument, dass vor einer Interpretation der Idealpunkte ein genaues Verständnis darüber entwickelt werden muss, wie das zu analysierende Abstimmungssample entsteht (Clinton und Meirowitz 2001; Londregan 2000).

Empirisch konzentrieren wir uns auf die deutschen Länderparlamente und betrachten alle 2305 namentliche Abstimmungen aus insgesamt 46 Wahlperioden von 16 verschiedenen Landtagen. Der Fokus auf die deutschen Länderparlamente bringt verschiedene Vorteile mit sich. Als *most similar systems* halten sie eine Reihe von Faktoren stabil, die die Robustheit international vergleichender roll-call-Analysen stört (Cheibub 2007, S. 134). Gleichzeitig stellen sie eine vielversprechende experi-

[2] Dieses Problem beschränkt sich nicht auf parlamentarische Systeme. Auch in einigen präsidentiellen Systemen sind namentliche Abstimmungen nur eine Stichprobe (Carey 2007).

mentelle Varianz in der Parteizusammensetzung und in den Regierungsformaten bereit, die wir zur empirischen Illustration unserer Argumente nutzen können.

Der Rest unseres Beitrages ist folgendermaßen strukturiert: Zunächst widmen wir uns einer genaueren Darstellung der handlungstheoretischen und methodischen Probleme von Idealpunktschätzungen im Kontext parlamentarischer Regierungssysteme. Anschließend stellen wir den Datensatz vor, mit dem wir das Ausmaß dieser Probleme überprüfen. Im vierten Abschnitt untersuchen wir, inwiefern Abstimmungsinhalt und Abstimmungskontext einen unabhängigen Effekt auf die Übereinstimmung von Fraktionen ausüben und somit Idealpunktschätzungen verzerren können. Abschließend fassen wir unsere Befunde zusammen und diskutieren die sich daraus für die Forschung ergebenden Empfehlungen.

2 Handlungstheoretische und methodische Probleme der Idealpunktschätzung

Grundidee der Idealpunktschätzung ist es, die politischen Präferenzen von Akteuren anhand ihres Entscheidungsverhaltens auf einer, bzw. gegebenenfalls auf mehreren Dimensionen abzubilden. Dabei wird angenommen, dass die Akteure jedem Vorschlag zustimmen, den sie gegenüber dem Status quo präferieren. Bei jeder Abstimmung ergeben sich so *cut points*, die Zustimmende und Ablehnende voneinander trennen und eine Schätzung ihrer Idealpunkte erlauben. Im Kontext parlamentarischer Regierungssysteme trifft das Verfahren auf zwei Herausforderungen: Eine handlungstheoretische, die das Abstimmungskalkül der Akteure betrifft, und eine methodische, die aus den Eigenschaften der Stichprobe analysierbarer Abstimmungen resultiert. Wir diskutieren zunächst die handlungstheoretischen Schwierigkeiten.

Die Aussagekraft von Idealpunktschätzungen ist entscheidend davon abhängig, wie stark die Nutzenfunktion der Abstimmenden tatsächlich von ihren policy-Präferenzen geprägt ist. Gehen in die Nutzenfunktion auch andere Ziele, wie z. B. Wiederwahl- oder Karriereerwägungen ein, sind Idealpunkte nicht mehr allein Ausdruck politischer Präferenzen, sondern spiegeln im entsprechenden Maße die strategische Abwägung zwischen verschiedenen Zielen wieder (vgl. Ganghof und Bräuninger 2006). Während in präsidentiellen Systemen mit schwachen Parteien das Abstimmungskalkül von Abgeordneten hinreichend policy-dominiert ist, muss es durch die Präsenz starker Parteien und des Dualismus von Regierung und Opposition in parlamentarischen Systemen als hochgradig kontaminiert gelten.

Eine zentrale Quelle der Kontamination besteht in der für parlamentarische Systeme typischen Fraktionsdisziplin (Carey 2007; Kam 2009). Parteien verfügen über verschiedene Instrumente, um Abgeordnete auch dann auf die Parteilinie zu verpflichten, wenn diese aufgrund abweichender Präferenzen zu einem dissentierenden Votum tendieren.[3] Kontrollieren Parteien beispielsweise die Kandidatenaufstellung wird ein Abgeordneter, um seine Nominierung nicht zu gefährden, eher bereit sein, entgegen seiner policy-Präferenzen mit der eigenen Partei zu stimmen (Rahat und Hazan 2001). Sein geschätzter Idealpunkt ist dann zu einem bestimmten Maße auch Ausdruck dieser Fraktionsdisziplin.[4] Erschwerend kommt hinzu, dass Fraktionsdisziplin über Parteien hinweg variieren kann (Rosenthal und Voeten 2004). So fällt Regierungsfraktionen mit der Vertrauensfrage ein besonderes wirkmächtiges Instrument der Fraktionsdisziplin zu (Döring und Hönnige 2006), während Oppositionsfraktionen kaum über starke Mittel verfügen, um Geschlossenheit auch gegen Widerstreben durchzusetzen. Daraus folgt, dass ohne Berücksichtigung dieser Varianz die Streuung individueller Präferenzen innerhalb von Regierungsfraktionen stärker unterschätzt wird als innerhalb von Oppositionsfraktionen. Oft ist die Fraktionsgeschlossenheit (Carey 2007; Sieberer 2006) auch so hoch, dass die Anzahl verschiedener Idealpunkte mit der Anzahl der Fraktionen zusammenfällt und sich eine individuelle Schätzung erübrigt (Otjes 2011). Hohe Geschlossenheit ist auch in den hier zu untersuchenden deutschen Ländern die Norm: Im Durchschnitt der von uns analysierten Abstimmungen weicht nur jeder 31. Abgeordnete von der Fraktionslinie ab. In knapp 75 % aller Abstimmungen sind die Fraktionen sogar perfekt geschlossen (Stecker 2011; Davidson-Schmich 2006; Können 2009; Schukraft 2011).

Allerdings bleibt das handlungstheoretische Grundproblem auch dann bestehen, wenn man von der Schätzung *individueller* Idealpunkte absieht und ausgehend von der unitary-actor-Annahme nur gesamte Parteien auf Basis des Abstimmungsverhaltens verorten möchte. Ursächlich hierfür ist der im parlamentarischen System institutionell verankerte Dualismus von Regierung und Opposition, der als deutlichster Prägefaktor des parlamentarischen Verhaltens gilt. Der institutionelle Zwang, die Regierung zu stützen, überlagert so bei Koalitionsregierungen die ideologischen Unterschiede zwischen den einzelnen Partnern. Koalitionsparteien einigen sich für gewöhnlich vor einer Abstimmung auf eine gemeinsame Position,

[3] Prinzipiell sind Abgeordnete in parlamentarischen Systemen oft freiwillig bereit abweichende Meinungen zurückzustellen (Andeweg und Thomassen 2011; Patzelt 2006).

[4] In geringerem Umfang besteht dieses Problem natürlich auch in präsidentiellen Demokratien. So zeigt Desposato (2009, S. 139) für Brasilien, dass ein Parteiwechsel von Abgeordneten zu deutlichen Änderungen in den Idealpunkten führt, was bedeutet, dass Parteien auch hier einen starken Einfluss auf das Abstimmungsverhalten ausüben.

z. B. auf den Mittelwert beider Parteipositionen, und vertreten diese geschlossen im Parlament (Martin und Vanberg 2005). Die Notwendigkeit zu strategischer Einigkeit innerhalb der Regierung findet auf Seiten der Opposition ihre Entsprechung in starken Anreizen zu strategischer Uneinigkeit mit der Regierung: Oppositionsparteien wollen sich vor den Augen der Wähler als deutliche Alternative zur bestehenden Regierung präsentieren (Dewan und Spirling 2011, S. 349). Selbst wenn die Opposition eine Regierungsvorlage gegenüber dem Status quo bevorzugt, kann die Stärke dieses vote-Anreizes zu einer oppositionellen Ablehnung führen (Kellermann 2012, S. 760; Ganghof 2006).[5] Abstimmungen im institutionellen Kontext parlamentarischer Systeme sind somit häufig eher ein Votum für oder gegen die Regierung, denn über den politischen Inhalt der jeweiligen Vorlage.

Die über Fraktionen bzw. über Regierung und Opposition hinweg variierende Kontamination des Abstimmungskalküls kann bei der Idealpunktschätzung zu bizarren Fehlern führen. So zeigen Spirling und McLean (2007, S. 91) anhand von Idealpunktschätzungen im britischen Unterhaus, dass insbesondere die Interpretation der relativen Position einzelner Abgeordneter innerhalb ihrer Fraktion häufig problematisch ist. Das Zusammenspiel aus echten policy-Präferenzen und strategischen Anreizen kann dazu führen, dass die Richtung der Abweichung die tatsächliche Anordnung der Präferenzen konterkariert. So werden linke Labour-Abgeordnete, die bei einzelnen Abstimmungen aus ideologischen Gründen gegen die eigene Regierung stimmen, am rechten Rand ihrer Fraktion – in unmittelbarer Nähe zu den Konservativen – verortet. Die ungewöhnliche Nähe zwischen diesen Abgeordneten und den britischen Konservativen ergibt sich daraus, dass die Schätzung nicht zwischen unterschiedlichen Motiven unterscheidet: Während das Verhalten der Labour-Abweichler aus der inhaltlichen Ablehnung der (zu weit rechts liegenden) Mehrheitsposition der eigenen Fraktion folgte, stimmten die (rechten) Konservativen aus oppositions-strategischen Gründen gegen die Regierung. Entsprechend ist es hier unmöglich, die sich ergebenden Idealpunkte als ideologisches Kontinuum zu begreifen.

Zu diesen bekannten handlungstheoretischen Problemen tritt allerdings ein zweites, bisher weit weniger gewürdigtes, methodisches Problem: Bei der Idealpunktschätzung ist es üblich, sämtliche Voten gleichberechtigt in die Schätzung einzubeziehen (Hix und Noury 2012). Dies erscheint auf den ersten Blick auch als selbstverständlich, ist es doch gerade das erklärte Ziel der Methode, das Abstimmungsverhalten in seiner Gesamtheit zusammenzufassen. Allerdings blendet diese Herangehensweise aus, dass die Aussagekraft des Abstimmungsverhaltens über die policy-Positionen der Akteure über einzelne Abstimmungen hinweg deut-

[5] Dewan und Spirling (2011) zeigen, dass die Opposition policy-Gewinne realisieren kann, wenn sie sich auf eine prinzipielle Ablehnung von Regierungsgesetzen festlegt.

lich variieren kann. In Bezug auf die Schätzung individueller Idealpunkte wurde dies bereits mehrfach demonstriert: So zeigt beispielsweise Høyland (2010), dass die Parteienbündnisse im Europäischen Parlament bei substantiellen Abstimmungen höhere Fraktionsgeschlossenheit durchsetzen als bei Resolutionen. Zu einem ähnlichen Ergebnis kommt Hug (2010) bei einer Analyse von Abstimmungen im Schweizer Nationalrat. Er zeigt, dass die Fraktionsgeschlossenheit vom Typ der abzustimmenden Vorlage abhängt. Die Validität der Idealpunktschätzung variiert somit nicht nur zwischen Regierungssystemen sondern auch zwischen verschiedenen Abstimmungskontexten. Je nachdem in welcher relativen Stärke diese unterschiedlichen Abstimmungskontexte im *sample* der *scalable votes* vertreten sind, kann eine zusammengefasste Analyse zu unterschiedlich stark verzerrten Idealpunktschätzungen führen.

In der Literatur zur Fraktionsgeschlossenheit ist dieses Auswahlbias-Problem bereits wohlbekannt. Auch bei der Idealpunktschätzung im Europäischen Parlament findet es zunehmend Berücksichtigung (Thiem 2006; Høyland 2010; Carrubba et al. 2006). In der Literatur zur Idealpunktschätzung in parlamentarischen Systemen wurde bisher allerdings kaum über das Risiko eines Auswahlbias' nachgedacht. In Anlehnung an die bestehende Literatur möchten wir dazu im Folgenden einen ersten Beitrag leisten. Dabei können wir die allgemeine *selection bias*-Debatte hier nicht ausführlich referieren, wollen aber die zentrale Einsicht festhalten: Demnach resultiert die Stichprobe skalierbarer Abstimmungen aus dem Zusammenspiel geschäftsordnungsrechtlicher Regelungen mit dem strategischen Verhalten von Parteien beim Einbringen von Vorlagen und beim Beantragen von namentlichen Abstimmungen. Geschäftsordnungen legen zunächst den allgemeinen Rahmen fest, innerhalb dessen verschiedene Abstimmungsmodi bei verschiedenen Abstimmungen zur Anwendung kommen können. So ist es in einigen Parlamenten obligatorisch, Schlussabstimmungen über Gesetze namentlich durchzuführen (z. B. Italien), während dies in anderen Parlamenten (z. B. im Bundestag) nur auf Verlangen einer Fraktion geschieht. Innerhalb dieses Rahmens bringen Fraktionen Abstimmungsvorlagen ein und beantragen selektiv namentliche Abstimmungen, etwa dann, wenn sie ihre eigene Position zu einem Gegenstand deutlich sichtbar signalisieren wollen (vgl. Saalfeld 1995, S. 554–559). Aus diesem komplexen Zusammenspiel resultiert mit großer Wahrscheinlichkeit kein repräsentatives *sample* aller Abstimmungen, sondern eines, das entlang verschiedener Dimensionen verzerrt ist. Wir wollen uns hier auf zwei mit unseren Daten empirisch überprüfbare Verzerrungen konzentrieren, die für die Idealpunktschätzung gesamter Parteien relevant sind.[6]

[6] Für Verzerrungen bei der Schätzung individueller Positionen durch variierenden Parteiendruck siehe insbesondere Hug (2010).

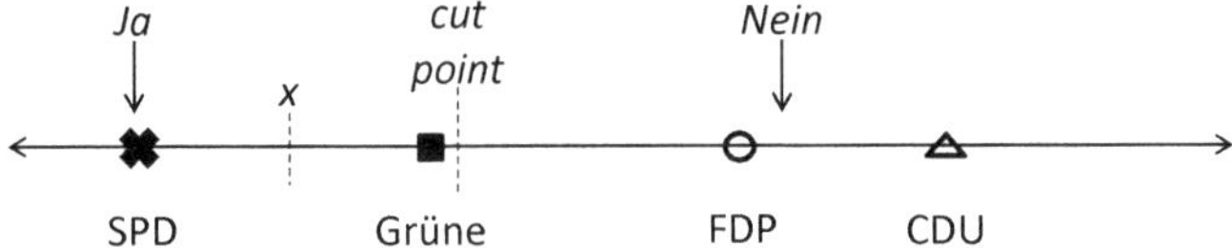

Abb. 1 Auswirkung elektoraler Motive auf die Idealpunktschätzung

Die erste Gefahr der Verzerrung des *samples* namentlicher Abstimmungen resultiert daraus, dass die Wichtigkeit der Abstimmungsvorlage auf die Aussagekraft der Idealpunktschätzung wirkt. Konkret nehmen wir an, dass Wichtigkeit die Prägekraft des Dualismus von Regierung und Opposition in parlamentarischen Systemen moderiert. Je wichtiger eine Vorlage ist, desto stärker sollte der Konflikt zwischen Regierung und Opposition den Einfluss politischer Positionen auf das Abstimmungsverhalten überlagern.[7] Diese Überlegung knüpft an eine Erweiterung des räumlichen Standardmodells an, die u. a. von Bräuninger und Ganghof (2005; Ganghof und Bräuninger 2006) als „sacrifice ratio" konzipiert wurde. Demnach stimmen Parteien nicht jedem möglichen policy-Gewinn zu, sondern akzeptieren Abweichungen einer policy-Alternative von ihrem Idealpunkt nur innerhalb bestimmter Grenzen – auch wenn diese policy-Alternative grundsätzlich eine Verbesserung gegenüber dem Status quo bedeutet. Diese begrenzte Bereitschaft abzuweichen kann u. a. in elektoralen Motiven begründet liegen (für eine Diskussion weiterer Ursachen Pedersen 2012, S. 3). So ist es denkbar, dass Wähler in bestimmten Kernanliegen von ihrer Partei besondere Prinzipienfestigkeit einfordern und jedes Verhalten bestrafen, das von der kompromisslosen Durchsetzung des parteilichen Idealpunktes abweicht. Unser Argument ist, dass die Bereitschaft, Abweichungen vom eigenen Idealpunkt hinzunehmen, mit zunehmender Wichtigkeit einer Abstimmung geringer wird. In wichtigen Abstimmungen sollte die Opposition entsprechend einen größeren Nutzen darin sehen, ihre prinzipielle Ablehnung der Regierung zu demonstrieren. Hinzu kommt, dass die formale Zustimmung der Opposition meist auch gar nicht nötig ist, damit eine Vorlage verabschiedet wird – sie also auch ohne Zustimmung einen policy-Gewinn realisieren kann. Abbildung 1 illustriert diese Logik anhand eines fiktiven Parlaments, in dem sich die SPD als alleinige Regierungspartei der Opposition aus Grünen, FDP und CDU gegenübersieht. Die SPD stellt ihren eigenen Idealpunkt („Ja") zur

[7] Wichtigkeit kann hierbei anhand des Grades der öffentlichen Aufmerksamkeit operationalisiert werden oder der Salienzzuschreibung zum Politikfeld durch die Parteien entsprechen.

Abstimmung gegen den Status quo („Nein"). Der *cut point* trennt die politischen Idealpunkte von Ablehnenden und Zustimmenden, sofern die Akteure allein durch die policy-Präferenzen zur vorliegenden Frage geleitet sind. Da die Grünen durch den SPD-Vorschlag einen schmalen Gewinn realisieren können, stimmen sie mit der Regierungsfraktion gegen FDP und CDU.

Nehmen wir nun aber an, dass es sich bei der Abstimmung um ein sehr wichtiges Thema handelt, bei dem die Wähler der Grünen von ihrer Partei Prinzipienfestigkeit erwarten. Für das Abstimmungskalkül der Grünen ist in diesem Fall nicht mehr allein der realisierbare policy-Gewinn ausschlaggebend – der angesichts der Mehrheitsverhältnisse auch ohne eine explizite Zustimmung erreicht wird. Wichtiger ist nun die absolute Distanz zwischen Idealpunkt und Abstimmungsvorschlag. Mit Blick auf diese Distanz könnte den Grünen eine Zustimmung erst bei einer Einigung mit der SPD „auf Augenhöhe" akzeptabel erscheinen. Ein solcher möglicher Punkt ist in der Abbildung mit „x" repräsentiert, die Hälfte der Strecke zwischen den Idealpunkten beider Parteien. Alle Vorschläge jenseits von „x" würden die Grünen jedoch ablehnen. Die Folgen für die Idealpunktschätzung sind offensichtlich: Die Grünen werden in der Tendenz weiter rechts von ihrem echten Idealpunkt verortet.

Im Falle von Abstimmungen über den Haushalt wird diese Logik besonders plastisch. Haushaltsgesetze gelten aufgrund ihrer Auswirkungen und der ihnen beigemessenen Aufmerksamkeit als Quasi-Vertrauensabstimmungen. Die Niederlage bei einer Haushaltsabstimmung bedeutet praktisch das Ende einer Regierung. Entsprechend sind hier für alle Parteien die Anreize besonders hoch, nicht anhand inhaltlicher Überzeugungen sondern allein entlang des Gegensatzes zwischen Regierung und Opposition abzustimmen. In weniger wichtigen Abstimmungen steigt dagegen die Möglichkeit, dass die Akteure bei ihrem Abstimmungsverhalten auch stärker policy-Erwägungen mit einbeziehen (vgl. zu einer ähnlichen Annahme in Bezug auf individuelle Abgeordnete Zucco und Lauderdale 2011). Für die Validität der Idealpunktschätzung ist dann entscheidend, mit welcher relativen Stärke wichtige und weniger wichtige Abstimmungen über die Gesamtheit der *scalable votes* verteilt sind.

Die erste Verzerrung resultiert also daraus, dass die Kontamination des Abstimmungskalküls mit nicht policy-basierten Zielen über verschiedene Abstimmungen hinweg variiert. Das zweite Risiko besteht darin, dass das strategische Verhalten von Parteien beim Einbringen von Vorlagen und dem Beantragen von namentlichen Abstimmungen dazu führt, dass die Stichprobe entlang der Position der Vorschläge verzerrt wird. Diese Verzerrungsmöglichkeit besteht insbesondere bei der parlamentarischen Präsenz von ideologisch extremen Parteien. Stellen diese Parteien ihren Idealpunkt zur Abstimmung, werden die gemäßigten Parteien höchstwahrscheinlich den Status quo bevorzugen und den Extremvorschlag ge-

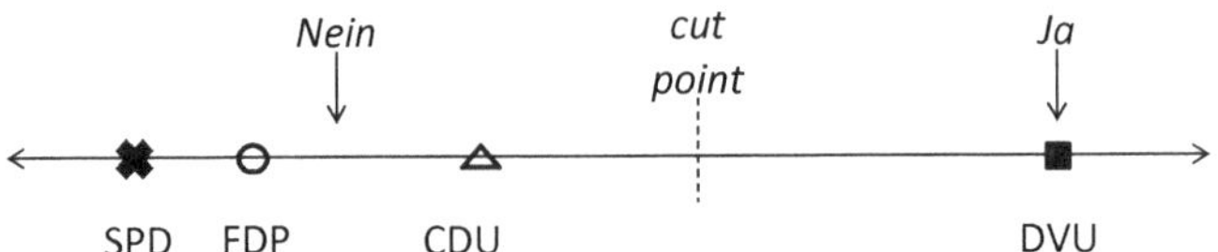

Abb. 2 Cut points bei extremen Vorschlägen

schlossen ablehnen. Diese geschlossene Ablehnung ist allerdings der extremen Lage des Vorschlages geschuldet und verdeckt die Varianz in den Positionen der gemäßigten Parteien. Abbildung 2 illustriert diese Logik anhand eines fiktiven, aus vier Fraktionen bestehenden Parlaments mit den gemäßigten Parteien CDU, SPD und FDP und der rechtsextremen DVU: Im Beispiel stellt die DVU ihren extrem rechten Idealpunkt („Ja") gegen den existieren Status quo („Nein") zur Abstimmung. Der *cut point* halbiert die Strecke zwischen beiden Alternativen und trennt die Idealpunkte von Zustimmenden und Ablehnenden. Da der Vorschlag aber so extrem weit rechts liegt, erlaubt dieser *cut point* nur die Unterscheidung zwischen der DVU und allen anderen Parteien. Für eine hinreichende Differenzierung der anderen Parteien bräuchte es gemäßigtere Vorschlägen, die den *cut point* innerhalb der Reihen der gemäßigten Parteien wandern lassen. Analytisch ist das Problem der Extremvorschläge identisch mit den Effekten von Agendakontrolle auf die Idealpunktschätzung. Verfügt beispielsweise eine Partei über negative Agendakontrolle, können bestimmte Bereiche und die dabei möglichen *cut points* von Abstimmungen ausgeschlossen werden (Cox und McCubbins 2005; Clinton und Meirowitz 2001).

Finden Abstimmungen über Extremvorschläge selten statt, ist keine nennenswerte Verzerrung der Schätzung zu erwarten. Allerdings zeigt sich empirisch, dass gerade extreme Parteien besonders intensiv von ihren Antragsrechten Gebrauch machen, um sich öffentlichkeitswirksam von den etablierten Parteien abzugrenzen (Stecker 2010). Je häufiger nun extreme Parteien die Menge an *scalable votes* mit ihren Vorlagen fluten, desto stärker überschätzen die Idealpunkte auf Basis aller Abstimmungen die ideologische Nähe gemäßigter Parteien.[8]

Die beiden dargestellten Möglichkeiten der Verzerrung des *samples* an Abstimmungen machen deutlich, dass die Aussagekraft der Idealpunktschätzung entscheidend davon abhängt, wie sich die Gesamtheit der *scalable votes* zusammensetzt. Mit zunehmender Anzahl wichtiger Abstimmungen steigt die Überschätzung der ideologischen Gegensätze zwischen Regierungs- und Oppositionsparteien. Mit wachsender Zahl von Extremvorschlägen wird die Idealpunktschätzung gegenüber

---

[8] Hinzu tritt die Möglichkeit, dass die gemäßigten Parteien Vorlagen von extremen Parteien prinzipiell ablehnen, auch wenn sie inhaltlich akzeptabel erscheinen (Heinrich und Schoon 2013, S. 165).

der Variation der gemäßigten Parteien stumpfer. Dabei ist das Problem keineswegs gelöst, wenn in einem Parlament alle Abstimmungen namentlich stattfinden. Das aktivistische Initiativverhalten extremer Parteien kann auch in diesem Fall dazu führen, dass die Grundgesamtheit aller Abstimmungen einen verzerrten Eindruck über die Verteilung politischer Präferenzen vermittelt. In jedem Fall sollte man daher zunächst ein genaueres Verständnis für die Eigenschaften der *scalable votes* entwickeln, bevor auf ihrer Grundlage Idealpunkte geschätzt werden.

Im Folgenden werden wir die von uns diskutierten Verzerrungsmöglichkeiten empirisch untersuchen. Konkret testen wir dabei die folgenden aus unserer Diskussion ableitbaren Hypothesen.

H1: Je wichtiger der Inhalt einer Abstimmung, desto stärker werden die politischen Positionen der Parteien vom strukturellen Regierungs-Oppositions-Konflikt überlagert.

H2: Bei Abstimmungen über politisch extreme Vorschläge wird die politische Distanz gemäßigter Parteien unterschätzt.

3 Datengrundlage

Zur empirischen Illustration unserer Argumente vergleichen wir die aus dem Abstimmungsverhalten resultierende Nähe der Parteien mit externen Präferenzmaßen. Wir haben uns hier für eine Vorgehensweise entschieden, die nicht Idealpunkte selbst in den Mittelpunkt rückt (siehe dafür Høyland 2010), sondern die ihrer Schätzung zugrunde liegenden Muster von Übereinstimmung und Konflikt zwischen Parteien untersucht:[9] Die Logik des Tests folgt dabei ebenso wie die Idealpunktschätzung dem räumlichen Standardmodell: Zwei Fraktionen sollten umso häufiger miteinander abstimmen, je stärker sie inhaltlich miteinander übereinstimmen. Entsprechend analysieren wir die Übereinstimmung innerhalb verschiedener Partei-Dyaden. Variiert diese Übereinstimmung nicht nur mit dem externen Präferenzmaß sondern auch über verschiedene Abstimmungsinhalte und -kontexte hinweg, sehen wir unsere Grundthese bestätigt.

Dazu nutzen wir einen Datensatz der Informationen über Abstimmungsverhalten, Abstimmungsinhalte (Stecker 2011; 2013) und Parteipositionen (Bräuninger und Debus 2012) in den deutschen Länderparlamenten im Zeitraum von 1988 bis 2011 integriert. Tabelle 1 fasst Informationen zum Datensatz zusammen.

[9] Dies hat unter anderem den Vorteil, dass wir keine Legislaturperioden wegen geringer Fallzahlen von namentlichen Abstimmungen von der Analyse ausschließen müssen.

Tab. 1 Analysierte Daten zu namentlichen Abstimmungen

Bundesland	Zeitraum	RCVs	Partei-Dyaden	Legislatur-perioden	Davon mit REP, NPD oder DVU
Baden-Württemberg	1988–2010	241	1821	5	2
Bayern	1994–2008	534	1514	3	0
Berlin	1995–2011	113	865	4	0
Brandenburg	1990–2009	313	1918	4	2
Bremen	1995–2005	13	74	3	2
Hamburg	2001–2010	29	164	3	0
Hessen	1999–2005	18	86	2	0
Mecklenburg-Vorpommern	1990–2006	52	201	3	0
Niedersachsen	2003–2006	5	30	1	0
Nordrh.-Westfalen	2000–2010	40	237	2	0
Rheinland-Pfalz	2001–2005	8	42	1	0
Saarland	1999–2008	8	23	2	0
Sachsen	1990–2009	142	1144	4	1
Sachsen-Anhalt	1994–2005	127	736	3	1
Schleswig-Holstein	1996–2004	15	138	2	0
Thüringen	1990–2009	647	2988	4	0
Summe	1988–2011	2305	11981	46	8

Anmerkungen: *RCVs* roll call votes

Der Datensatz beinhaltet alle 2305 namentlichen Abstimmungen, die in den 16 Länderparlamenten in insgesamt 46 Legislaturperioden durchgeführt wurden. Dabei variiert die Zahl der jeweils berücksichtigten Legislaturperioden zwischen Eins und Fünf.[10] Gleichermaßen variiert die Zahl der verfügbaren namentlichen Abstimmungen zwischen den Landtagen beträchtlich.[11]

[10] Diese Unterschiede ergeben sich aus der unterschiedlichen Verfügbarkeit computergestützt bearbeitbarer Dokumente.

[11] Die unterschiedliche Häufigkeit namentlicher Abstimmungen hat diverse Ursachen (Stecker 2010). So werden in Ländern mit kandidatenzentrierten Wahlsystemen (Bayern, Baden-Württemberg) überdurchschnittlich viele RCVs beantragt, da hier das individuelle

Für jede der Abstimmungen wurden neben dem Abstimmungsverhalten weitere Informationen erhoben: der Urheber der Abstimmungsvorlage, der Antragsteller auf namentliche Abstimmung, das Politikfeld und der Vorlagentyp (z. B. Änderungsantrag oder Gesetzentwurf). Die Vorteile, die der Fokus auf die Länderparlamente für unsere Fragestellung mit sich bringt, sind vielfältig. Die institutionellen Regelungen namentlicher Abstimmungen sind hinsichtlich Quorum und zulässiger Gegenstände in allen 16 Landtagen sehr ähnlich. So erlauben alle Landtage die Durchführung namentlicher Abstimmungen auf Antrag[12] einer Fraktion[13] über substantielle Inhalte, wie Gesetze, Änderungsanträge und Anträge.[14] Bei großer Ähnlichkeit dieser externen Störfaktoren bieten die Landtage eine vielversprechende Varianz hinsichtlich der Zusammensetzung von Parlamenten und Regierungen, die die Überprüfung unserer Argumente ermöglicht. So waren in 8 der 46 untersuchten Legislaturperioden rechtsextreme Parteien im Parlament vertreten.

Gleichzeitig sollte sich die grundlegende Handlungslogik der Parteien hinreichend ähnlich sein und parteispezifische Verzerrungen der Ergebnisse verringern, was im internationalen Ländervergleich nicht garantiert ist. In Bezug auf rechtsextreme Parteien ist beispielsweise davon auszugehen, dass die anderen Fraktionen ähnlich auf deren Anwesenheit reagieren. Darüber hinaus variieren zugleich Kontextfaktoren, wie das Koalitionsformat, deren Wirkung bei der Betrachtung einzelner Legislaturperioden (je Land) nicht sauber vom Effekt der erklärenden Variablen zu trennen ist. Die hier vorliegenden Daten sollten daher, eher als dies bei

---

Abstimmungsverhalten eine größere Rolle im Wahlkampf spielt. Auch zeitsparendere Abstimmungstechnologien wie Stimmkarten haben einen positiven Effekt. Zudem kommt es in ostdeutschen Landtagen häufiger zu namentlichen Abstimmungen. All diese bekannten und unbekannten Einflüsse auf die variierenden Häufigkeiten namentlicher Abstimmungen können unsere Analyse zum Teil verzerren. Durch die Auswahl sehr homogener Parlamente und die Berücksichtigung weiterer Informationen zu jeder Abstimmung (Wichtigkeit, Urheber) kontrollieren wir diese Verzerrung jedoch in einem Ausmaß, das weit über die bestehende Forschung zu parlamentarischen Systemen hinausgeht (Hix und Noury 2012).

[12] Standardabstimmungsmodus sind in allen Landtagen ähnlich zum Deutschen Bundestag halb-offene Abstimmungen. Eine feinere Abweichung ist bei Schlussabstimmungen über Gesetze im bayrischen Landtag vorgesehen.

[13] Die Geschäftsordnungen erlauben dabei meist 5 % aller Abgeordneten und/oder einer Fraktion eine namentliche Abstimmung zu beantragen. Einzige Ausnahme ist Schleswig-Holstein. Hier sind nach § 63(3) der Geschäftsordnungen 18 % der Abgeordneten oder zwei Fraktionen für einen solchen Antrag notwendig.

[14] Namentliche Abstimmungen über Verfahrensfragen sind ausgeschlossen. Als Abstimmungstechnologie kommen in Bayern, Berlin, Rheinland-Pfalz und Thüringen wie im deutschen Bundestag elektronisch auszählbare Stimmkarten zur Anwendung. Die anderen Landtage praktizieren den zeitaufwändigen Namensaufruf.

Tab. 2 Beispielhafte Darstellung der Struktur des Datensatzes

Dyade	Abstimmungsverhalten				Lagerzugehörigkeit	HF	VorlR	DyR
	Partei 1	Partei 2	Kongr.	Distanz				
CDU DVU	Nein	Ja	0	7,47	Cross-Cutting	1	1	1
CDU PDS	Nein	Nein	1	10,07	Cross-Cutting	1	1	0
CDU SPD	Nein	Nein	1	4,95	Regierung	1	1	0
DVU PDS	Ja	Nein	0	17,54	Opposition	1	1	1
DVU SPD	Ja	Nein	0	12,41	Cross-Cutting	1	1	1
PDS SPD	Nein	Nein	1	5,13	Cross-Cutting	1	1	0

Anmerkungen: *Kongr.* Kongruenz; *HF* Haushalt und Finanzen, *VorlR* Vorlage von Rechten, *DyR* Dyade schließt Rechte ein

international-vergleichenden Arbeiten der Fall ist, Schlüsse über die Bedingungen zulassen, unter denen auf Basis von Abstimmungsverhalten geschätzte Idealpunkte Aussagen über die policy-Positionen der Akteure erlauben.

Die operationale Umsetzung der Überprüfung erfolgt folgendermaßen: Wir bilden für jede Abstimmung in jedem Parlament Partei-Dyaden. Eine beispielhafte Darstellung der Datensatzstruktur zeigt Tab. 2. In einem Parlament mit vier Fraktionen - SPD, CDU, PDS und DVU - ergeben sich entsprechend sechs Dyaden. Die Übereinstimmung der Dyaden erfassen wir über eine binäre Variable, die anzeigt, ob beide Fraktionen gleich abgestimmt haben. Dabei berücksichtigen wir nur Dyaden von Fraktionen, die bei der jeweiligen Abstimmung mehrheitlich mit „Ja" oder „Nein" gestimmt haben.[15] Bei der in Tab. 2 dargestellten beispielhaften Abstimmung aus dem dritten Brandenburger Landtag trifft dies auf drei Dyaden zu.

Neben der Übereinstimmung ordnen wir den Dyaden weitere Informationen zu: die innerhalb der Dyade bestehende absolute politische Distanz und ob diese Dyade aus je zwei Regierungs- oder Oppositionsparteien gebildet wurde bzw. ob es sich um jeweils eine Regierungs- und Oppositionspartei handelt (Lager = „Cross-Cutting"). Die Distanzen zwischen den Parteien einer Dyade wurden aus den Positionen der Landesverbände auf einer allgemeinen Links-Rechts-Achse abgeleitet. Diese wurden auf Grundlage des jeweiligen Landtagswahlprogramms mit Hilfe des Wordscores-Verfahrens geschätzt (Bräuninger und Debus 2012).[16] Dabei

[15] Außen vor bleiben dabei neben Fraktionen, die sich mehrheitlich enthalten, Fraktionen, deren Mitglieder in gleichen Teilen mit „Ja" und „Nein" stimmen.

[16] Referenztexte sind die Wahlprogramme der fünf großen deutschen Parteien für die Bundestagswahl 2002. Die entsprechenden Referenzwerte basieren auf den Ergebnissen der

zeigen kleinere Werte auf der Skala linke Positionen an. Im abgebildeten Beispiel weist die Dyade DVU-PDS die größte Distanz auf während die Landesregierung aus SPD und CDU zugleich die programmatisch kohärenteste Dyade darstellt. Zudem enthält jede Partei-Abstimmungs-Dyade Informationen über die Wichtigkeit der Abstimmung. Hierbei unterscheiden wir zwischen Vorlagen zu Haushalt- und Finanzgesetzen und allen anderen Vorlagen.

Wir glauben mit dieser Unterscheidung den Kontrast zwischen wichtigen und weniger wichtigen Abstimmungen und die dabei variierende Stärke des Dualismus von Regierung und Opposition besonders gut einfangen zu können. Um den Effekt extremer Vorschläge auf die Aussagekraft von Idealpunktschätzungen zu testen, haben wir zwei Dummy-Variablen generiert, die anzeigen, ob die Vorlage von einer rechtsextremen Partei eingebracht wurde bzw. ob die jeweilige Dyade eben diese Partei einschließt.

4 Analyse

Inwiefern das Abstimmungsverhalten von Parteien Aussagen über ihre policy-Positionen erlaubt und wie stark diese Aussagekraft über verschiedene Abstimmungsinhalte variiert, untersuchen wir anhand dyadischer Daten. Die zu erklärende Variable ist die Übereinstimmung zwischen zwei Parteien bei einer Abstimmung. Wir nutzen diese dichotome Variable zur Berechnung dreier logistischer Regressionsmodelle. Dabei überprüfen wir im ersten Schritt, inwieweit die Distanz zwischen den Idealpunkten zweier Parteien auf deren Übereinstimmung im Abstimmungsverhalten wirkt. Mit Hilfe zweier weiterer Regressionsmodelle überprüfen wir die Gültigkeit unsere beiden Hypothesen. Die Zahl der Beobach-

Expertenbefragung von Laver und Benoit (2006). Für eine ausführliche Diskussion der Methode und die Darstellung der ermittelten Positionen der Landesparteien sei an dieser Stelle auf die entsprechenden Ausführungen von Bräuninger und Debus (2012, S. 45–52) verwiesen. Da für einige der in den untersuchten Parlamenten vertretenen Parteien keine oder nur sehr kurze Texte vorliegen, werden die geschätzten Positionen (anders als dies bei Bräuninger und Debus (2012, S. 52) der Fall ist) entsprechend Laver et al. (2003, S. 316 f.) transformiert. Bei dieser Transformation haben geschätzte Werte und Referenzwerte die gleiche Metrik. Daher sollten Positionen anderer Parteien, die sich auf dieselbe Dimension beziehen wie die Referenzwerte, ebenfalls mit den geschätzten Werten verglichen werden können. Konkret wurden für die DVU, die NPD, die Republikaner sowie für die Partei Rechtsstaatliche Offensive die Ergebnisse der Expertenbefragung übernommen auf der auch die Referenzwerte basieren. Darüber hinaus wurden die Positionen der Brandenburger CDU 1990 sowie die der baden-württembergischen Parteien für die Wahl 1988 durch Mittelwerte der jeweiligen Parteien ersetzt, da jeweils keine Dokumente für eine computergestützte Inhaltsanalyse vorlagen.

tungen ergibt sich dabei jeweils aus der Zahl von Parteien-Dyaden im jeweiligen Parlament und der Zahl namentlicher Abstimmungen.[17]

Tabelle 3 fasst die Ergebnisse der Analyse zusammen. Betrachten wir zunächst die Wirkung der politischen Distanzen auf die Übereinstimmung der Parteien anhand von Modell 1 und den sich daraus ergebenden vorhergesagten Wahrscheinlichkeiten (Abb. 3). Insgesamt zeigt sich, dass das Abstimmungsverhalten von Parteien durchaus Aussagen über deren inhaltliche Nähe erlaubt. Ein gleichgerichtetes Abstimmungsverhalten zweier Fraktionen ist umso wahrscheinlicher, je dichter ihre politischen Positionen beieinander liegen. Dieser Effekt ist über alle drei Typen von Dyaden präsent.[18] Dies impliziert, dass das Abstimmungsverhalten in seiner Gesamtheit auch in parlamentarischen Systemen Aussagen über deren policy-Positionen erlaubt. Gleichermaßen unterstreicht das erste Modell aber auch, dass der Effekt von policy-Positionen sehr stark vom Dualismus zwischen Regierung und Opposition überlagert wird. Wir haben für Regierungs- und Oppositionsdyaden Dummy-Variablen aufgenommen, sodass Dyaden, die aus einer Regierungs- und Oppositionsfraktion gebildet werden, die Referenzkategorie bilden.

Mit Blick auf Abb. 3 zeigt sich, dass die Wahrscheinlichkeit einer Übereinstimmung unabhängig von der Distanz innerhalb des Oppositions- und insbesondere innerhalb des Regierungslagers deutlich größer ist als innerhalb einer Cross-Cutting-Dyade. Auf unsere Forschungsfrage übertragen bedeutet dieser Befund, dass die Nähe der Parteien zueinander, wie sie sich aus Idealpunktschätzungen ergeben würde, von ihrer Zugehörigkeit zum Regierungs- und Oppositionslager abhängt.

Darüber hinaus zeigt sich, dass auch die Stärke des Effekts von Distanz auf Übereinstimmung über die Lager hinweg variiert. Bei der entsprechenden Inter-

[17] Da die Zahl der namentlichen Abstimmungen zwischen Parlamenten variiert, ist diese Struktur des Datensatzes nicht unproblematisch, bedeutet sie doch eine Überrepräsentation einzelner Parlamente bzw. Legislaturperioden. Angesichts des explorativen Charakters der vorliegenden Untersuchung soll an dieser Stelle jedoch auf eine sparsame Form der Analyse (logistische Regressionsmodelle mit geclusterten Standardfehlern, Konzentration auf die zum Test der Hypothesen notwendigen unabhängigen Variablen) zurückgegriffen werden. Zudem zeigen weitergehende Untersuchungen (siehe unten), dass die Ergebnisse robust gegenüber der Zusammensetzung der berücksichtigen Abstimmungen sind.

[18] Diese Zusammenhänge bleiben – ebenso wie die Ergebnisse der Modelle 2 und 3 – auch dann bestehen, wenn 1. einzelne Bundesländer von der Analyse ausgeschlossen werden oder 2. die Übereinstimmung innerhalb von Dyaden über Legislaturperioden hinweg gemittelt wird. Im zweiten Schritt des Robustheitstests ergibt sich die Zahl der Beobachtungen aus der Zahl von Parteien-Dyaden, die abhängige Variable zeigt hier den Anteil der namentlichen Abstimmungen an bei denen die beiden Parteien gemeinsam abgestimmt haben.

Tab. 3 Determinanten der Übereinstimmung im Abstimmungsverhalten

	Modell 1	Modell 2[a]	Modell 3[b]
Distanz	– 0,59*	– 0,06*	– 0,14**
	(0,03)	(0,03)	(0,02)
Opposition (Dummy)	3,20**	3,13**	3,07**
	(0,22)	(0,23)	(0,12)
Regierung (Dummy)	4,79**		4,54**
	(0,37)		(0,22)
Opposition (Dummy)* Distanz	– 0,11**	– 0,11**	
	(0,03)	(0,03)	
Regierung (Dummy)* Distanz	– 0,13**		
	(0,04)		
Haushalt/Finanzen (Dummy)		– 0,70**	
		(0,22)	
Opposition (Dummy)* HF (Dummy)		1,75**	
		(0,50)	
Haushalt/Finanzen (Dummy)* Distanz		0,06*	
		(0,03)	
Opposition (Dummy)* Haushalt/Finanzen (Dummy) *Distanz		– 0,15*	
		(0,06)	
Von Rechten eingebracht (Dummy)			3,36**
			(0,72)
Von Rechten eingebracht (Dummy)* Distanz			0,17
			(0,12)
Konstante	– 1,14**	– 1,12**	– 1,09**
	(0,15)	(0,15)	(0,11)
Zahl der Beobachtungen	11981	9736	10348
Pseudo R^2	0,325	0,247	0,425
Anteil korrekter Vorhersagen	81,14 %	80,08 %	85,47 %

Anmerkungen: *HF* Abstimmung über Haushalt oder Finanzen; Referenzkategorie sind Dyaden, die sich aus einer Regierungs- und einer Oppositionspartei zusammensetzen; Standardfehler geclustert nach Land-Legislaturperiode-Dyade in Klammern

$p < 0,1$; $^{*}p = 0,1$, $^{**}p = 0,05$

[a] Modell 2 umfasst keine Regierungs-Dyaden

[b] Modell 3 umfasst nur Dyaden, die keine rechtsextreme Partei (DVU, NPD, die Republikaner) einschließen

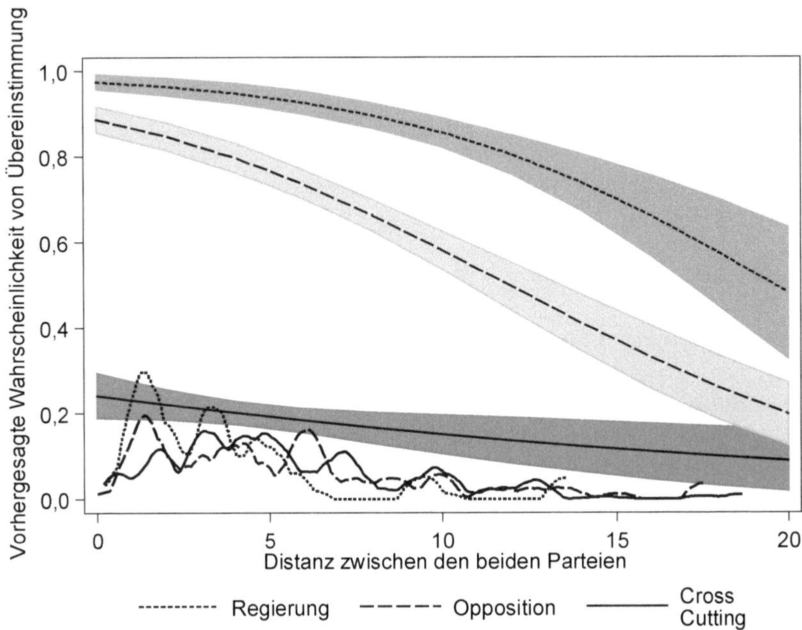

Abb. 3 Vorhergesagte Übereinstimmung von Parteien nach politischer Distanz und Lagerzugehörigkeit

pretation von Abb. 2 muss zunächst beachtet werden, dass für die einzelnen Dyaden unterschiedliche Wertebereiche der Distanzvariabel relevant sind. Wir haben die Häufigkeit für jeden Dyaden-Typ mit Hilfe der Dichtekurven im unteren Teil der Abbildung integriert. So weisen Regierungs-Dyaden kaum eine Distanz größer 6 auf.[19] Der Effekt der Distanz ist innerhalb des Oppositionslagers am stärksten. So sinkt für Oppositionsparteien die Wahrscheinlichkeit gemeinsam abzustimmen von 0,85 auf 0,74 wenn die Distanz sechs statt zwei Punkte beträgt. Innerhalb der Opposition scheinen Idealpunktschätzungen damit am aussagekräftigsten. Deutlich schwächere Auswirkungen hat die Distanz bei Cross-Cutting-Dyaden. Hier sinkt die Übereinstimmungsrate zwar stetig, aber in einem nur sehr kleinen Wertebereich. Bei Regierungsdyaden ist der Effekt im Bereich der empirisch beobachtbaren Werte praktisch zu vernachlässigen. Aus diesen Befunden folgt, dass

[19] Dies ist wenig verwunderlich, da (geringe) inhaltliche Distanzen ein zentraler Prädiktor bei der Koalitionsbildung sind (Bräuninger und Debus 2008).

Tab. 4 Übereinstimmung der Parteien nach Abstimmungsgegenstand

Art der Dyade	Abstimmung über Haushalt/Finanzen				Mittelwert/Summe (%)	
	Nein (%)		Ja (%)			
Opposition	73,26	(2326)	76,91	(459)	73,86	(2785)
Regierung	93,23	(1182)	100,00	(249)	94,41	(1431)
Cross-Cutting	18,89	(5762)	13,88	(1189)	18,03	(6951)

Anmerkungen: Angegeben ist jeweils der Anteil der Dyaden, die bei entsprechenden Abstimmungsgegenständen miteinander gestimmt haben. In Klammern ist die jeweilige Zahl der Beobachtungen angegeben

die jeweilige Regierungskonstellation einen starken Einfluss auf die Aussagekraft einer Idealpunktschätzung ausübt. Im deutschen Fall müssen insbesondere sogenannte Große Koalitionen aus CDU und SPD als problematisch gelten, da sie durch die Koalitionsgeschlossenheit einen breiten Teil des politischen Spektrums für die Idealpunktschätzung ausschließen.

Wir haben argumentiert, dass die Prägekraft des Dualismus' von Regierung und Opposition von der Wichtigkeit einer Abstimmung moderiert wird. Politische Distanzen sollten mit zunehmender Wichtigkeit einer Abstimmung bei der Erklärung von Kongruenz stärker in den Hintergrund treten. Tabelle 4 offeriert einen ersten Blick auf diesen postulierten Zusammenhang: Oppositionsfraktionen auf der einen und Regierungsfraktionen auf der anderen Seite stimmen häufiger gemeinsam ab, wenn es um Fragen zu Haushalts- und Finanzgesetzen geht. Besonders eindrucksvoll – und auch wenig überraschend – ist dieser Effekt bei Regierungsdyaden. Koalitionsparteien haben bei diesen wichtigen Abstimmungen im gesamten Untersuchungszeitraum immer gemeinsam abgestimmt. Etwaige Unterschiede zwischen ihren Positionen wurden also vollständig durch die Koalitionsgeschlossenheit überdeckt.

Im zweiten Regressionsmodell unterziehen wir diesen Zusammenhang einem multivariaten Test.[20] Konkret wird geprüft, wie die Wirkung der politischen Nähe von Parteien auf deren Übereinstimmung vom Abstimmungsinhalt abhängt. Die relevanten Ergebnisse verdeutlicht Abb. 4: Für Dyaden, die aus zwei Oppositionsparteien bestehen, gilt sowohl für Vorlagen zu Haushalts- und Finanzgesetzen

[20] Dabei beschränken wir uns auf eine Betrachtung von Oppositions- und Cross-Cutting-Dyaden. Da Regierungsparteien bei Fragen zu Haushalts- und Finanzgesetzen in den untersuchten Parlamenten immer gemeinsam abstimmen, kann der Effekt, der von der Wichtigkeit des Abstimmungsgegenstands ausgeht, nicht für Regierungs-Dyaden bestimmt werden (hier erklärt die Wichtigkeit die Übereinstimmung perfekt).

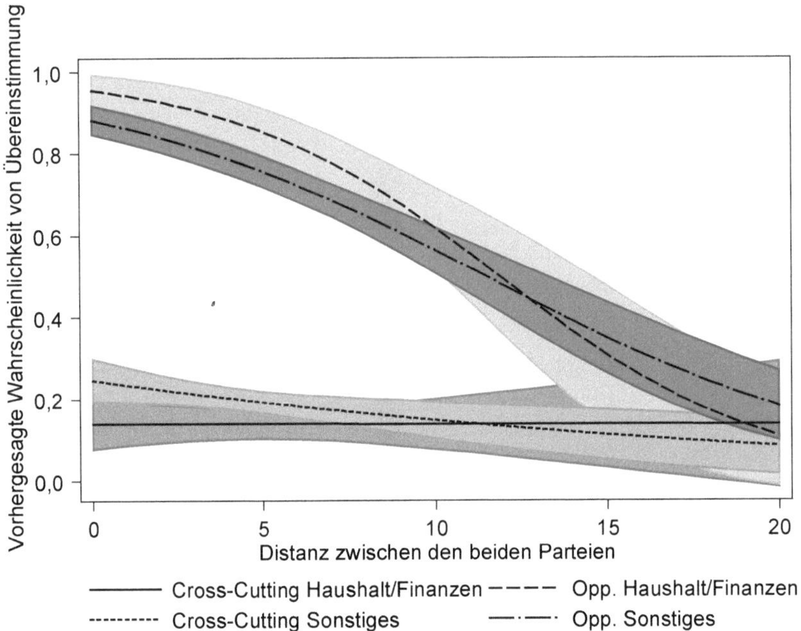

Abb. 4 Vorhergesagte Übereinstimmung von Parteien nach politischer Distanz und Abstimmungsgegenstand

wie auch für andere Vorlagen, dass bei größerer Distanz die Wahrscheinlichkeit gemeinsam abzustimmen geringer ist. Allerdings ist es, gegeben eine bestimmte Distanz, bei wichtigen Vorlagen wahrscheinlicher, dass zwei Oppositionsparteien gemeinsam stimmen. Für Cross-Cutting-Dyaden ergibt sich ein deutlicheres Bild. Stehen weniger wichtige Vorlagen zur Abstimmung, übt die politische Distanz einen geringen aber signifikanten Effekt auf die Übereinstimmung von Regierungs- und Oppositionsparteien aus. Stehen jedoch Vorlagen zu Haushalts- und Finanzgesetzen zur Abstimmung wird die inhaltliche Nähe von Parteien fast vollständig vom Dualismus von Regierung und Opposition überlagert.[21]

Eine zweite Gefahr der Verzerrung des *samples* namentlicher Abstimmungen haben wir in der Präsenz extremer Parteien vermutet. Deren aktivistisches Initiativverhalten führt zu einer Überrepräsentation extremer Vorschläge. Da diese

[21] Bei der Interpretation der Modellgüte ist zu beachten, dass die Erklärungskraft höher einzuschätzen ist, da die Übereinstimmung von Regierungs-Dyaden vollkommen perfekt vorhersagt wird (siehe Tab. 4), diese aber nicht in das Modell eingehen können.

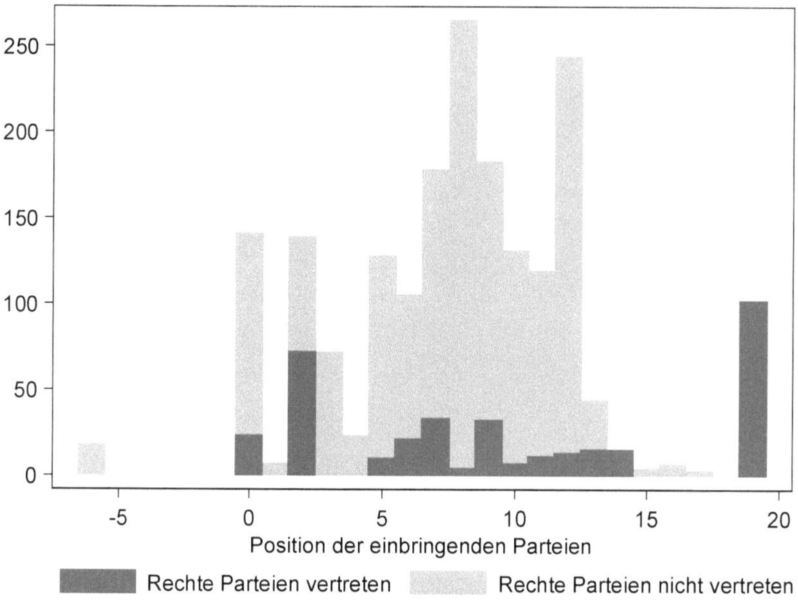

Abb. 5 Position der Vorlagen in Landtagen mit und ohne rechte Parteien

Vorschläge *cut points* produzieren, die nicht zwischen den Positionen gemäßigter Parteien diskriminieren können, suggerieren die geschätzten Idealpunkte eine größere Nähe der gemäßigten Parteien. Abbildung 5 verdeutlicht zunächst die Verteilung der Vorlagen nach ihrer politischen „Herkunft" unterschieden in Landtage mit und ohne rechtsextreme Parteien. Wir haben dabei vereinfacht angenommen, dass jede Partei ihren eigenen Idealpunkt zur Abstimmung stellt, wenn sie eine Vorlage einbringt. Für die Parlamente ohne extreme Parteien zeigt sich eine annähernde Normalverteilung der politischen Position der Vorschläge. Hier kann also angenommen werden, dass die Verteilung der Vorlagen gut zwischen den Positionen der gemäßigten Parteien diskriminieren kann. In den sechs Parlamenten mit rechtsextremen Parteien ist dies aber nicht der Fall. Ein Drittel aller Vorlagen, die hier namentlich abgestimmt werden, haben eine extreme Position.

Ein multivariater Test des Effekts von Extremvorschlägen erfolgt im dritten Regressionsmodell. Es umfasst nur Dyaden, die keine extremen Parteien enthalten, da wir an der Wirkung, die deren Präsenz und Aktivität in Parlamenten auf das Verhalten der *anderen* Parteien hat, interessiert sind. Die Gegenüberstellung der aus dem Modell resultierenden marginalen Effekte in Abb. 6 zeigt eindrucksvoll,

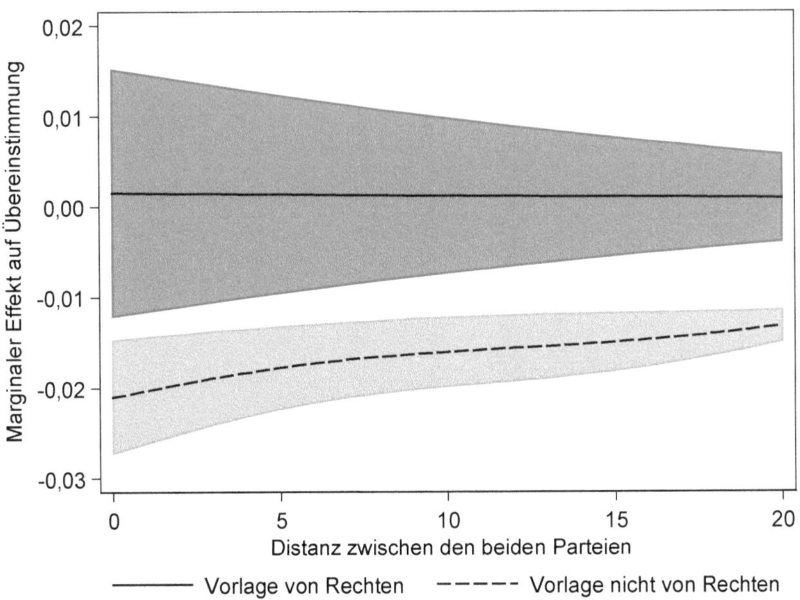

Abb. 6 Marginale Effekte der Distanz auf Übereinstimmung von Parteien bei gemäßigten und extremen Abstimmungsvorschlägen

dass der Effekt von Distanz auf die Übereinstimmung gemäßigter Parteien von der politischen Position der Vorlage abhängt. Wird eine Vorlage von einer gemäßigten Partei eingebracht, sinkt mit größer werdender Distanz zwischen zwei Parteien die Wahrscheinlichkeit, dass beide gleich abstimmen. Steht jedoch eine Vorlage, die von einer rechten Partei eingebracht wurde, zur Abstimmung, geht von der Distanz keine Wirkung aus. Ob Parteien dann gemeinsam abstimmen – was sie in diesem Fall in 95 % der Fälle tun – hängt nicht davon ab wie ähnlich sich ihre politischen Vorstellungen sind.

5 Schlussfolgerung

Unser Beitrag hat sich mit den Problemen der Idealpunktschätzung auf Basis namentlicher Abstimmungen in parlamentarischen Systemen auseinandergesetzt. Dabei haben wir an bekannte Einsichten angeknüpft, nach denen Fraktionsdisziplin und der Dualismus von Regierung und Opposition die Aussagekraft von Idealpunkten über die policy-Präferenzen von Abgeordneten und Parteien vermindert. Darüber hinausgehend haben wir argumentiert, dass diese Aussagekraft auch durch die Abstimmungsinhalte selbst beeinflusst wird. Konkret wurden zwei Faktoren identifiziert: Erstens ist, wie wir am Beispiel von Haushalts- und Finanzgesetzen gezeigt haben, bei wichtigen Abstimmungen die Wirkung von policy-Positionen auf das Abstimmungsverhalten von Parteien, signifikant schwächer als bei andere Abstimmungen. Zweitens führt die Präsenz von extremen Parteien im Parlament dazu, dass im *sample* der *scalable votes* Extremvorschläge überrepräsentiert sind, anhand deren eine Unterscheidung der Position gemäßigter Parteien nicht vorgenommen werden kann. Unsere Einsichten basieren auf einem Datensatz, der alle 2305 namentliche Abstimmungen aus insgesamt 46 Legislaturperioden aller 16 deutschen Landtage umfasst. Wir haben dabei die Übereinstimmung von Parteidyaden bei Abstimmungen mit Daten zu ihren politischen Distanzen und Informationen zu den Abstimmungsinhalten verknüpft.

Die zentrale Einsicht unseres Beitrages ist, dass das in anderen Literaturen bekannte Problem der Auswahlverzerrung des *roll call samples* (Carrubba et al. 2006; Hug 2010; Høyland 2010) auch bei der Idealpunktschätzung berücksichtigt werden muss. Dies ist insbesondere für Untersuchungen eine zentrale Botschaft, in denen *alle* namentlichen Abstimmungen gleichrangig in die Idealpunktschätzung einbezogen werden (Hix und Noury 2012). Aus unseren Ergebnissen ergeben sich verschiedene Empfehlungen: Eine Möglichkeit, den skizzierten Problemen aus dem Weg zu gehen, besteht darin, auf andere Datenquellen für die Idealpunktschätzung auszuweichen. Beispielsweise nutzt Kellermann (2012) zur Schätzung von individuellen Idealpunkten im britischen House of Commons *early day motions*, bei denen insbesondere das handlungstheoretische Problem der Fraktionsdisziplin in geringerem Ausmaß besteht.

Allerdings bestehen auch innerhalb der substantiell interessanteren Analyse parlamentarischer Abstimmungen verschiedene Verbesserungsmöglichkeiten. Prinzipieller Ausgangspunkt der Idealpunktschätzung sollte die genaue Kenntnis der Eigenschaften des *samples* an zur analysierenden Abstimmungen sein. Im Lichte unserer Ergebnisse sollte eine solche Analyse mindestens offenlegen, in welchem Verhältnis etwa wichtige bzw. ideologisch extreme Vorschläge repräsentiert sind. Auf Basis einer solchen Analyse können verschiedene Strategien die Validität der Schätzung erhöhen. Zum einen können die Eigenschaften des *samples* bei der Interpretation der resultierenden Idealpunkte berücksichtigt werden. Zum anderen kann das *sample* um bestimmte Verzerrungen bereinigt werden, um die Schätzung anhand homogenerer Stichproben vorzunehmen. Für die zahlreichen parlamentarischen Systeme, in denen namentliche Abstimmungen nicht als Standardmodus genutzt werden, sehen wir eine besonders vielversprechende Verbesserungsoption. In diesen Systemen wurden Analysen bisher auf die namentlichen Abstimmungen beschränkt (Hix und Noury 2012) - wobei unser Aufsatz keine Ausnahme darstellt. Allerdings ist eine solche Beschränkung nur nötig, wenn man sich Aussagen über die Präferenzen individueller Abgeordneter erhofft - was angesichts der hohen Fraktionsgeschlossenheit ohnehin oft obsolet erscheint. Entsprechend sollte das *sample* zur Idealpunktschätzung um relevante halb-offene Abstimmungen, z. B. alle Schlussabstimmungen bei Gesetzen, ausgedehnt werden. Ein solches *sample* würde es erlauben, ein vollständigeres Bild von Parteipräferenzen und der Dimensionalität des Abstimmungsverhaltens in parlamentarischen Demokratien zu zeichnen.

Danksagung

Wir danken Thomas Däubler, Sebastian Eppner, Maik Wagefeld und einem anonymen Gutachter für hilfreiche Anmerkungen und Kommentare. Johannes Kuhn danken wir für Hilfe bei der Fertigstellung des Manuskripts.

Literatur

Andeweg, Rudy B. & Jacques Thomassen (2011): Pathways to party unity: Sanctions, loyalty, homogeneity and division of labour in the Dutch parliament, *Party Politics* 17: 655–672.

Benoit, Kenneth & Michael Laver (2006): *Party Policy in Modern Democracies.* London: Routledge.

Bräuninger, Thomas & Steffen Ganghof (2005): Parteienwettbewerb im Zweikammersystem, in: Ganghof, Steffen & Philip Manow (Hrsg.): *Mechanismen der Politik. Strategische Interaktion im deutschen Regierungssystem* (149–181). Frankfurt: Campus.

Bräuninger, Thomas & Marc Debus (2008): Der Einfluss von Koalitionsaussagen, programmatischen Standpunkten und der Bundespolitik auf die Regierungsbildung in den deutschen Ländern, *Politische Vierteljahresschrift* 49: 309–338.

Bräuninger, Thomas & Marc Debus (2012): *Parteienwettbewerb in den deutschen Bundesländern. (unter Mitarbeit von Jochen Müller).* Wiesbaden: VS Verlag für Sozialwissenschaften.

Bräuninger, Thomas, Thomas Gschwend & Susumu Shikano (2010): Sachpolitik oder Parteipolitik? Eine Bestimmung des Parteidrucks im Bundesrat mittels bayesianischer Methoden, *Politische Vierteljahresschrift* 51: 223–249.

Carey, John M. (2007): Competing principals, political institutions, and party unity in legislative voting, *American Journal of Political Science* 51: 92–107.

Carrubba, Clifford J., Matthew Gabel, Lacey Murrah, Ryan Clough, Elizabeth Montgomery & Rebecca Schambach (2006): Off the record: Unrecorded legislative votes, selection bias and roll-call vote analysis, *British Journal of Political Science* 36: 691–704.

Cheibub, Jose Antonio (2007): *Presidentialism, Parliamentarism, and Democracy.* New York: Cambridge University Press.

Clinton, Joshua D. & Adam Meirowitz (2001): Agenda constrained legislator ideal points and the spatial voting model, *Political Analysis* 9: 242–259.

Clinton, Joshua D. & Adam Meirowitz (2003): Integrating voting theory and roll call analysis: A framework, *Political Analysis* 11: 381–396.

Clinton, Joshua, Simon Jackman & Douglas Rivers (2004): The statistical analysis of roll call data, *American Political Science Review* 98: 355–370.

Cox, Gary W. & Mathew D. McCubbins (2005): *Setting the Agenda. Responsible Party Government in the U.S. House of Representatives.* Cambridge: Cambridge University Press.

Davidson-Schmich, Louise K. (2006): The development of party discipline in new parliaments: Eastern German state legislatures 1990–2000, in: Hazan, Reuven Y. (Hrsg.): *Cohesion and Discipline in Legislatures* (88–101). New York: Routledge.

Debus, Marc & Martin E. Hansen (2010): Die Dimensionalität der Reichstage der Weimarer Republik von 1920 bis 1932, *Politische Vierteljahresschrift* 51: 15–42.

Desposato, Scott (2009): Party switching in Brazil: Causes, effects, and representation, in: Heller, William B. & Carol Mershon (Hrsg.): *Political Parties and Legislative Party Switching* (109–144). New York: Palgrave Macmillan.

Dewan, Torun & Arthur Spirling (2011): Strategic opposition and government cohesion in Westminster democracies, *American Political Science Review* 105: 337–358.

Döring, Herbert & Christoph Hönnige (2006): Vote of confidence procedure and Gesetzgebungsnotstand: Two toothless German tigers of governmental agenda control, *German Politics* 15: 1–26.

Ganghof, Steffen (2006): Strategische Uneinigkeit? Methodische Probleme und normative Implikationen von analytischen Erzählungen über Reformblockaden, in: Bräuninger, Thomas & Joachim Behnke (Hrsg.): *Jahrbuch für Handlungs- und Entscheidungstheorie* (151–177). Wiesbaden: Verlag für Sozialwissenschaften.

Ganghof, Steffen & Thomas Bräuninger (2006): Government status and legislative behaviour. Partisan veto players in Australia, Denmark, Finland and Germany, *Party Politics* 12: 521–539.

Godbout, Jean-Francois & Bjørn Høyland (2011): Legislative voting in the Canadian parliament, Canadian Journal of Political Science 44: 367–388.

Heinrich, Gudrun & Steffen Schoon (2013): Die NPD in Mecklenburg-Vorpommern, in: Koschkar, Martin Nestler, Christian & Christopher Scheele: Politik in Mecklenburg-Vorpommern (145-167), Wiesbaden: VS Verlag

Hinich, Melvin J. & Michael C. Munger (1997): *Analytical Politics.* Cambridge: Cambridge University Press.

Hix, Simon & Abdul Noury (2012): Government-opposition or left-right? The institutional determinants of voting in fourteen parliaments. Unveröffentlichtes Manuskript.

Høyland, Bjørn (2010): Procedural and party effects in European Parliament roll-call votes, *European Union Politics* 11: 597–613.

Hug, Simon (2010): Selection effects in roll call votes, *British Journal of Political Science* 40: 225–235.

Kam, Christopher J. (2009): *Party Discipline and Parliamentary Politics.* Cambridge: Cambridge University Press.

Kellermann, Michael (2012): Estimating ideal points in the British House of Commons using early day motions, *American Journal of Political Science* 56: 757–771.

Kӧnen, Susanne (2009): Wo sind die Rebellen hin? Dissentierendes Abstimmungsverhalten in ost- und westdeutschen Landtagen. Wiesbaden: VS Verlag.

Krehbiel, Keith (1993): Where's the party? *British Journal of Political Science* 23: 235–266.

Laver, Michael, Kenneth Benoit & John Garry (2003): Extracting policy positions from political texts using words as data, *American Political Science Review* 97: 311–331.

Londregan, John B. (2000): *Legislative institutions and ideology in Chile*. Cambridge und New York: Cambridge University Press.

Martin, Lanny W. & Georg Vanberg (2005): Coalition policymaking and legislative review, *American Political Science Review* 99: 93–106.

McCarty, Nolan (2011): Measuring Legislative Preferences', in: Schickler, Eric and F.E. Lee (Hrsg.): *The Oxford Handbook of the American Congress* (66–94): Oxford: Oxford University Press

Otjes, Simon (2011): The Fortuyn effect revisited: How did the LPF affect the Dutch parliamentary party system?, *Acta Politica* 46: 400–424.

Patzelt, Werner J. (2006): Party cohesion and party discipline in German parliaments, in: Hazan, Reuven Y. (Hrsg.): *Cohesion and discipline in legislatures* (102–115). New York: Routledge.

Pedersen, Helene H. (2012): Policy-seeking parties in multiparty systems: Influence or purity? *Party Politics* 18: 297–314.

Poole, Keith T. (2000): Non-parametric unfolding of binary choice data, *Political Analysis* 8: 211–237.

Poole, Keith T. & Howard Rosenthal (1991): Patterns of congressional voting, *American Journal of Political Science* 35: 228–278.

Rahat, Gideon & Reuven Y. Hazan (2001): Candidate selection methods. An analytical framework, *Party Politics* 7: 297–322.

Rosenthal, Howard & Erik Voeten (2004): Analyzing roll calls with perfect spatial voting: France 1946–1958, *American Journal of Political Science* 48: 620–632.

Saalfeld, Thomas (1995): On dogs and whips: Recorded votes, in: Döring, Herbert (Hrsg.): *Parliaments and Majority Rule in Western Europe* (528-565). Frankfurt am Main: Campus.

Schukraft, Stefan (2011): Fraktionsgeschlossenheit auf Landesebene im Mehrebenen - Kontext – der Einfluss des Föderalismus auf den Grad geschlossenen Abstimmungsverhaltens von Fraktionen in den deutschen Landesparlamenten, *Politische Vierteljahresschrift* 52: 688–671.

Shikano, Susumu (2008): The dimensionality of German federal states' policy preferences in the Bundesrat, *German Politics* 17: 340–352.

Sieberer, Ulrich (2006): Party unity in parliamentary democracies: A comparative analysis, *Journal of Legislative Studies* 12: 150–178.

Spirling, Arthur & Iain McLean (2007): UK OC OK? Interpreting optimal classification scores for the U.K. House of Commons, *Political Analysis* 15: 85–96.

Stecker, Christian (2010): Causes of roll call vote supply. Evidence from the German Länder, *Journal of Legislative Studies* 16: 438–459.

Stecker, Christian (2011): Bedingungsfaktoren der Fraktionsgeschlossenheit. Eine vergleichende Analyse der deutschen Länderparlamente, *Politischen Vierteljahresschrift* 52: 424–447.

Stecker, Christian (2013): How effects on party unity vary across votes, Party Politics, Online First.

Thiem, Janina (2006): Explaining roll call vote request in the European Parliament. MZES-Arbeitspapier Nr. 90.

Zucco Jr., Cesar & Benjamin E. Lauderdale (2011): Distinguishing between influences on Brazilian legislative behavior, *Legislative Studies Quarterly* 36: 363–396.

Eine empirische Schätzmethode für Valenz-Issues auf der Basis der Kandidatenbeurteilung am Beispiel der Konstanzer Oberbürgermeisterwahl 2012

Susumu Shikano, Simon Munzert, Thomas Schübel, Michael Herrmann und Peter Selb

Zusammenfassung

Bei der Entwicklung der räumlichen Modelle des Parteienwettbewerbs spielt die Valenz eine wichtige Rolle. Trotz der theoretischen Relevanz bleibt die Mess- und Schätzmethode der Valenz unterentwickelt. Angesichts dieser Forschungslücke schlägt dieser Beitrag ein statistisches Modell vor, das die gleichzeitige Schätzung der Kandidatenpositionen und der Valenz ermöglicht. Ein wichtiger Vorzug dieses Modells liegt darin, dass man nur die Kandidatenbeurteilungen per Skalometer benötigt, der in den meisten Umfragedaten verfügbar ist. Dieses Modell wird auf Daten angewendet, die in Rahmen der Konstanzer Oberbürgermeisterwahl 2012 erhoben wurden.

S. Shikano (✉) · M. Herrmann
Lehrstuhl für Methoden der empirischen Politik- und Verwaltungsforschung, Postfach 92, Universitätsstraße 10, 78457 Konstanz, Deutschland
E-Mail: susumu.shikano@uni-konstanz.de

M. Herrmann
E-Mail: michael.herrmann@uni-konstanz.de

S. Munzert · T. Schübel · P. Selb
Lehrstuhl für Umfrageforschung, Postfach D 85, Universitätsstraße 10, 78457 Konstanz, Deutschland
E-Mail: simon.munzert@uni-konstanz.de

T. Schübel
E-Mail: thomas.schuebel@uni-konstanz.de

P. Selb
E-Mail: peter.selb@uni-konstanz.de

E. Linhart et al. (Hrsg), *Jahrbuch für Handlungs- und Entscheidungstheorie*, Jahrbuch für Handlungs- und Entscheidungstheorie 8,
DOI 10.1007/978-3-658-05008-5_4,

1 Einleitung

Den räumlichen Modellen des Parteienwettbewerbs, begründet von Hotelling (1929), Smithies (1941) und Downs (1957), liegt die Idee zugrunde, dass die Präferenzen der Bürger in einem politischen Raum durch eine eingipflige Verlustfunktion ausgedrückt werden können. Mit zunehmender Distanz der Policy-Position eines Kandidaten zum Gipfel der Verlustfunktion eines Bürgers, dem sogenannten Idealpunkt, verringert sich der Nutzen der Position des Kandidaten für den Bürger. Ein insbesondere seitens der Empiriker früh hervorgebrachter Einwand lautete, dass die Präferenzen nicht nur von der Nähe/Distanz im politischen Raum, sondern auch von weiteren Faktoren beeinflusst werden. Eine der ersten Einflussgrößen, die seitdem immer noch in der wissenschaftlichen Diskussion eine große Rolle spielt, ist die Valenz. Demnach gibt es neben den Issues, bei denen Wähler und Kandidaten verschiedene Policy-Positionen vertreten („Positions-Issues"), auch Issues, bei denen Wähler und Kandidaten sich über das Ziel einig sind („Valenz-Issues"). Bei letzteren geht es nicht um das Ziel an sich, sondern um die Kompetenz, gewisse politische Maßnahmen umzusetzen. Während in den letzten Jahrzehnten verschiedene Methoden zur Schätzung der ideologischen Positionen von Kandidaten vorgeschlagen wurden, existieren bisher nur wenige Ansätze zur Erfassung der Valenz. Angesichts dieser Forschungslücke schlagen wir in unserem Beitrag ein statistisches Modell vor, das die gleichzeitige Schätzung der Effekte der ideologischen Nähe und der Valenz auf dem sogenannten Skalometer ermöglicht. Das Modell wird auf Daten angewandt, die im Rahmen der Oberbürgermeisterwahl 2012 in Konstanz gesammelt wurden.

Im Folgenden stellen wir zunächst die Bedeutung der Valenz in räumlichen Modellen des Parteienwettbewerbs vor. Dabei werden auch bisherige Messversuche des Konzepts diskutiert. Im dritten Kapitel präsentieren wir ein alternatives Modell, mit dem gleichzeitig sowohl die ideologische Position als auch die Valenz der politischen Akteure geschätzt werden kann. Diese Methode wird anschließend anhand der Daten aus Konstanz illustriert. Das Schlusskapitel fasst den Beitrag zusammen und diskutiert die Erweiterungsmöglichkeiten des vorgestellten Modells.

2 Valenz in den räumlichen Modellen des Parteienwettbewerbs

Das Konzept „Valenz" wurde zum ersten Mal von Stokes (1963) mit räumlichen Modellen in Verbindung gebracht. Stokes bemängelt, dass das Downs'sche Modell nur eine Klasse von Issues berücksichtigt und gleichzeitig eine andere wichtige

Klasse von Issues vernachlässigt. Die von Downs berücksichtigte Klasse von Issues nennt er „Positions-Issues", die andere Klasse „Valenz-Issues":

> To emphasize the difference involved here I will call „position-issues" those that involve advocacy of government actions from a set of alternatives over which a distribution of voter preferences is defined. And borrowing a term from Kurt Lewin I will call „valence-issues" those that merely involve the linking of the parties with some condition that is positively or negatively valued by the electorate. (Stokes 1963, S. 373)

Bei Valenz-Issues haben Parteien, anders als bei Positions-Issues, nur einen begrenzten Spielraum, selbst aktiv zu werden. So können beispielsweise bei der Korruptionsbekämpfung zwar alle Parteien versuchen, die Wichtigkeit des Issues zu betonen. Welche Partei allerdings in diesem Zusammenhang die größte Zustimmung erhält, hängt von der Zuschreibung seitens der Wähler ab. Vergleichbar ist dies mit der Tatsache, dass Kandidaten persönliche zeitstabile Eigenschaften wie ethnische Identität, Geschlecht, Alter, Religion oder Werdegang kaum ändern können. Solche „askriptiven Issues" werden von Enelow und Hinich (1982, S. 118) von den Valenz-Issues unterschieden, da die Eigenschaften der Kandidaten auf askriptiven Issues von Wählern unterschiedlich bewertet werden. So kann zum Beispiel ein katholischer Kandidat von katholischen Wählern positiv wahrgenommen werden, während derselbe Kandidat von protestantischen Wählern negativ wahrgenommen wird. Aspekte, die besser durch die Valenz aufgefasst werden können, sind hingegen beispielsweise Sicherheit und Unsicherheit bezüglich der Inhalte, die Kandidaten im Wahlkampf vermitteln. Dies kann an der Amtsinhaberschaft, an den einsetzbaren finanziellen Ressourcen für den Wahlkampf (Baron 1989) oder an den bisherigen Erfahrungen der Kandidaten liegen. Im Folgenden werden alle bisher genannten Aspekte als Valenz betrachtet. Dabei wird aber explizit unterschieden zwischen den Valenz-Issues im engeren Sinne, bei denen die Beurteilung der Kandidaten von allen Wählern geteilt wird, und den gruppenspezifischen Valenz-Issues, bei denen die Beurteilung der Kandidaten je nach Wählergruppe unterschiedlich ist.

Während Stokes das Konzept der Valenz seinerzeit im Kontext einer Kritik an den räumlichen Modellen des Parteienwettbewerbs zur Sprache brachte, wurde dieses Konzept mittlerweile auch in räumliche Modelle integriert. Dabei wurde vor allem auf unterschiedliche Art und Weise untersucht, welche Konsequenzen die Einführung von Valenz-Issues in Modelle des räumlichen Parteienwettbewerbs haben kann. Vor allem ermöglicht die Einführung von Valenz-Issues andere Gleichgewichtslösungen als das Medianwähler-Theorem (Black 1948). Die Intuition hierbei ist recht einfach: Falls ein Kandidat einen Vorsprung vor seinem Gegenkandidaten bei Valenz-Issues besitzt (beispielsweise durch mehr Charisma oder eine höhere Kompetenzzuweisung), kann er oder sie das Rennen gewinnen, ohne die Position des Medians der Wählerschaft einzunehmen. Diese Logik gilt jedoch auch umgekehrt: Durch die Integration der Valenz in das Calvert-Wittman-Modell des Wettbewerbs der Policy-orientierten Kandidaten (Calvert 1985; Wittman 1983) zeigt Groseclose (2001), dass sich ein Kandidat mit einem Vorsprung bei Valenz-Issues zur Mitte bewegt, damit die Bedeutung der Positions-Issues relativ zur Valenz verringert wird. Und genau umgekehrt kann ein bei Valenz-Issues benachteiligter Kandidat versuchen, durch polarisierende Strategien die Bedeutung der Valenz zu verringern (vgl. auch Dix und Santore 2002).

Die Berücksichtigung der Valenz kann darüber hinaus in einem mehrdimensionalen Raum, der sonst zu einem Abstimmungszyklus führen würde, ein Gleichgewicht herstellen (Ansolabehere und Snyder 2000). In verschiedenen Aufsätzen von Schofield und anderen (Schofield und Zakharov 2010; Schofield et al. 2011a, 2011b) wird das Konzept zudem auf Mehrparteiensysteme erweitert. Ebenfalls untersucht werden Implikationen der gruppenspezifischen Valenz. Enelow und Hinich (1982) zeigen in ihrem Modell, dass die Diversität der Wählerschaft in Bezug auf die Valenz nicht die Medianposition als Gleichgewicht des Kandidatenwettbewerbs hervorruft, sondern ein gewichtetes Mittel der Gesamtwählerschaft. Eine weitere wichtige theoretische Entwicklung ist die Endogenisierung der Valenz (Carrillo und Castanheira 2008; Meirowitz 2008; Erikson und Palfrey 2000; Sahuguet und Persico 2006; Zakharov 2009). Der typische Ansatz sieht dabei vor, dass Kandidaten bezüglich ihrer Wahlkampfausgaben (*campaign spending*) strategische Entscheidungen treffen. Höhere Ausgaben im Wahlkampf führen dabei zu höherer Valenz. Carrillo und Castanheira (2008) stellen zum Beispiel ein Spiel auf, in dem die Kandidaten zunächst jeweils eine Policy-Position wählen und dann über die Ausgaben im Wahlkampf entscheiden, die die Qualität der Position bestimmen. Dabei zeigen die Autoren, dass das Medianwähler-Theorem gilt, wenn die Qualität entweder *vollständig* oder *gar nicht* einfließt. Wenn die Qualität hingegen nur *teilweise* berücksichtigt wird, gilt das Medianwähler-Theorem nicht mehr.

Valenz lässt sich nicht nur additiv zur räumlichen Nähe in die Nutzenfunktion integrieren, sondern kann als Interaktion mit den Positions-Issues modelliert werden. Die Grundidee hierzu findet sich bereits in einem Modell von Grofman (1985), das aussagt, dass die Positionen der Kandidaten hinsichtlich ihres jeweiligen Durchsetzungsvermögens diskontiert werden. Dies gibt den Kandidaten den Anreiz, sich vom Status Quo abzusetzen. Diese Idee wird ferner von Adams und Merrill (2008) mit der gruppenspezifischen Valenz kombiniert (siehe auch Hollard und Rossignol 2008).

Das Konzept Valenz wird nicht nur in seiner theoretischen Implikation diskutiert, sondern auch empirisch vielfältig durchleuchtet. Dabei gibt es verschiedene Ansätze zur Messung der Valenz. Stone und Simas (2010) erfassen bei der Befragung die Bewertung der einzelnen Kandidaten anhand von verschiedenen Kriterien – wie zum Beispiel persönliche Integrität, Stärke als Wahlkämpfer – und bilden anschließend Durchschnittswerte.

Zusätzlich zur direkten Messung der Valenz gibt es noch weitere Möglichkeiten zur Schätzung der Valenz mithilfe statistischer Modelle. Jessee (2010) konstruiert ein statistisches Modell der Wahlentscheidung zwischen zwei Kandidaten auf der Basis der additiven Nutzenfunktion bestehend aus der räumlichen Nähe und der Valenz. Die Grundidee ist, dass man die Komponente der räumlichen Nähe anhand der Meinungen der Befragten zu verschiedenen Themen schätzt, während die Konstante als Valenz interpretiert wird. Um die gruppenspezifische Valenz zu schätzen, wird zusätzlich die Gruppenzugehörigkeit, bei Jessee (2010) die Parteiidentifikation, als weitere Kovariate einbezogen. Diese Idee lässt sich mithilfe multinomialer Logit-Modelle auf die Entscheidung zwischen mehreren Kandidaten/Parteien erweitern (Schofield 2005; Adams und Merrill 2008). Statt der Wahlentscheidung modellieren Gouret et al. (2011) die Zufriedenheit mit den einzelnen Kandidaten mithilfe eines *Seemingly-unrelated-regression*-Modells.[1] Die Grundidee bleibt dabei jedoch gleich; sie benutzen als Kovariate die wahrgenommenen Links-Rechts-Positionen der Kandidaten und die eigene Einstufung der Befragten.

Eine derartige Messung der Valenz beinhaltet jedoch ein theoretisches Problem, das die Interpretation des Ergebnisses erschwert. Wie bereits dargelegt ist die geschätzte Valenz die Konstante des statistischen Modells. Das heißt, die Valenz ist etwas, das die für die Positions-Issues relevanten Informationen nicht erklären können. Dies begründet sich aber auch durch das Problem, welches das Konzept Valenz an sich hat, da sich bisher keine inhaltliche Definition etablieren konnte. Ferner ergeben sich technische Probleme, wenn wir die Valenz als Residuenkategorie betrachten. Erstens ist die geschätzte Varianz von den Kovariaten abhängig, die die Positions-Issues modellieren. Zweitens ist bereits bekannt, dass die Wahlabsicht nicht nur durch Positions- und Valenz-Issues determiniert wird, sondern auch durch weitere Elemente, vor allem die Erwartung des Wahlausgangs hinsichtlich des strategischen Wählens. Das Verfahren, das wir in diesem Beitrag vorschlagen, kann zwar nicht das theoretische Problem der Valenz als Residualkategorie lösen, dafür jedoch die beiden technischen Probleme, wie wir im Folgenden darlegen.

---

[1] *Seemingly-unrelated-regression*-Modells bestehen aus mehreren linearen Regressionsmodellen, deren stochastische Terme voneinander abhängig sind.

Ähnlich wie bei den oben genannten Schätzmethoden bilden wir ein statistisches Modell auf Basis der additiven Nutzenfunktion. Hierbei wird jedoch nicht die Wahlentscheidung, sondern der Skalometerwert (*Feeling Thermometer Score*) modelliert, d. h. die Einstellung bzw. Meinung des Befragten gegenüber einem Kandidaten auf einer mehrstufigen Skala. Wie Shikano (2004) mit Daten aus Deutschland, den USA und Japan zeigt, enthält der Skalometerwert nicht nur Informationen über die ideologische Distanz, sondern auch über die Valenz. Die Nutzung des Skalometers hat auch einen weiteren Vorteil gegenüber der Wahlentscheidung: Während die Wahlentscheidung auch strategische Überlegungen beinhalten kann, ist bisher keine Evidenz vorgelegt worden, die zeigt, dass Antworten auf Skalometerfragen von strategischem Wahlverhalten beeinflusst werden (vgl. Herrmann 2008).

Die Nutzung des Skalometerwertes ähnelt zwar der Vorgehensweise von Gouret et al. (2011), die die anhand einer 11-Punkte-Skala gemessene Zufriedenheit modellieren. Der entscheidende Unterschied ist jedoch, dass unsere Methode keine weiteren Informationen benötigt. Weder die ideologische Selbsteinstufung der Befragten noch die wahrgenommene Position der Kandidaten kommt als Kovariate zum Einsatz. Die Gruppenzugehörigkeit der Befragten wird als Kovariate nur dann berücksichtigt, wenn man die gruppenspezifische Valenz schätzen will.

3 Modell der Kandidatenbeurteilung

Um die Nutzenfunktion bestehend aus der räumlichen Nähe und der Valenz zu schätzen, wird ein statistisches Modell für den Skalometerwert aufgestellt. Demnach wird y_{ij}, der Skalometerwert, den Befragter i über Kandidaten j angibt, als Zufallsvariable aufgefasst, die als mit einer gewissen Trunkierung normalverteilt angenommen wird:

$$y_{ij} \sim N(\mu_{ij}, \sigma^2)I(1,7)$$

Hier wird eine Skala zwischen 1 und 7 für das Skalometer angenommen.[2] Der Erwartungswert der Normalverteilung wird unter Annahme eindimensionaler Positions-Issues wie folgt modelliert:

$$\mu_{ij} = \alpha_j + \nu_i(\beta_j - x_i)^2$$

[2] Dies entspricht der Skalenbreite im späteren Beispiel, je nach gegebener Skala kann die Annahme natürlich angepasst werden.

x_i ist der Idealpunkt des Befragten i, und β_j ist die Policy-Position des Kandidaten j. Die quadrierte Distanz zwischen den beiden Positionen wird mit v_i gewichtet und mit α_j, dem Valenzparameter von Kandidaten j, addiert.

In diesem Modell ist nur der Skalometerwert y_{ij} aus den Daten bekannt. Die sonstigen Komponenten sind unbekannte Parameter und müssen geschätzt werden. Dazu wird das Markov-Chain-Monte-Carlo-Verfahren (MCMC) eingesetzt. Anders als bei konventionellen Schätzverfahren, wie *Least Squares* oder *Maximum Likelihood*, werden bei MCMC Parameter nicht durch Minimierung oder Maximierung einer Zielfunktion (etwa die quadrierten Residuen oder die *Likelihood*) geschätzt, sondern ihre Verteilung durch wiederholte Zufallsziehung simuliert. Zur Identifikation des Modells werden folgende a-priori-Informationen eingesetzt:

$$\begin{aligned} v_i &\sim N(0{,}10)I(,0) \\ \alpha_j &\sim N(4{,}100)I(0,) \end{aligned}$$

mit ‚I' werden die beiden Normalverteilungen trunkiert. Der erste Eintrag in der Klammer nach ‚I' ist die Untergrenze und der zweite Eintrag ist die Obergrenze. Das heißt, das individuelle Gewicht der räumlichen Distanz (v_i) wird auf einen nicht-positiven Wert gezwungen, da die Distanz in einem negativen oder keinem Zusammenhang mit dem Skalometer stehen soll. Da der Skalometerwert wegen der begrenzten Skala (siehe oben) einen positiven Wert annimmt, wird hingegen für die Valenz (α_j) ein nicht-negativer Wert angenommen. Des Weiteren müssen für x_i a-priori-Informationen eingesetzt werden. Hierzu wird eine sehr breite Normalverteilung gewählt, die kaum Einfluss auf die Posterior-Verteilungen ausübt.[3]

Zur Schätzung der gruppenspezifischen Valenz lässt sich die Parameterschätzung von α zwischen den Gruppen k in $\{1, \ldots, K\}$ wie folgt differenzieren:

$$\mu_{ij} = \alpha_{jk[i]} + v_i(\beta_j - x_i)^2$$

Dabei bezeichnet $k[i]$ die Gruppe (von Parteianhängern), zu der Befragter i gehört.[4] Das hier aufgestellte Modell gehört zur Klasse der Entfaltungsmodelle (Coombs

[3] Diese a-priori-Informationen garantieren noch keine Identifikation der latenten Dimension, auf der die Kandidaten und Befragten platziert werden. Diese Identifikation wurde post hoc erreicht: nachdem die Informationen aus den Markov-Ketten gesammelt wurden, wurden die Positionen der Kandidaten bei jeder Iteration jeder Kette normiert, sodass sie einen Mittelwert von Null und eine Varianz von Eins erhalten. Dementsprechend wurden auch die Positionen der Befragten normiert.

[4] Wir folgen mit dieser Form der Notation unter anderem Gelman und Hill (2007).

1964). Es gibt bereits dem hier aufgestellten Modell ähnliche Modelle. Unter anderem entwickelt Brady (1990) ein recht ähnliches Modell. Allerdings berücksichtigt Brady nicht das individuelle Gewicht der räumlichen Nähe v_i. Dies impliziert, dass alle Befragten hinsichtlich der ideologischen Distanz die Skala des Skalometers auf dieselbe Weise benutzen. Das ist eine harte Annahme, die auch von Shikano (2004) nicht bestätigt wird.[5]

4 Daten

Das im letzten Abschnitt aufgestellte Modell wird im Folgenden auf Daten angewandt, die im Rahmen der Oberbürgermeisterwahl in Konstanz im Juli 2012 erhoben wurden. Das Kommunalwahlgesetz in Baden-Württemberg weist einige Besonderheiten auf, die eine Messung von Kandidatenpräferenzen über Skalometer interessant machen (vgl. Selb et al. 2013). Dabei ist im ersten Wahlgang zunächst die absolute Mehrheit erforderlich. Wird diese von keinem Bewerber erreicht, findet ein zweiter Wahlgang statt, an dem alle Bewerber aus dem ersten Wahlgang und noch weitere Bewerber teilnehmen können. Gewählt ist dann der Bewerber, der eine relative Mehrheit der Stimmen auf sich vereint. Skalometerbewertungen eignen sich gut, um das Wahlverhalten in beiden Wahlgängen abzuschätzen, da sie, anders als die Wahlabsicht, auch Aufschluss über die Bewertung von Kandidaten liefern, bei denen zum Zeitpunkt der Erhebung noch nicht klar ist, ob sie in einem zweiten Wahlgang antreten würden. Da das Kommunalwahlrecht in Baden-Württemberg im Gegensatz zum Rest Deutschlands die Stichwahl nicht auf zwei Kandidaten beschränkt, besteht beim Antritt mehrerer Kandidaten in der Stichwahl für Wähler ein Anreiz, strategisch für einen weniger präferierten, aber aussichtsreicheren Kandidaten zu stimmen. Wir gehen davon aus, dass Skalometermessungen der Kandidatenpräferenz frei von solchen strategischen Erwägungen sind.

Beim ersten Wahlgang am 1. Juli standen insgesamt 13 Kandidatinnen und Kandidaten zur Wahl – unter anderem deshalb, weil der damalige Amtsinhaber Horst Frank seinen Rückzug aus der Politik angekündigt hatte. Unter den 13 Bewerbern waren vor allem vier deutlich in der Öffentlichkeit sichtbar: Sabine Seeliger (Bündnis 90/Die Grünen), Sabine Reiser (CDU), Sven Zylla (SPD) und Uli Burchardt (ebenfalls CDU). Die sonstigen Kandidaten galten eher als Außenseiter. Den ersten Wahlgang gewann Reiser (26,8 % der abgegebenen Stimmen) mit einem knappen Vorsprung vor Burchardt (25,9 %). Dann folgten Seeliger (20,1 %) und Zylla

[5] Zu weiteren ähnlichen Modellen vgl. z. B. Cahoon (1975) und Cahoon et al. (1978).

(14,3 %). Keiner der sonstigen Kandidaten gewann mehr als 5 % der abgegebenen Stimmen. Nach diesem Wahlgang zogen sieben Bewerber ihre Kandidatur zurück, darunter Sven Zylla. Den zweiten Wahlgang unter sechs Bewerbern gewann Burchardt mit 39,1 % der abgegebenen Stimmen mit einem großen Vorsprung vor Reiser mit 31,9 %.

Am Tag des ersten Wahlgangs führten wir mit studentischer Unterstützung eine Exit-Poll-Befragung durch. Das mehrstufige Stichprobendesign bestand aus einer bewussten und einer systematischen Auswahlstufe und reflektierte vor allem befragungsökonomische Zwänge. Ein Vergleich von Stichprobenkennwerten ($n = 899$) mit bekannten Populationsparametern deutete jedoch nicht auf größere Verzerrungen hin (siehe Selb et al. 2013).[6] Im Folgenden behandeln wir diese Daten daher wie eine einfache Zufallsstichprobe. Der schriftliche Fragebogen setzte sich aus drei Teilen zusammen. Der erste Teil fragte die Bewertung von allen 13 Kandidatinnen und Kandidaten anhand eines 7-Punkte-Skalometers ab. Der zweite Teil erfasste die soeben getroffene Wahlentscheidung. Eine letzte Frage zielte auf die langfristige Neigung zu einer Partei. Der komplette Fragebogen findet sich im Anhang.

---

[6] Es standen 22 studentische Interviewer zur Verfügung, die jeweils in Zweierteams arbeiteten. In einem ersten Schritt wurden daher zunächst 11 der 41 Konstanzer Wahllokale *bewusst* ausgewählt. Ziel war einerseits die Abdeckung der größeren der 15 Konstanzer Stadtteile und jeweils mindestens zwei der 65 Wahlbezirke an einem Standort. Andererseits sollte mit der Auswahl die ideologische Heterogenität (gemessen anhand früherer Wahl- und Abstimmungsergebnisse) maximiert werden. Einer der Standorte musste aufgrund des Ausfalls eines studentischen Teams am Wahltag gestrichen werden. An den verbleibenden zehn Standorten waren die Studierenden angewiesen, *sämtliche* Wählerinnen und Wähler bei Verlassen des Wahllokals anzusprechen. Unter bestimmten Bedingungen können solche *systematischen Auswahlen* einfache Zufallsstichproben emulieren. Einige dieser Annahmen wurden im vorliegenden Fall möglicherweise verletzt, etwa die der Unabhängigkeit der Beobachtungen (z. B. durch die gleichzeitige Erfassung von Ehepartnern mit ähnlichen Präferenzen), die Unabhängigkeit von Teilnahmebereitschaft und interessierenden Merkmalen (durch systematische Antwortverweigerung) oder die Unabhängigkeit von Zeitpunkt der Wahl und interessierenden Merkmalen (beispielsweise bedingt durch den Umstand, dass ältere, konservativere Wähler früher an die Urne gehen als die jüngeren; siehe Bush und Lieske 1985).

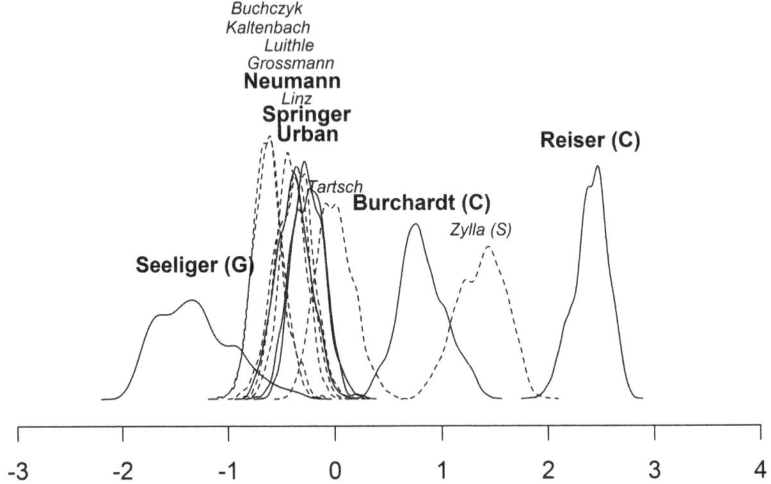

Abb. 1 Geschätzte Positionen der Kandidaten und Kandidatinnen. *Anmerkung*: Die Schätzung wurde mit einem MCMC-Verfahren durchgeführt. Die abgebildeten Verteilungen stellen die ermittelten a-posteriori-Verteilungen der geschätzten Positionen dar. Im zweiten Wahlgang erneut angetretene Kandidaten sind mit fetter Schrift hervorgehoben

5 Ergebnisse

Bevor wir zum Ergebnis der geschätzten Valenz kommen, betrachten wir die geschätzte räumliche Konstellation der Kandidaten. Es gilt schließlich, dass die geschätzte Valenz nicht interpretierbar wäre, wenn die gleichzeitig geschätzte räumliche Konstellation nicht plausibel erscheinen würde. Abbildung 1 zeigt die Positionen der Kandidatinnen und Kandidaten. Zunächst sind die beiden polarisierenden Kandidatinnen (Seeliger und Reiser) am Rande des ideologischen Spektrums eindeutig erkennbar. Zwischen den beiden Kandidatinnen platzieren sich die sonstigen Kandidaten, unter anderem Uli Burchardt und Sven Zylla. Es mag verwundern, dass das CDU-Mitglied Burchardt von der CDU-Kandidatin Reiser weiter entfernt ist als das SPD-Mitglied Sven Zylla. Dieses Ergebnis ist aber durchaus nachvollziehbar: Erstens ist zu beachten, dass die a-posteriori-Verteilungen von Burchardt und Zylla eine relativ große Überschneidung aufweisen. Zweitens ist der Öffentlichkeit im Vorfeld der Wahl bekannt geworden, dass Uli Burchardt nicht nur CDU-Mitglied ist, sondern auch Attac, einer globalisierungskritischen Organisation, angehört. Und drittens war auch bekannt, dass die Sozialdemokraten in Konstanz im Wahlkampf sehr gespalten waren, wobei eine Gruppe die Zusammenarbeit mit Seeliger und die andere eine stärkere Zusammenarbeit mit Reiser favorisierte.

Das geschätzte Modell lässt es zu, auf derselben Dimension auch die Positionen der Befragten abzubilden. Die Verteilungen der einzelnen Anhängerschaften (Abb. 6) sind ebenfalls nachvollziehbar. Von allen Gruppen haben die Grünen-Anhänger ihren Schwerpunkt im Spektrum am weitesten links, gefolgt von den SPD-Anhängern. Die Verteilung der CDU-Anhänger reicht deutlich weiter nach rechts. Wenn man nun annimmt, dass die Befragten den ihnen am nächsten gelegenen Kandidaten auf dieser Dimension wählen, erhält man eine Prognose, bei der Reiser und Seeliger auf den ersten und zweiten Platz kommen (jeweils ca. 47,6 und 39,9 %), während Burchardt mit 12,6 % nur den dritten Platz erreicht.[7] Dies ist kaum verwunderlich, da Burchardts Position von den beiden Kandidatinnen umschlossen wird und er daher nur in einem schmalen „Korridor" Wähler gewinnen kann. Warum trat er trotzdem als Sieger der Wahl hervor? Eine mögliche Antwort gibt die Valenz.

Abbildung 2 zeigt die für alle Wähler gemeinsam geschätzte Valenz. Hier ist eindeutig zu erkennen, dass Uli Burchardt einen deutlichen Vorsprung auf dem Valenz-Issue hatte. Während die beiden Kandidatinnen Seeliger und Reiser durch ihre ideologische Positionierung eher den extremeren Wählern nahestanden, konnte Uli Burchardt vor allem von seiner positiven Bewertung im Valenz-Issue profitieren.

Wie wichtig waren diese Valenz-Issues? Gab es auch Unterschiede unter den Befragten? Dies lässt sich anhand des geschätzten v-Parameters betrachten, der dem individuellen Gewicht der räumlichen Nähe-Komponente in ihrer Nutzenfunktion entspricht. Das linke Bild in Abb. 3 zeigt die a-posteriori-Verteilungen von allen analysierten 748 Befragten.[8] Die Befragten wurden von oben nach unten nach dem weiß markierten Durchschnittswert der a-posteriori-Verteilung geordnet. Die horizontalen grauen Linien sind die einzelnen 90 %-Kredibilitätsintervalle. Wenn man nur die Durchschnittswerte betrachtet, entsteht zunächst der Eindruck,

[7] Dieses Ergebnis kommt zustande, wenn man die Entscheidung auf Basis der Distanz nur zu den drei aussichtsreichen Kandidaten, die auch im zweiten Wahlgang antraten, schätzt. Der Gewichtungsparameter v_i wurde dabei hoch gewählt, so dass die eigentliche Distanz auch eine Rolle für die Wahlentscheidung spielt.

[8] Diese Zahlen beziehen sich auf die 748 Befragten, für die ein Modell mit parteispezifischer Valenz geschätzt werden konnte. Befragte, die keine der drei Parteien als Präferenz genannt haben, wurden zu den Sonstigen gruppiert.

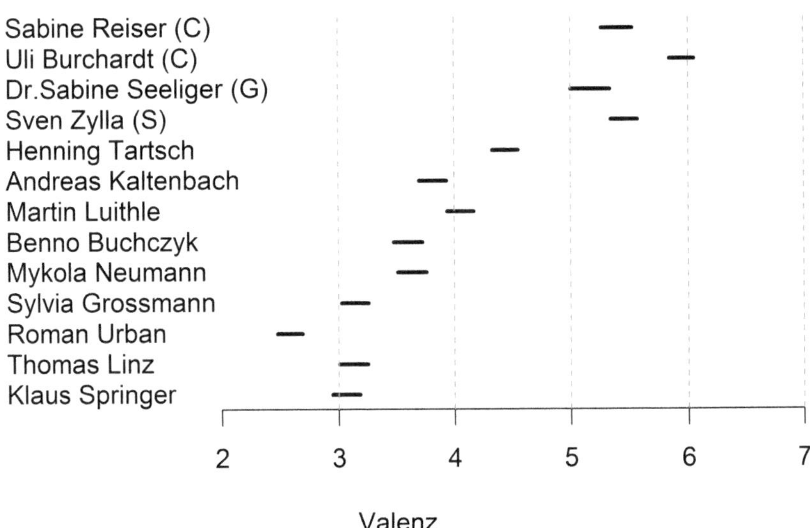

Abb. 2 Valenz der Kandidatinnen und Kandidaten (90 %-Kredibilitäts-intervall). *Anmerkung:* Die Kandidaten sind von oben nach unten nach dem Stimmenanteil bei der ersten Runde geordnet

dass es gewisse Unterschiede zwischen den Befragten gibt. Ganz oben sind die Befragten, bei denen die räumliche Nähe kaum Ausschlag auf die Skalometerwerte hat und die Valenz hingegen dominiert. Unten hingegen sind die Befragten, deren Skalometerwerte stärker von der räumlichen Nähe beeinflusst werden. Zwei Dinge gilt es hierbei jedoch zu beachten: Erstens weisen die a-posteriori-Verteilungen eine relativ große Dispersion auf, die sich in der Breite der Kredibilitätsintervalle widerspiegelt. Zweitens spielt selbst das Maximum der a-posteriori-Mittelwerte (– 0,169) als Gewicht der räumlichen Nähe nur eine begrenzte Rolle. Dieses Gewicht weist ein(e) Befragte(r) mit einer ideologischen Position (–1,236) auf, die sehr nahe der von Seeliger ist (das rechte Bild von Abb. 3). Für sie/ihn wäre die am weitesten entfernte Kandidatin Sabine Reiser, deren Position mit 2,407 geschätzt wird. Dies ergibt die Distanz von 3,643. Wenn man diese Distanz quadriert und mit dem Gewicht von – 0,169 multipliziert, erhält man – 2,231. Das heißt, die Distanz zu verschiedenen Kandidaten verändert die Kandidatenbewertung dieses/r Befragten nur um maximal – 2,231, während die Valenz die Kandidatenbewertung wesentlich stärker beeinflusst, wie Abb. 2 deutlich zeigt.

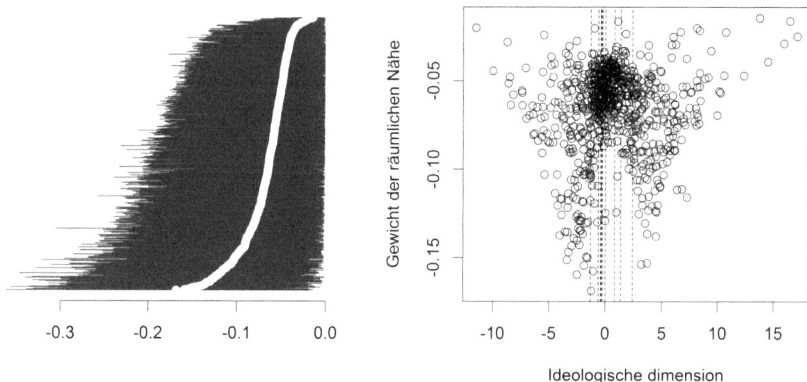

Abb. 3 Gewichtsparameter für die räumliche Nähe in der Nutzenfunktion. Anmerkungen: *Linkes Bild*: a posteriori Verteilungen aller Befragten (90 %-Kredibilitätsintervalle und der Durchschnittswert). *Rechtes Bild*: Zusammenhang zwischen dem Gewichtsparameter und den ideologischen Positionen der einzelnen Befragten (die gepunkteten Linien sind die a-posteriori-Mittel der Kandidatenpositionen)

Das rechte Bild in Abb. 3 enthält weitere wichtige Informationen: Befragte mit einem „relativ" hohen Gewicht sind diejenigen Teile der Wählerschaft, die sich in der Nähe von Seeliger und Reiser versammeln. Die Wähler zwischen den beiden polarisierenden Kandidatinnen weisen ein niedrigeres Gewicht der räumlichen Nähe und somit ein stärkeres Gewicht der Valenz auf.

Die Valenz in Abb. 2 wurde aber unter der Annahme geschätzt, dass alle Kandidaten auf dem Valenz-Issue von allen Wählergruppen gleich wahrgenommen werden. Diese Annahme wird nun aufgehoben und eine gruppenspezifische Valenz für die einzelnen Kandidaten geschätzt. Als relevante Gruppen greifen wir auf die Parteianhängerschaft zurück. In Konstanz sind vor allem die CDU-Anhänger (17,1 %), SPD-Anhänger (17,2 %) und Grünen-Anhänger (27,7 %) relevant. Die Betrachtung dieser Gruppen scheint auch deshalb sinnvoll, da sie eigene Kandidaten/-innen ins Rennen schickten. Die Beurteilung der einzelnen Kandidaten auf dem Valenz-Issue wurde nun differenziert nach diesen Anhängerschaften geschätzt (vgl. Abb. 4). Interessanterweise zeigt sich, dass Uli Burchardt unabhängig von der Anhängerschaft zu einer bestimmten Partei immer stark positiv beurteilt wird. Alleine bei den SPD-Anhängern liegt Sven Zylla vorn, wobei sich die 90 %-Kredibilitätsintervalle von Zylla und Burchardt überschneiden. Ein ähnliches Ergebnis findet man auch bei den chancenlosen Kandidaten, die wie bei Uli Burchardt bei allen Anhängerschaften ähnliche Valenz-Bewertungen erhalten.

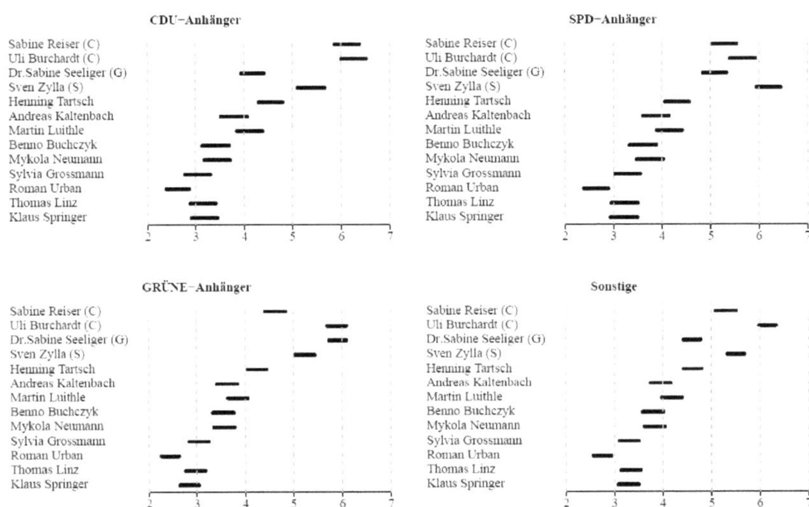

Abb. 4 Gruppenspezifische Valenz (90 % -Kredibilitätsintervall)

Das heißt, Unterschiede der Valenz zwischen den Anhängerschaften findet man nur bei Reiser, Seeliger und Zylla.

Welche Rückschlüsse lässt das Ergebnis zu, dass Uli Burchardt mit Blick auf das Valenz-Issue bei fast allen Teilen der Wählerschaft die erste Position einnimmt? Retrospektiv lässt sich so zunächst die Strategie von Seeliger und Reiser nachvollziehen, insbesondere zwischen dem ersten und zweiten Wahlgang den Wahlkampf zu polarisieren. Wie Groseclose (2001) modelliert, könnten die beiden vom Valenz-Issue her benachteiligten Kandidatinnen versucht haben, durch die Polarisierung die Bedeutung der Valenz zu verringern. Diese Strategie war jedoch für Sven Zylla ungleich schwieriger umzusetzen, da erstens seine Wählerschaft ambivalent war und sich mit der von Uli Burchardt stark überschnitt und zweitens seine Position nahe bei der von Burchardt im moderaten Spektrum lag. So war es nachvollziehbar, dass er im ersten Wahlgang nur wenige Stimmen gewinnen konnte und auf den zweiten Wahlgang verzichtete.

6 Zusammenfassung

In diesem Beitrag haben wir eine Schätzmethode der Nutzenfunktion, die die räumliche Nähe und Valenz additiv kombiniert, vorgeschlagen. Die Vorteile dieser Methode lassen sich wie folgt zusammenfassen. Erstens werden lediglich die Skalometerwerte von Kandidaten oder Parteien benötigt, die heute in verschiedenen Umfragen abgefragt werden. Daraus resultiert, dass das Schätzergebnis unabhängig von der Wahl der Kovariate für die Positions-Issues ist, da wir solche Kovariaten überhaupt nicht benötigen. Zweitens liefern die Skalometerwerte mehr relevante Informationen als Items zur bloßen Wahlabsicht oder -entscheidung, die im Grunde nur binäre Informationen enthalten. Außerdem enthält die Wahlabsicht oder -entscheidung weitere irrelevante Informationen für die Schätzung der Valenz, unter anderem die Erwartung, die die Schätzung der Valenz verzerren könnte.

Die Anwendung dieser Methode auf die Konstanzer OB-Wahl führt zu der inhaltlich nachvollziehbaren Erkenntnis, dass Uli Burchardt seinen Wahlsieg vor allem seinem Vorsprung in der Valenz zu verdanken hat. Dieser Vorsprung lässt sich auch erkennen, wenn man die Valenz nach Parteianhängerschaften differenziert schätzt. Hingegen konnten sich die beiden Kontrahenten, Sabine Reiser und Sabine Seeliger, trotz ihrer klaren Positionierung auf der ideologischen Dimension nicht durchsetzen, was wir wiederum auf die Valenz zurückführen würden. Dieses Ergebnis an sich liegt selbstverständlich an den besonderen Gegebenheiten der Konstanzer OB-Wahl und lässt sich nicht auf weitere Wahlen verallgemeinern. Hingegen können wir die von uns vorgeschlagene Methode auf verschiedene Wahlen anwenden, solange Skalometer-Messungen von Partei- oder Kandidatenpräferenzen zur Verfügung stehen und wir annehmen können, dass das Skalometer die ideologische Distanz und Valenz gleichzeitig misst.

Danksagung

Wir bedanken uns bei Konstantin Käppner für seine Unterstützung bei der Datenanalyse und der Erstellung des Manuskripts, sowie bei Birgit Jacob für ihre Unterstützung bei der Erstellung des Manuskripts. Außerdem möchten wir auch dem anonymen Gutachter für wertvolle Anregungen und Hinweise danken.

7 Anhang

MUSTER

EvaSys	Befragung zur Konstanzer Oberbürgermeisterwahl 2012	Electric Paper

Universität Konstanz
Fachbereich Politik- und
Verwaltungswissenschaft

Prof. Dr. Peter Selb
Prof. Dr. Susumu Shikano
Dr. Michael Herrmann
Simon Munzert, M.A.

Markieren Sie so: ☐ ☒ ☐ ☐ ☐ Bitte verwenden Sie einen Kugelschreiber oder nicht zu starken Filzstift. Dieser Fragebogen wird maschinell erfasst.
Korrektur: ☐ ■ ☐ ☒ ☐ Bitte beachten Sie im Interesse einer optimalen Datenerfassung die links gegebenen Hinweise beim Ausfüllen.

Vielen Dank, dass Sie an unserer Studie teilnehmen! Alle Ihre Angaben werden streng vertraulich behandelt. Rückschlüsse auf Ihre Person sind ausgeschlossen.

Was halten Sie von den einzelnen Kandidaten und Kandidatinnen?

Sabine Seeliger, Dr.	überhaupt nichts	☐☐☐☐☐☐☐	sehr viel	☐	weiß nicht
Sabine Reiser	überhaupt nichts	☐☐☐☐☐☐☐	sehr viel	☐	weiß nicht
Uli Burchardt	überhaupt nichts	☐☐☐☐☐☐☐	sehr viel	☐	weiß nicht
Henning Tartsch	überhaupt nichts	☐☐☐☐☐☐☐	sehr viel	☐	weiß nicht
Klaus Springer	überhaupt nichts	☐☐☐☐☐☐☐	sehr viel	☐	weiß nicht
Martin Luithle	überhaupt nichts	☐☐☐☐☐☐☐	sehr viel	☐	weiß nicht
Sven Zylla	überhaupt nichts	☐☐☐☐☐☐☐	sehr viel	☐	weiß nicht
Andreas Kaltenbach	überhaupt nichts	☐☐☐☐☐☐☐	sehr viel	☐	weiß nicht
Mykola Neumann	überhaupt nichts	☐☐☐☐☐☐☐	sehr viel	☐	weiß nicht
Sylvia Grossmann	überhaupt nichts	☐☐☐☐☐☐☐	sehr viel	☐	weiß nicht
Benno Buchczyk	überhaupt nichts	☐☐☐☐☐☐☐	sehr viel	☐	weiß nicht
Thomas Linz	überhaupt nichts	☐☐☐☐☐☐☐	sehr viel	☐	weiß nicht
Roman Urban	überhaupt nichts	☐☐☐☐☐☐☐	sehr viel	☐	weiß nicht

Für welchen Kandidaten (welche Kandidatin) haben Sie gestimmt?

☐ Andreas Kaltenbach	☐ Benno Buchczyk	☐ Henning Tartsch
☐ Klaus Springer	☐ Martin Luithle	☐ Mykola Neumann
☐ Roman Urban	☐ Sabine Reiser	☐ Sabine Seeliger, Dr.
☐ Sven Zylla	☐ Sylvia Grossmann	☐ Thomas Linz
☐ Uli Burchardt		

Bitte geben Sie hier Ihre Wahlbezirksnummer (zweistellige Zahl) an:

F1284U0P1PL0V0 22.06.2012, Seite 1/1

MUSTER

Abb. 5 Fragebogen

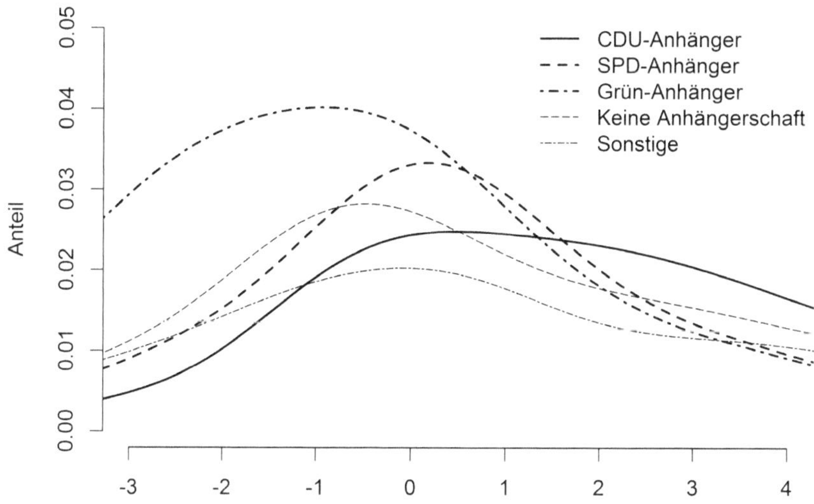

Abb. 6 Verteilung der Befragten nach Anhängerschaften

Literatur

Adams, James & Samuel Merrill III (2008): Candidate and party strategies in two-stage elections beginning with a primary, *American Journal of Political Science* 52(2): 344–359.

Ansolabehere, Stephen & James Snyder Jr. (2000): Valence politics and equilibrium in spatial election models, *Public Choice* 103(3/4): 327–336.

Baron, David (1989): Service-induced campaign contributions and the electoral equilibrium, *Quarterly Journal of Economics* 104(1): 45–72.

Black, Duncan (1948): On the rationale of group decision-making, *Journal of Political Economy* 56: 23–34.

Brady, Henry E. (1990): Traits versus issues: Factor versus ideal-point analysis of candidate thermometer ratings, Political Analysis 2(1): 97–129.

Bush, Ronald J. & Joel A. Lieske (1985): Does time of voting affect exit poll results? *Public Opinion Quarterly* 49: 94–104.

Cahoon, Lawrence (1975): *Locating a Set of Points Using Range Information only.* Ph. D. Dissertation, Department of Statistics, Carnegie-Mellon University.

Cahoon, Lawrence, Melvin Hinich & Peter Ordeshook (1978): A statistical multidimensional scaling method based on the spatial theory of voting, in: Wang, Peter C. (Hrdg.): *Graphical Representation of Multivariate Data* (243–278), New York und andere: Academic Press.

Calvert, Randall L. (1985): Robustness of the multidimensional voting model: Candidate motivations, uncertainty and convergence, *American Journal of Political* Science 29: 69–95.

Carrillo, Juan & Micael Castanheira (2008): Information and strategic political polarisation, *The Economic Journal* 118: 845–874.
Coombs, Clyde H. (1964): *A Theory of Data*. New York: Wiley.
Dix, Manfred & Rudy Santore (2002): Candidate ability and platform choice, *Economics Letters* 76(2): 189–194.
Downs, Anthony (1957): *An Economic Theory of Democracy*. New York: Harper.
Enelow, James & Melvin Hinich (1982): Nonspatial candidate characteristics and electoral competition, *Journal of Politics* 44(1): 115–130.
Erikson, Robert & Thomas Palfrey (2000): Equilibria in campaign spending games: Theory and data, *The American Political Science Review* 94(3): 595–609.
Gelman, Andrew & Jennifer Hill (2007): *Data Analysis Using Regression and Multilevel/Hierarchical Models*. Cambridge: Cambridge University Press.
Gouret, Fabian, Guillaume Hollard & Stéphane Rossignol (2011): An empirical analysis of valence in electoral competition, *Social Choice and Welfare* 37(2): 309–340.
Grofman, Bernard (1985): The neglected role of the status quo in models of issue voting, *The Journal of Politics* 47(1): 230–237.
Groseclose, Tim (2001): A model of candidate location when one candidate has a valence advantage, *American Journal of Political Science* 45(4): 862–886.
Herrmann, Michael (2008): Moderat bevorzugt, extrem gewählt. Zum Zusammenhang von Präferenz und Wahlentscheidung in räumlichen Modellen sachfragenorientierten Wählens, *Politische Vierteljahresschrift* 49(1): 20–45.
Hollard, Guillaume & Stéphane Rossignol (2008): An alternative approach to valence advantage in spatial competition, *Journal of Public Economic Theory* 10(3): 441–454.
Hotelling, Harold (1929): Stability in competition, *The Economic Journal* 39: 41–57.
Jessee, Stephen (2010): Partisan bias, political information and spatial voting in the 2008 presidential election, *The Journal of Politics* 72(2): 327–340.
Meirowitz, Adam (2008): Electoral contests, incumbency advantages, and campaign finance, *The Journal of Politics* 70(3): 681–699.
Sahuguet, Nicolas & Nicola Persico (2006): Campaign spending regulation in a model of redistributive politics, *Economic Theory* 28(1): 95–124.
Schofield, Norman & Itai Sened (2005): Multiparty competition in Israel, 1988-96, *British Journal of Political Science* 35(4): 635–663.
Schofield, Norman & Alexei Zakharov (2010): A stochastic model of the 2007 Russian Duma election, *Public Choice* 142(1–2): 177–194.
Schofield, Norman, Christopher Claasen, Ugur Ozdemir & Alexei Zakharov (2011a): Estimating the effects of activists in two-party and multi-party systems: Comparing the United States and Israel, *Social Choice and Welfare* 36(3–4): 483–518.
Schofield, Norman, Maria Gallego, Ugur Ozdemir & Alexei Zakharov (2011b): Competition for popular support: a valence model of elections in Turkey, *Social Choice and Welfare* 36(3): 451–482.
Selb, Peter, Michael Herrmann, Simon Munzert, Thomas Schübel & Susumu Shikano (2013): Forecasting runoff elections using candidate evaluations from first round exit polls, *International Journal of Forecasting* 29: 541–547.
Shikano, Susumu (2004): On feeling thermometer scores and construction of a party competition space. Konferenzpapier (MPSA, Chicago).

Smithies, Arthur (1941): Optimum location in spatial competition, *Journal of Political Economy* 49(3): 423–439.

Stokes, Donald E. (1963): Spatial models of party competition, *American Political Science Review* 57(2): 368–377.

Stone, Walter & Elizabeth Simas (2010): Candidate valence and ideological positions in U.S. House elections, *American Journal of Political Science* 54(2): 371–388.

Wittman, Donald (1983): Candidate motivation: A synthesis of alternative theories, *American Political Science Review* 77: 142–157.

Zakharov, Alexei (2009): A model of candidate location with endogenous valence, *Public Choice* 138(3): 347–366.

Zentripetale Parteienkonkurrenz? Nähe-, Diskontierungs- und Richtungsmodelle bei Wahlen zum Europäischen Parlament

Guido Tiemann

Zusammenfassung

Dieser Beitrag skizziert zunächst unterschiedliche Modelle aus der räumlichen Theorie des Wählens und versucht sie theoretisch und empirisch voneinander abzugrenzen. Neben dem klassischen Nähemodell in der Tradition von Hotelling und Downs werden dabei zunehmend Modelle diskutiert und geprüft, die vorsehen, dass Wähler systematisch für Kandidaten oder Parteien optieren, die „extremere" politische Positionen vertreten als sie selbst („discounting" oder „directional voting").

Das Anwendungsbeispiel benutzt diese unterschiedlichen Perspektiven und Theoriebausteine für die Analyse von Europawahlen und die Erklärung ihrer robusten empirischen Regelmäßigkeiten. Wahlen zum europäischen Parlament gelten, so der Konsens, als „Sekundärwahlen": Sie dienten nicht zur Bestellung der Exekutive, sie seien substanziell wenig bedeutsam, sie seien nicht von Debatten um die Politik auf europäischer Ebene bestimmt, sondern durch nationale Themen dominiert.

Die Resultate einer Sekundäranalyse der Europäischen Wahlstudien belegen freilich, dass, anders als oft unterstellt, das Wahlverhalten bei Europawahlen nachhaltig von tendenziell zentrifugalen Motiven beeinflusst wird: Die hohe Komplexität der politischen Prozesse innerhalb der Europäischen Union und die symbolische Aufladung der integrationspolitischen Konfliktdimension bewegen viele Wähler, ihre Stimme für Parteien oder Listen abzugeben, die vergleichsweise extreme Positionen vertreten und so eine Überwindung politischer Blockadesituationen versprechen.

G. Tiemann (✉)
Institut für Höhere Studien, Stumpergasse 56, A-1060 Wien, Österreich
E-Mail: tiemann@ihs.ac.at

E. Linhart et al. (Hrsg), *Jahrbuch für Handlungs- und Entscheidungstheorie*, Jahrbuch für Handlungs- und Entscheidungstheorie 8,
DOI 10.1007/978-3-658-05008-5_5,

1 Einleitung

Theoretische Ansätze zur Erklärung des Wahlverhaltens sind mindestens so zahlreich wie empirische Wählermotive. Räumliche Modelle unterstellen, dass die Positionen von Wählern, Parteien oder Kandidaten in einem n-dimensionalen Raum sinnvoll abgetragen werden können und dass ihre räumliche Relation die Bewertung der Parteialternativen und die Wahlentscheidung wesentlich beeinflusst. Damit enden jedoch die konzeptionellen Gemeinsamkeiten: Die klassische Formulierung von Anthony Downs greift die räumliche Nähe oder Distanz von Wähler und Parteien heraus. Wähler entscheiden sich für denjenigen Kandidaten/diejenige Partei, der/die ihren eigenen ideologischen und programmatischen Positionen am besten entspricht (das „proximity voting model", vgl. Downs 1957). Kritiker haben dem klassischen Nähemodell unzulässige Verkürzungen und theoretische Inkonsistenzen vorgehalten (vgl. bereits Stokes 1963). Sie haben auch auf den geringen Ertrag des Modells für die empirische Aufklärung von Wahlverhalten und Parteistrategie hingewiesen (vgl. besonders Green und Shapiro 1996; Shapiro 2005). Gleichzeitig haben weitere Beiträge alternative oder komplementäre Perspektiven auf die Ableitung und Bestimmung von Nutzenfunktionen, die Bewertung politischer Parteien oder Kandidaten und die Wahlentscheidung beigetragen.

Dieser Beitrag greift zwei Erweiterungen bzw. Revisionen des ursprünglichen Modells heraus und diskutiert eingehend das „Diskontierungsmodell" und das „Richtungsmodell": Das Diskontierungsmodell von Bernard Grofman erweitert das Modell von Downs, hält aber an seiner grundlegenden Logik fest. Es stellt besonders auf die Komplexität moderner politischer Systeme ab und betont die Vielzahl an Koalitionen und Kompromissen, an institutionellen und parteipolitischen Vetospielern. Deshalb gelingt es politischen Parteien regelmäßig nicht, von ihnen vertretene politische Positionen und im Wahlkampf beworbene Programme vollständig und stringent umsetzen. Informierte Wähler sollten vielmehr, so die Grundidee des Diskontierungsmodells, diese Aufweichung und Verdünnung von Parteipositionen bereits antizipieren und sich tendenziell für politische Kräfte entscheiden, die extremere Positionen bewerben und vertreten als sie selbst (das „discounting model", vgl. Grofman 1985; Merrill und Grofman 1999; Adams et al. 2005).

Das Richtungsmodell, besonders pointiert von George Rabinowitz und Stuart Elaine Macdonald vertreten, unterscheidet sich bei der Definition des politischen Raumes und bei den Maßstäben, mit denen Wähler Parteialternativen bewerten und ihre Wahlentscheidung treffen. Wähler entscheiden sich für diejenigen Parteien oder Kandidaten, die auf „ihrer" Seite eines als binär begriffenen politischen

Konflikts stehen und diese Position mit einer möglichst hohen Intensität vertreten (das „directional voting model", vgl. Rabinowitz und Macdonald 1989; Macdonald et al. 1991, 1998).

Bislang vorgelegte Analysen sind sich einig, dass Europawahlen nicht wirklich vom Thema „Europa" und von der Bestellung des Europäischen Parlaments handeln. Stattdessen sei die nationale Politik und die Performanz der jeweils nationalen Regierungen Hauptthema der Kampagnen und wesentliche Erklärung des Wahlverhaltens. Europawahlen seien deshalb, verglichen mit den Wahlen zu nationalen Parlamenten, bestenfalls (nationale) politische Wettbewerbe zweiten Ranges. In empirischen Analysen wird dies meist durch die Inspektion aggregierter Stimmenanteile der Parteien illustriert: Große, zentristische Regierungsparteien verlieren, und kleine, euroskeptische oder extremistische Akteure gewinnen hinzu. Diese Regelmäßigkeiten sind grob in den jeweils nationalen Wahlzyklus eingebettet und wirken etwa zur Mitte der Legislaturperiode, wenn eine geringe Zustimmung zur nationalen Regierung unterstellt wird, besonders nachhaltig (das „second-order election model", vgl. Hix und Marsh 2011; Marsh 1998; Reif 1984, 1997; Reif und Schmitt 1980; Schmitt 2005; kritisch Manow 2005).

Dieser Beitrag benutzt unterschiedliche Modelle aus der räumlichen Theorie des Wählens für die Analyse von Wahlen zum Europäischen Parlament. Bisherige Publikationen, die beim Sekundärwahlmodell anschließen, bieten nur selten mehr als eine schlichte Beschreibung empirischer Regelmäßigkeiten auf der Aggregatebene. Selbst Untersuchungen, die mit Individualdaten umgehen, etwa aus der Reihe der „European Election Studies" (EES), modellieren regelmäßig nicht die konkrete Wahlentscheidung und ihre Bestimmungsfaktoren, sondern behandeln abgeleitete Phänomene wie etwa den Wechsel der Parteipräferenz bei Wahlen zu den nationalen Parlamenten und zum Europäischen Parlament und seine Determinanten (vgl. Hobolt et al. 2009). Nur wenige einschlägige Beiträge beschäftigen sich dagegen konkreter mit der Modellierung von Wahlentscheidung und räumlichen Nutzentermen bei Wahlen zum Europäischen Parlament. Hobolt und Wittrock (2011) benutzen zum Beispiel ein zweidimensionales räumliches Modell (mit einer Links-Rechts- und einer europapolitischen Dimension), und sie demonstrieren mit einem *Survey*-Experiment, dass informierte Wähler der europapolitischen Dimension eine höhere Salienz beimessen als weniger informierte Wähler. Darüber hinaus finden Hobolt und Wittrock auch deutliche Hinweise auf die Gültigkeit des Sekundärwahlmodells und zeigen, dass sich diejenigen Wähler, die mit der jeweils nationalen Regierung unzufrieden sind, bei der Europawahl systematisch von diesen Regierungsparteien abwenden.

Die Resultate dieser Untersuchung zeigen, dass der Ausgang von Europawahlen durch eine zentrifugale Dynamik von Parteibewertung und Wahlverhalten mitbestimmt wird. Diese Hypothese wird durch eine Sekundäranalyse der jüngsten Welle der EES empirisch belegt. Durch die PIREDEU-Studie von 2009 steht umfangreiches Datenmaterial zur Verfügung, das nicht nur einen genauen Einblick in die Spezifik von Europawahlen ermöglicht. Vielmehr hilft diese breite empirische Basis, mit der Kollinearität empirischer Nutzenterme sinnvoll umzugehen und die Robustheit kontextspezifischer Befunde über unterschiedliche Länder hinweg abzuschätzen und sicherzustellen.

Dieser Beitrag argumentiert in drei wesentlichen Schritten: Der folgende Abschnitt stellt die einzelnen Modelle und ihre formale Notation schlagwortartig vor, diskutiert ihre Einbettung in die Kontexte und Anomalien von Europawahlen und formuliert das theoretische Modell. Im Anschluss werden die wesentlichen Individual- und Kontextdatensätze knapp vorgestellt, Entscheidungen zur Operationalisierung der Schlüsselvariablen dargestellt und begründet und die statistischen Modelle formuliert. Sodann werden Theorie und Empirie zusammengeführt und vereinigte (räumliche) Wahlmodelle spezifiziert und geschätzt. Der abschließende Abschnitt fasst die empirischen Resultate knapp zusammen und diskutiert ihre Konsequenzen für Analysen des Wahlverhaltens bei Europawahlen und für die vergleichende Wahlforschung.

2 Räumliche Theorien des Wählens

Theoretische und empirische Modelle des räumlichen Wahlverhaltens tragen Wähler- und Parteipositionen auf einem vereinfachen Raster ab und setzen die Akteure miteinander in Beziehung. Alle folgenden Modelle konzentrieren sich auf einen zweidimensionalen „European political space", der 1) durch den Gegensatz von links und rechts und 2) durch den Konflikt von integrationsorientierten und euroskeptischen Positionen definiert ist (vgl. Marks und Steenbergen 2002).

2.1 Das Nähemodell von Hotelling/Downs

Das traditionelle Nähemodell geht auf Überlegungen von Harold Hotelling (1929) zurück und wurde von Anthony Downs (1957) explizit für die Modellierung von Wahlverhalten und Parteienwettbewerb benutzt. Es greift wesentlich die Übereinstimmung von Wähler- und Parteipositionen innerhalb des politischen Raumes heraus. Der jeweilige Nutzen einer Partei für einen Wähler steigt mit der ideologischen und programmatischen Übereinstimmung, also mit der räumlichen Nähe ihrer Positionen, und ein kurzfristig und zweckrational motivierter Wähler entscheidet sich stets für diejenige Partei, die seinen eigenen Positionen am nächsten steht. Eine Partei, die mit den Idealpunkten des Wählers auf allen n Dimensionen des politischen Raums übereinstimmt, verspricht einen sehr hohen Nutzen, und dieser Nutzen sinkt, sobald sich die Partei von den Idealpunkten des Wählers entfernt. Diese Verlustfunktion wird meist durch quadrierte Distanzen im euklidschen Raum gebildet:

$$U^{p}_{i(j)} = -||V - P||^2 = -\sum_{a=1}^{n} \alpha_a \left(v_{i[a]} - p_{i,j[a]}\right)^2$$

$U^{p}_{i(j)}$ bezeichnet den Nutzen der Partei j für Wähler i nach dem einfachen Nähemodell, und $V = (v_1, \ldots, v_n)$ und $P = (p_1, \ldots, p_n)$ sind die Vektoren der Wähler und Kandidatenpositionen im n-dimensionalen politischen Raum. Die Dimensionen des politischen Raums werden durch den Laufindex a, individuelle Wähler durch i und Parteialternativen durch j bezeichnet. Bei der Spezifikation empirischer Modelle werden die Kontexte der Mitgliedstaaten zusätzlich durch k indiziert. Der Parameter a_a gibt die Salienz der jeweiligen Dimension a für die Bildung des Gesamtnutzens und die Wahlentscheidung an.

Unter einer Reihe teils restriktiver Annahmen postulieren die klassischen Beiträge die Konvergenz des programmatischen Wettbewerbs zur Position des Medianwählers (vgl. Hotelling 1929; Black 1948, 1958; Downs 1957; kritisch Grofman 2004). Freilich zeigt bereits ein beiläufiger Blick auf die Dynamiken und Resultate aktueller und vergangener Europawahlen, dass hier keine Konvergenz der Parteipositionen hin zum Medianwähler eintritt. Vielmehr sind „moderat extreme" Parteien bei Wahlen zum Europäischen Parlament regelmäßig erfolgreich und erhalten systematisch mehr Wählerunterstützung als bei Wahlen zu den jeweils nationalen Parlamenten.

Und auch mit Blick auf seine restriktiven Funktionsvoraussetzungen spricht wenig für die Anwendbarkeit des Medianwählertheorems auf Europawahlen. Zwar sind Wählerpräferenzen im „European political space" tendenziell zentristisch und unimodal verteilt. Weitere der Funktionsbedingungen werden jedoch bereits qua definitionem verletzt (vgl. Grofman 2004): In allen Mitgliedstaaten werden die jeweils nationalen Segmente des Europaparlaments durch Varianten der Verhältniswahl bestimmt, und überall liegt die Anzahl an Parteien und Listen deutlich oberhalb von zwei. Sofern die Wähler auch die Europadimension bei der Bewertung von und Auswahl zwischen den Parteialternativen berücksichtigen, ist zudem der Wettbewerbsraum nicht ein-, sondern mindestens zweidimensional.

2.2 Das Diskontierungsmodell von Grofman

Das Diskontierungsmodell hält an der grundlegenden Konstruktion und Interpretation des politischen Raumes fest, modifiziert jedoch die Entscheidungslogik der Wähler. Grofman (1985) erweitert das einfache Nähemodell um zwei wesentliche Punkte, die Bestimmung eines Status Quo und die Annahme, dass Wähler bei ihrer Entscheidung beworbene Parteipositionen „diskontieren". Dieser zweite Aspekt ist bereits von Downs (1957, S. 39) angedeutet worden:

> When a man votes, (...) he knows that no party will be able to do everything that it says it will do. Hence, he cannot merely compare platforms; instead he must estimate in his own mind what the parties would actually do were they in power.

Im Diskontierungsmodell werden die Präferenzen von Parteien und Kandidaten weiterhin als abgestufte Idealpunkte auf einem Kontinuum verstanden. Grofman greift jedoch die Komplexität des modernen Parteienwettbewerbs, vielfältige „Checks and Balances", die Notwendigkeit von Koalitionen und Kompromissen und die Präsenz von institutionellen und parteilichen Vetospielern explizit heraus. Deshalb wird unterstellt, dass diese Parteien und Kandidaten nicht in der Lage seien, eine Politik an ihrem beworbenen Idealpunkt zu implementieren, sondern dass ihnen die Verschiebung der implementierten Politiken vom aktuellen Status Quo hin zu ihrer jeweiligen Position nur teilweise gelingen könne. Im Diskontierungsmodell unterstützen informierte Wähler deshalb nicht diejenige Partei oder denjenigen Kandidaten, die/der am nächsten zu ihren jeweiligen Idealpunkten liegt. Sie stimmen vielmehr für „extremere" politische Kräfte, die für eine Verschiebung des politischen Status Quo über ihren jeweiligen Idealpunkt hinaus eintreten, weil sie berücksichtigen, dass die beworbenen Parteiprogramme ohnehin nicht stringent und vollständig umgesetzt werden können, sondern im politischen Prozess ohnehin verdünnt und verwässert werden:

$$U_{i(j)}^{g} = -\left|\left|V - \beta^{g} P\right|\right|^{2} = -\sum_{a=1}^{n} \alpha_{a} \left[v_{i[a]} - (SQ_{a} + \beta^{g} \, (p_{i,j[a]} - SQ_{a}))\right]^{2}$$

Die von den Wählern diskontierte Parteiposition liegt somit irgendwo zwischen dem Status Quo (SQ_a) und der von der jeweiligen Partei vertretenen ideologischen oder programmatischen Position, sodass der für alle Wähler konstante Diskontierungsparameter β^g die Stärke des Diskontierungseffekts angibt: Bei $\beta^g = 1$ können Parteien die eingenommenen Positionen vollständig umsetzen und das Diskontierungsmodell konvergiert mit dem Nähemodell, bei $\beta^g = 0$ dagegen ist, zum Beispiel durch ein Hyperkonsenssystem mit vielfältigen Blockadepositionen, jede Verschiebung des politischen Status Quo unmöglich.

Wenn Wähler die jeweiligen Parteipositionen diskontieren, ergeben sich zwei wesentliche Revisionen: Anders als im Nähemodell erreicht die Nutzenfunktion eines Wählers ihr Maximum nicht mehr bei seiner eigenen Position. Vielmehr erreicht im Diskontierungsmodell die Nutzenfunktion ihr Maximum für Akteure, die eine Verschiebung des Status Quo über die Position des Wählers hinaus vertreten. Je höher der empirische Diskontierungsparameter β^g ist, desto weiter entfernt sich das Maximum der Nutzenfunktion von der ideologischen oder programmatischen Position des Wählers. Somit sollten zweckrational handelnde Wähler systematisch Parteien oder Kandidaten bevorzugen, die teils deutlich extremere Positionen vertreten als sie selbst (vgl. die Darstellung bei Merrill und Grofman 1999, S. 44–47). Zweitens können sich die Nutzenfunktionen der Wähler, und damit ihre Wahlentscheidungen, auch verändern, wenn die Präferenzen von Wählern und die Positionen der Parteien gleich bleiben und alleine der politische Status Quo verschoben wird (Grofman 2004, S. 39).

Diese zentrifugale Dynamik korrespondiert freilich sehr genau mit dem institutionellen Kontext und mit empirischen Regelmäßigkeiten der Wahlen zum Europäischen Parlament. Wähler sollten von Parteien eingenommene Positionen besonders dann diskontieren, wenn eine Vielzahl von Vetopunkten die Bildung von Koalitionen und Konsens erfordert und die Akteure effektiv hindert, beworbene Politiken stringent und vollständig umzusetzen. Das politische System der Europäischen Union ist sicher der Idealtyp eines Konsenssystems mit einer Vielzahl von Vetopunkten, die politische Prozesse verlangsamen und umfangreiche Verhandlungen erfordern. Die gesamte Unionspolitik steht stets im Schatten möglicher Blockadepositionen und Vetodrohungen aus Kommission, Rat und Parlament. Zudem wird der Aktionsradius der Mitglieder des Europäischen Parlaments durch das Spannungsfeld nationaler und internationaler Parteien, Parteifamilien und Fraktionen mitbestimmt. Politische Akteure im Europaparlament sind deshalb in vielfältiger Weise gehindert, ihre Positionen stringent umzusetzen.

Wenn das Diskontierungsmodell von Grofman (1985) das Verhalten bei Europawahlen sinnvoll modellieren und erklären soll, müssen einige weitere Kontextbedingungen erfüllt sein. Damit sind vor allem die sehr hohen kognitiven Voraussetzungen auf Wählerseite angesprochen, an die das Modell gebunden ist. Wähler müssen hier nicht nur in der Lage sein, sich selbst und die alternativen politischen Parteien im zweidimensionalen Wettbewerbsraum sinnvoll zu verorten, vielmehr müssen sie auch Informationen über die „Konsenslastigkeit" eines politischen Systems, hier der Europäischen Union mit ihren 27 Mitgliedstaaten, sinnvoll sammeln und bewerten können. Diejenigen Wähler, die sich dieser Restriktionen bewusst sind, können darauf reagieren und haben deshalb deutliche Anreize, Konsensanforderungen und Blockadepositionen bei ihrer Wahlentscheidung zu berücksichtigen und etwas „vorzuhalten", um ihre realen politischen Präferenzen implementiert zu sehen (vgl. zu institutioneller Blockade und Vetospielern im politischen System der EU Hix und Høyland 2011, S. 49–74).

2.3 Das Richtungsmodell von Rabinowitz und Macdonald

Das Richtungsmodell von Rabinowitz und Macdonald unterscheidet sich grundlegend von den bislang vorgestellten, klassischen Ansätzen. Diese alternative Perspektive unterstellt, dass Wähler bei politischen Sachfragen nur recht diffuse Präferenzen für die eine oder die andere Richtung entwickeln und sich bei der Intensität unterscheiden, mit der sie diese Positionen vertreten. Wird die Skala auf einen neutralen Punkt zentriert, gibt das Vorzeichen einer Position die richtungspolitische Präferenz eines Akteurs an, und der Betrag benennt die Intensität, mit der er diese Position vertritt (Rabinowitz und Macdonald 1989, 2007; Macdonald et al. 1991, 1998).

Die Perspektive von Rabinowitz und Macdonald wechselt von einem euklidschen hin zu einem vektorgeometrischen Raum, denn die Präferenzen politischer Akteure werden nicht mehr als abgestufte Positionen im politischen Raum verstanden, sondern Wähler und Parteien beziehen binäre Positionen für oder gegen eine bestimmte Sachfrage (die Richtungskomponente). Dieselben Wähler entscheiden sich schließlich für diejenigen Kandidaten oder Parteien, die auf „ihrer" Seite stehen, und bevorzugen dabei Akteure, die diese binäre Richtungspräferenz besonders nachdrücklich vertreten (die Intensitätskomponente). Der Nutzen von Partei j für Wähler i ergibt sich dabei als das Produkt ihrer Positionen:

$$U_{i(j)}^{d} = VP = \sum_{a=1}^{n} \alpha_a (v_{i[a]} - NP_a)(p_{i,j[a]} - NP_a)$$

Nimmt man das Skalenmittel als neutralen Punkt ($NP_a = 0$), wird dieser Ausdruck vereinfacht zu:

$$U_{i(j)}^{d} = \sum_{a=1}^{n} \alpha_a v_{i[a]} p_{i,j[a]}$$

Nutzenfunktionen beim Richtungsmodell von Rabinowitz und Macdonald weisen zunächst kein einfaches Maximum auf, sondern sie steigen oder sinken linear hin zu den Endpunkten der jeweiligen Dimensionen. Somit sollte jeder Wähler diejenige Partei wählen, deren politische Richtung er teilt, und er sollte sich unter diesen

Parteien für diejenige entscheiden, die diese Position besonders intensiv vertritt, also nahe am jeweiligen Ende der programmatischen Skala liegt. Dies bedeutet zum Beispiel, dass Akteure, die eines der binären Themen mit moderater Intensität vertreten, nicht einmal für die eigene Position stimmen, sondern einen höheren Nutzen durch die Wahl eines „extremeren" Kandidaten erreichen. Mit Blick auf das Wahlresultat erhielten dann die polaren Parteien oder Kandidaten die Stimmen aller Wähler, die mit der grundlegenden politischen Richtung übereinstimmen.

Um diese theoretischen und empirischen Inkonsistenzen anzugehen, fügen Rabinowitz und Macdonald (1989) ihrem Modell eine weitere Komponente hinzu und definieren eine Region der Akzeptierbarkeit („region of acceptability"). Damit die Nutzenfunktion nicht unbegrenzt ansteigt, wenn sich eine Partei vom neutralen Punkt der jeweiligen Politikdimension NP_a entfernt, unterstellen sie, dass die Wähler sich von denjenigen Wettbewerbern abwenden, die eine extreme Positionen außerhalb eines wie auch immer definierten und vereinbarten „demokratischen Konsenses" beziehen. Rabinowitz und Macdonald geben freilich keinerlei konkreten Hinweis, wie genau die Region der Akzeptierbarkeit denn theoriegeleitet bestimmt werden kann, und viele Autoren haben bezweifelt, ob sie für alle Wähler identisch definiert werden kann (vgl. Iversen 1994; Merrill und Grofman 1999).

Die Entscheidung für eine Partei, die zentristische oder moderate Positionen vertritt, bedeutet für moderate wie für extreme Wähler dennoch nur einen geringeren Nutzen. Deshalb unterstellt das Richtungsmodell, dass unabhängig von den konkreten Präferenzverteilungen Wähler Anreize haben, (moderat) extreme Parteien zu wählen, und Parteien Anreize haben, (moderat) extreme Positionen zu beziehen. Während jedoch die Logik des Diskontierungsmodells auf umfassend informierte und urteilsfähige Wähler notwendig angewiesen ist, unterstellt das Richtungsmodell diffuse, binäre Präferenzstrukturen, einen geringen Informationsgrad und eine geringe Urteilsfähigkeit der Wähler in politischen Angelegenheiten:

> Based on the idea of symbolic politics, the directional theory assumes that most people have diffuse preferences for a certain direction of policy-making and that people vary in the intensity with which they hold those preferences. (Rabinowitz und Macdonald 1989, S. 93)

Das Richtungsmodell von Rabinowitz und Macdonald hilft somit, einige grundlegende theoretische und empirische Eigenschaften von Europawahlen zu beleuchten. Bei vergangenen Europawahlen sind stets kleine, euroskeptische und ideologisch extreme Parteien oder Listen erfolgreicher als bei Wahlen zu den nationalen Parlamenten. Studien zur öffentlichen Meinung unterstreichen weiter, dass viele Wähler in den einzelnen Mitgliedstaaten der Europäischen Union nur bruchstückhaft über die politische Prozesse, Strukturen und Resultate auf Unionsebene informiert sind (Anderson 1998; Franklin et al. 1994; Gabel 1998).

Freilich messen Wähler und Parteien dem Integrationsthema dennoch oft eine enorme symbolische Bedeutung zu, wenn die Unionspolitik immer tiefer in die Wirtschafts- und Sozialordnungen der Mitgliedstaaten eingreift und ein stetiger Kompetenztransfer von nationalen hin zu europäischen Institutionen stattfindet. Aspekte der europäischen Integration werden häufig nicht als spezifische Politiken auf der Unionsebene verstanden, sondern recht pauschal als binäre Alternative von Europa vs. Nationalstaat oder als Präferenzen für „mehr" oder „weniger" Europa behandelt und diskutiert. In diesem Lichte kann das Richtungsmodell einen Beitrag zur kausalen Erklärung der zentrifugalen Wettbewerbsdynamiken leisten und die systematischen Stimmengewinne von kleinen, extremistischen oder euroskeptischen Parteien und Listen bei Europawahlen begründen.

2.4 Vereinigte (räumliche) Modelle

Oft sind die theoretische Formulierung und empirische Schätzung vereinigter Modelle etwas widersprüchlich. Obgleich die verschiedenen Teilelemente unterschiedliche Nutzenfunktionen unterstellen und sogar auf unterschiedlichen Perzeptionen des politischen Wettbewerbsraums gründen, beziehen sich dennoch die Nutzenfunktionen derselben Wähler i auf dieselben Parteien j. Die Nutzenfunktionen sind deshalb regelmäßig kollinear, auch wenn sie auf ganz unterschiedlichen Annahmen über die Geometrie des politischen Raums und die Maßstäbe für Parteibewertung und Wahlentscheidung gründen.[1]

2.4.1 Das vereinigte Nähe- und Richtungsmodell

Vereinigte Modelle sind etwa von Merrill und Grofman (1999) oder Lewis und King (1999) vorgeschlagen bzw. kritisch besprochen worden. Die Vereinigung von Nähe- und Richtungsmodellen wird oft mit einigen theoretischen und/oder konzeptionellen Inkonsistenzen erkauft, wenn unterschiedliche Ausdrücke innerhalb derselben Modellspezifikation einmal auf der Logik eines euklidischen (das Nähemodell) und ein weiteres Mal auf der Annahme eines vektorgeometrischen Wettbewerbsraums gründen (das Richtungsmodell). Dennoch argumentieren etwa Merrill und Grofman (1999), dass diese unterschiedlichen Perspektiven sinnvoll auf einer eindimensionalen Skala abgetragen werden können, deren jeweilige Endpunkte das „reine" Nähe- und das „reine" Richtungsmodell seien. Sie machen auch darauf aufmerksam, dass ein Wähler i alternativ die eine oder die andere Logik

[1] Die mindestens teilweise formale und mathematische Äquivalenz der einzelnen Modelle wird von Merrill et al. (1999) und Adams et al. (2005) dargelegt.

anlegen könne und dass eine Partei j – etwa abhängig davon, ob sie eine etablierte Regierungspartei oder eine neue Oppositionspartei ohne klaren „track record" sei – entweder dem Nähe- oder dem Richtungsmodell gemäß bewertet werden könnten.

Formal gibt der Mischparameter die jeweilige Balance der Nutzenterme von Nähe- und Richtungsmodell an. Bei $\beta = 1$ entscheiden sich die Wähler allein nach dem Nähemodell, und bei $\beta = 0$ gilt ein reines Richtungsmodell. Im n-dimensionalen Wettbewerbsraum werden noch die Salienzgewichte α_a eingefügt, die den Beitrag jeder Dimension a für die Bildung des Gesamtnutzens angeben. Legt man zusätzlich den neutralen Punkt auf den Ursprung des Koordinatensystems ($NP_a = 0$ für alle a), kann das Modell weiter vereinfacht werden:

$$U_{i(j)}^{mix} = 2\,(1-\beta)\ U^d - \beta\ U^p$$

$$= \sum_{a=1}^{n} \alpha_a \left[2\left(1 - \beta^{mix}\right) v_{i[a]}\, p_{i,j[a]} - \beta^{mix}\left(v_{i[a]} - p_{i,j[a]}\right)^2 \right]$$

2.4.2 Vereinigte Modelle mit nicht-räumlichen Kovariaten

Mit dem Etikett „vereinigte Modelle" sind in der Literatur nicht nur Ansätze gemeint, die unterschiedlich definierte räumliche Nutzenterme zusammenführen. Vielmehr sind darüber hinaus vereinigte Modelle vorgeschlagen worden, die Bausteine aus der räumlichen Theorie des Wählens mit komplementären Theorieansätzen verbinden. Dabei werden die jeweiligen Nutzenfunktionen zum Beispiel um soziodemografische Basisdaten der Wähler (die Perspektive der „Columbia School") oder um von den Wählern angegebene Nähe oder Distanz zu politischen Parteien (die Perspektive der „Michigan School") erweitert.

Besonders der mögliche kausale Effekt der „Parteiidentifikation" auf das Wahlverhalten ist kontrovers diskutiert worden. Ursprünglich benannte dieser Begriff eine langfristig stabile, affektive, soziopsychologische Bindung an eine bestimmte politische Partei (Campbell et al. 1960). Besonders im Lichte der zunehmenden Volatilität des Wahlverhaltens hat Morris Fiorina (1981) den Begriff neu definiert und als ein „running tally" gefasst, der auf Erfahrungen eines Wählers durch sein soziales Umfeld und auf einer Bewertung der vergangenen Performanz einer Partei gründet. Diese etwas flexiblere Formulierung vermeidet die Statik des ursprünglichen Begriffs, trägt jedoch ihrerseits Endogenitätsprobleme in vereinigte Modelle hinein (vgl. Markus und Converse 1979; Page und Jones 1979).

In empirischen Beiträgen haben etwa Adams et al. (2005) gezeigt, dass Parteibindungen Wählerverhalten und Parteistrategien sinnvoll erklären und mögliche Gründe für die Abwendung vom Medianwähler sind. Besonders wenn Wahlen weniger als Wettbewerb zwischen Kandidaten, sondern aus Auswahl von Parteilisten begriffen werden, wird jedoch sehr unklar, was eigentlich die wahrgenommene Nähe zu einer bestimmten Partei von der konkreten Wahlentscheidung analytisch trennt und wie der eine den anderen Faktor stringent kausal beeinflussen kann. Dies gilt besonders für Wahlen in europäischen Demokratien und für Wahlen zum Europäischen Parlament; hier treten oft, neben etablierten parteipolitischen Akteuren, ad hoc gegründete Listen an, die auf besondere Anliegen für oder gegen die Politik der Europäischen Union abstellen und mit denen sich Wähler unmöglich langfristig identifizieren können. Somit erbringt das Konzept Parteiidentifikation damit keinen klaren kausalen Beitrag für die Analyse der Europawahlen und verzerrt eher durch die Einführung einer tautologischen und hoch mit dem Explanandum korrelierten abhängigen Variable die übrigen Prädiktoren des Modells.

Einen klaren Bezug zur Fragestellung dieses Beitrags haben freilich Fragen nach der Zufriedenheit der Bürger mit der Demokratie auf nationaler und auf europäischer Ebene. Die Demokratiezufriedenheit ist, anders als die Identifikation eines Wählers mit einer politischen Partei, jedoch eine individualspezifische Größe und über alle Parteialternativen, die zur Wahl stehen, hinweg konstant. Maßstäbe zur Bewertung demokratischer und politischer Performanz auf der nationalen und der europäischen Ebene betreffen unmittelbar und theoretisch wohlbegründet Kernaussagen des Sekundärwahlmodells. Sind die nationalen Komponenten der Europawahlen tatsächlich beinah vollständig durch Bewertungen der nationalen Politik beeinflusst, sollte besonders die Zufriedenheit mit der Demokratie im jeweiligen Vergleichsstaat einen maßgeblichen Effekt auf das Wahlverhalten haben.

2.5 Der spezifische Kontext der Europawahlen

Die Nutzenterme der besprochenen Modelle, der Nähe-, Diskontierungs- und Richtungsmodelle, beruhen zwar auf unterschiedlichen Logiken der Wahlentscheidung, sind aber regelmäßig kollinear und deshalb in empirischen Analysen schwer voneinander unterscheidbar. Das gilt besonders für diejenigen Nutzenfunktionen, die eine zentrifugale Dynamik von Wahlentscheidung und Parteienwettbewerb begründen, nämlich das Diskontierungs- und das Richtungsmodell. Die zweidimensionale Struktur des politischen Raumes ermöglicht, Richtungs- und Diskontierungsmodelle durch die systematische Berücksichtigung der Kontexte verschieden definierter Wettbewerbsdimensionen und unterschiedlicher Wählertypen empirisch zu differenzieren. Unterschiedlich definierte, diskutierte und den Wählern präsentierte Politikdimensionen beeinflussen Parteibewertung und Wahlverhalten, sie erfordern deshalb die Angabe unterschiedlicher Nutzenfunktionen.

2.5.1 Symbolische Politik und das Richtungsmodell

Das Richtungsmodell unterstellt, dass Wähler Europa und die Europäische Union im Bereich der symbolischen Politik verorten, keine konkreten räumlichen Positionen entlang einer Dimension einnehmen, sondern strikt binäre Haltungen für oder gegen die europäische Integration und/oder die Europäische Union entwickeln. Der Anstieg der Nutzenfunktion wird allein durch die Region der Akzeptierbarkeit („region of acceptability") begrenzt.

Hypothese 1 Die Integrationsdimension ist deutlicher von symbolischer Politik bestimmt als die Links-Rechts-Dimension. Gilt das Richtungsmodell, ist die zentrifugale Komponente auf der Integrationsdimension deshalb gewichtiger als auf der Links-Rechts-Dimension.

2.5.2 Institutionelle Blockade und das Diskontierungsmodell

Beim Diskontierungsmodell können Wähler die Vielzahl an Vetopunkten im politischen System der Europäischen Union wahrnehmen. Sie können antizipieren, dass die von ihnen bevorzugte Partei keine Chancen hat, ihr Programm (vollständig) umzusetzen, diese Begrenzungen bei ihrer Wahlentscheidung berücksichtigen und sich für eine alternative Partei entscheiden, die extremere Positionen bewirbt. Genau wie beim direktionalen Wahlmodell liegt der Gipfelpunkt der Nutzenfunktion nicht beim Idealpunkt des jeweiligen Wählers, sondern ist weiter vom neutralen Punkt des Koordinatensystems hin zu „extremeren" Positionen verschoben.

Hypothese 2 Sofern ein Wähler annimmt, dass die Notwendigkeit zu Koalition und Konsens und die Vielzahl an Vetopunkten Parteien an der Umsetzung ihres politischen Programms hindern, gilt das für alle Dimensionen des politischen Wettbewerbsraums in gleichem Maße. Gilt das Diskontierungsmodell, ist die zentrifugale Komponente auf beiden Dimensionen gewichtig.

2.5.3 Demokratiezufriedenheit und das Sekundärwahlmodell

Neben den Nutzentermen der Nähe- und Richtungsmodelle berücksichtigt diese Analyse auch nicht-räumliche Kovariaten. Sie greift besonders grundlegende Argumente des „second-order election model" heraus. Von dieser Perspektive sind Wahlen zum Europäischen Parlament für die meisten Bürger von begrenztem Interesse und von begrenzter Bedeutung. Diese Sekundärwahlen, bei denen es im Grunde nur um sehr wenig geht, werden durch retrospektive Bewertungen der Regierungspolitik dominiert. Wähler nutzen diese Gelegenheit, ihre Unzufriedenheit mit der Politik auf europäischer und, besonders, auf nationaler Ebene zu artikulieren, und die jeweilige Regierung abzustrafen.

Hypothese 3 Wähler und Parteien behandeln Wahlen zum Europäischen Parlament als nationale Wahlen zweiten Ranges. Besonders diejenigen Wähler, die mit der Performanz der europäischen und, mehr noch, der nationalen Politik nicht einverstanden sind, wenden sich systematisch von den jeweiligen Regierungsparteien ab.

3 Daten und Methoden

Das statistische Modell korrespondiert mit dem theoretischen Modell. Die folgenden Abschnitte stellen kurz das empirische Material vor, das in diesem Beitrag verwendet wird, und begründen die Operationalisierung der abhängigen und der unabhängigen Variablen. Im Anschluss werden schlaglichtartig einige Kontroversen über die sinnvolle Messung von Schlüsselkonzepten, die Spezifikation tragfähiger statistischer Modelle und die Bewertung der empirischen Befunde dargestellt.

3.1 Die European Election Studies

Wahlen zum Europäischen Parlament bieten nahezu ideale Optionen, um die Kontextabhängigkeit von Wählerverhalten und Parteistrategien über die heterogenen sozialen und institutionellen Bedingungen von bis zu 27 Mitgliedstaaten der Europäischen Union herauszuarbeiten. Mit der Einführung des direkten Wahlmodus 1979 wurden die Europawahlen auch sozialwissenschaftlich begleitet und durch immer umfassendere Wahlforschungsprojekte aufgearbeitet. Während die ersten dieser Wahlstudien noch als ein knappes Supplement des Eurobarometers organisiert wurden, hat sich nicht nur die Anzahl der Mitgliedstaaten, sondern auch der Umfang und die Qualität der erhobenen Umfragedaten kontinuierlich erhöht. Die letzte Welle der europäischen Wahlstudien, organisiert als das PIREDEU-Projekt, umfasst nicht nur repräsentative Wählerstudien in den 27 Mitgliedstaaten, sondern schließt auch eine Kandidatenstudie, eine Medien- und eine Manifestoanalyse ein, sodass eine Serie von nunmehr sieben vergleichenden Datensätzen der EES vorliegt, die Analysen im Quer- und Längsschnittdesign ermöglichen.[2]

[2] Befragungen nach den Europawahlen von 1979 und 1984 sind Teil der Eurobarometer-Reihe (http://ec.europa.eu/public_opinion/index_en.htm). Informationen, Daten und Kodierpläne der EES („European Election Studies") von 1989 bis 2004 sind auf der Website

Die EES enthalten einen Katalog von Fragen, der hinreicht, um die im theoretischen Teil dieses Beitrags angesprochenen Kernkonzepte zu messen. Diese Analyse benutzt ausschließlich die neuste Welle der EES, die PIREDEU-Studie von 2009. Mit Blick auf die abhängige Variable wird zunächst im Nachgang der Wahl die jeweils individuelle Wahlentscheidung abgefragt: „Welche Partei haben Sie bei dieser Europa-Wahl gewählt?" [Q25]. Die Berechnung der Nutzenterme erfordert zudem empirische Angaben zur Verortung der individuellen Wähler und der Parteialternativen. Beide Dimensionen des „European political space" werden auf Likert-Skalen vermessen, die von 0 bis 10 reichen.[3]

Die so erhobenen Daten ermöglichen eine Berechnung der Nutzenterme, auf denen räumliche Modelle des Wahlverhaltens gründen. Dennoch gelten auch einige Beschränkungen: Die Nutzenterme der Diskontierungs- und Richtungsmodelle werden wesentlich durch einen neutralen Punkt (NP_a) bzw. den politischen Status Quo (SQ_a) verankert. Die vorgestellten Standarditems der EES, auch der PIREDEU-Studie, definieren die Skalen jedoch nur von ihren Endpunkten her. Die einzelnen Items gründen etwa auf dem Kontrast von links und rechts oder stellen polare Präferenzen zum Fortgang der europäischen Integration einander gegenüber.

---

http://www.europeanelectionstudies.net verfügbar. Schließlich sind die unterschiedlichen Module des PIREDEU-Projekts „Providing an Infrastructure for the Study of Democracy in Europe" auf der Website http://www.piredeu.eu verfügbar gemacht und umfassend dokumentiert.

[3] Der Fragebogen erhebt zunächst Selbsteinschätzungen der Befragten auf der Links-Rechts-Skala: „In der Politik spricht man von links und rechts. Wie ist das bei Ihnen? Bitte geben Sie Ihren persönlichen Standpunkt auf einer Skala von 0 bis 10 an. 0 bedeutet ‚links' und 10 bedeutet ‚rechts'. Mit den Zahlen dazwischen können Sie ihre Meinung abstufen. Welche Zahl gibt am besten ihren Standpunkt wieder?" [Q46]. Danach platzieren die Wähler politische Parteien auf derselben Skala: „Und wo auf dieser gleichen Skala würden Sie die folgenden Parteien einordnen? Welche Zahl von 0 bis 10 gibt am besten den Standpunkt von [Partei X] wieder? Denken Sie daran: 0 bedeutet ‚links' und 10 bedeutet ‚rechts'." [Q47]. Im Anschluss werden Wähler- und Parteipositionen zur europäischen Integration abgefragt: „Man hört manchmal, die europäische Einigung sollte weiter vorangetrieben werden. Andere sagen, dass sie schon zu weit gegangen ist. Was ist Ihre Meinung? Bitte geben sie Ihre Ansicht auf einer Skala von 0 bis 10 an. 0 bedeutet dabei, die europäische Einigung ist schon zu weit gegangen, und 10, die europäische Einigung sollte weiter vorangetrieben werden. Mit den Zahlen dazwischen können Sie Ihre Meinung abstufen. Welche Zahl von 0 bis 10 gibt am besten Ihre Meinung an?" [Q80]. Und für die Parteialternativen: „Und wie ungefähr würden Sie die Ansichten der folgenden Parteien zur europäischen Einigung einstufen? Nutzen Sie bitte wieder dieselbe Skala von 0 bis 10, wo 0 bedeutet, dass nach Ansicht dieser Partei die europäische Einigung schon zu weit gegangen ist, und 10, dass nach Ansicht dieser Partei die europäische Einigung weiter vorangetrieben werden sollte. Wie würden Sie [Partei X] einstufen?" [Q81].

Eine aussagekräftige und tragfähige Definition der Skalenmitte oder des „neutralen Punktes", dem eine zentrale Rolle beim Richtungsmodell von Rabinowitz und Macdonald (1989) zukommt, nehmen diese Messinstrumente jedoch nicht vor.

Die Questionnaires des PIREDEU-Projekts fragen schließlich auch eine Reihe von nicht-räumlichen Determinanten der Wahlentscheidung ab. Sie erlauben es, Kernkonzepte des Sekundärwahlmodells durch die Fragen nach der Zufriedenheit mit der Demokratie zu testen. Diese Frage wird einmal mit Bezug auf den Nationalstaat gestellt („Wie beurteilen Sie alles in allem die Art und Weise, wie die Demokratie in ihrem Land funktioniert?" [Q84]) und ein weiteres Mal mit Bezug auf die Europäische Union erhoben („Und alles in allem gesehen, sind Sie sehr zufrieden, ziemlich zufrieden, nicht sehr zufrieden oder überhaupt nicht zufrieden mit der Art und Weise wie die Demokratie in der Europäischen Union funktioniert?" [Q85]). Beide Variablen sind auf einer Ordinalskala mit vier hierarchisch geordneten Kategorien abgetragen.

3.2 Zur Bestimmung von Parteipositionen

Dieser Beitrag versucht zentripetale und zentrifugale Determinanten des Wahlverhaltens bei Europawahlen herauszuarbeiten, und ein derartiges Unternehmen muss zwangsläufig die Kontroversen zwischen den Anhängern des klassischen Nähemodells von Downs und des Richtungsmodells von Rabinowitz und Macdonald aufgreifen. Dabei sind nicht nur die sinnvolle Konstruktion des *Policy*-Raumes und die theoretische Modellierung des Wahlverhaltens umstritten, sondern auch die Auswahl angemessener Daten und Variablen, die Berechnung aussagekräftiger und konsistenter Nutzenterme und die Entscheidung für ein angemessenes statistisches Modell.

Die Kontroverse beginnt bereits bei der Messung der ideologischen oder programmatischen Standorte von Parteien oder Kandidaten. Beiträge in der Tradition des klassischen Nähemodells verwenden meist individuell wahrgenommene Akteurspositionen zur Berechnung der Nutzenterme. Die programmatische Ausrichtung von Parteien oder Kandidaten wird deshalb nicht mehr als je einheitliche Punkte im politischen Raum fixiert. Vielmehr richten politische Parteien unterschiedliche programmatische Signale an verschiedene Segmente des Elektorats, und Wähler nehmen die Signale politischer Parteien jeweils unterschiedlich wahr (vgl. Westholm 1997; Kedar 2005; Krämer und Rattinger 1997).

Anhänger des Richtungsmodells lehnen die Verwendung idiosynkratischer Parteiplatzierungen strikt ab: Wähler neigen dazu, die Position von Parteien oder Kandidaten, mit denen sie sich identifizieren oder die sie aus irgendwelchen anderen Gründen positiv bewerten, systematisch an ihren eigenen Idealpunkt heranzuziehen („assimilation"). Vice versa schieben dieselben Wähler Parteien oder Kandidaten, denen sie kritisch gegenüberstehen, systematisch von ihrer eigenen Position weg („contrast"). Subjektiv wahrgenommene Parteipositionen sind deshalb systematisch mit anderen Wählermotiven kontaminiert, diese Projektionseffekte tragen einen systematischen Bias in auf dieser Grundlage berechnete Nutzenterme, und sie inflationierten deshalb empirische Hinweise auf die Bedeutung des Nähemodells und verringerten die Aussagekraft des Richtungsmodells.

Die Vertreter des Richtungsmodells schlagen als Abhilfe vor, subjektive, wählerspezifisch wahrgenommene Parteipositionen durch das arithmetische Mittel über alle Befragten hinweg zu ersetzen und so ein einheitliches, „objektives" Kriterium für die programmatische Position einer Partei zu entwickeln (Macdonald et al. 1991, 1995, 1998; Rabinowitz und Macdonald 1989, 2007). Dennoch sind auch gegen diese Operationalisierung scharfe Einwände vorgetragen worden: Generell ist es wenig sinnvoll, danach zu fragen, wo eine Partei „wirklich steht". Parteien bieten, wie bereits diskutiert, oft verschiedenen Wählern unterschiedliche Positionen an, sodass es gute Gründe geben mag, wenn Wähler bei der räumlichen Vermessung einer Partei nicht übereinstimmen. Mit Bezug auf Skalierbarkeitsprobleme und Indikatorenqualität müsste zudem erst einmal gezeigt werden, wie aus einer Reihe systematisch verzerrter subjektiver Einschätzungen ein unverzerrter und „objektiver" Indikator für programmatische Parteipositionen gewonnen werden kann. Schließlich können Wähler alleine diejenigen Informationen als Maßstab ihrer Bewertung der Parteialternativen und für die Vergabe ihrer Wählerstimmen benutzen, die ihnen effektiv zugänglich sind. „Objektive" Positionsmaße, wie auch das arithmetische Mittel der Einzelbewertungen, gründen jedoch über die Einschätzung der Wähler hinaus auf den Urteilen weiterer Befragter, die anderen Wählern regelmäßig gar nicht bekannt sein werden: „it is reasonable to assume that most voters do not know where the general public would place their party" (Warwick 2004, S. 276).

Diese teils sehr kleinteiligen Debatten können in diesem kurzen Beitrag nicht umfassend aufgearbeitet werden, und sicher geben die unterschiedlichen Autoren jeweils gute Gründe für die alternative Verwendung von idiosynkratischen oder „objektiven" Parteipositionen an: vornehmlich die idiosynkratischen Parteipositionen für die Messung von Parteipositionen im „European political space", denn Wähler können nur diejenigen Informationen zur Grundlage ihrer Entscheidung nehmen, über die sie persönlich verfügen. Bei der alleinigen Benutzung idiosynkratischer Parteipositionen würde die (ohnehin für einige Länder recht geringe) Anzahl der vollständigen Beobachtungen freilich so weit reduziert, dass ihre statistische Analyse nicht mehr möglich wäre. Schließlich müsste dann jeder Befragte, der nicht jede einzelne Partei im jeweiligen „Choice Set“ verortet, von der Analyse ausgeschlossen werden. Deshalb verwende ich im Folgenden idiosynkratisch wahrgenommene Parteipositionen, und einzelne fehlende Werte im jeweiligen „Choice Set“ werden durch das arithmetische Mittel aller Parteiplatzierungen interpoliert.

3.3 Das statistische Modell der Wahlentscheidung

Im Folgenden skizziere ich das statistische Modell und gebe einen Überblick über die empirische Analysestrategie. Die Kollinearität der einzelnen Nutzenterme erlaubt es freilich nicht, das Nähe-, Diskontierungs- und Richtungsmodell *parallel* zu spezifizieren.[4] Da die unterschiedlichen Nutzenterme des Diskontierungs- und Richtungsmodells mindestens teilweise algebraisch äquivalent sind, genügt es für die Zwecke dieses Beitrags, sich auf ein vereinigtes Nähe- und Richtungsmodell zu konzentrieren. Im zweidimensionalen „European political space“ wird der Nutzen einer Partei j für Wähler i durch die Nutzenterme des Nähe- und des Richtungsmodells und durch einen Vektor aus alternativenspezifischen und individualspezifischen nicht-räumlichen Nutzentermen dargestellt. Die alternativenspezifische Konstante c_j greift Valenzeffekte und weitere unmodellierte Elemente der Nutzenfunktion auf:

$$U_{i(j)}^{unif} = 2\,(1-\beta)\;U^d - \beta\;U^p$$

$$= \sum_{a=1}^{2} \alpha_a \left[2\left(1-\beta^{mix}\right)\; v_{i[a]}\, p_{i,j[a]} - \beta^{mix}\left(v_{i[a]} - p_{i,j[a]}\right)^2 \right] + \gamma_{i,j[a]} t_i + c_j$$

Die Parametervektoren α, β und γ und die alternativenspezifischen Konstanten c_j werden aus den Daten geschätzt: α_1 und α_2 sind die Salienzgewichte der beiden Dimensionen des Wettbewerbsraums, die Mischparameter β_1 und β_2 geben für jede dieser Dimensionen die Balance des Nähe- und des Richtungsmodells an; $\beta^{mix} = 0$ identifiziert ein „reines“ Richtungs- und $\beta^{mix} = 1$ ein reines Nähemodell. Im Unterschied zu den Modellen bei Merrill et al. (1999) und Adams et al. (2005) schätze ich für jede Dimension des Parteienwettbewerbs einen separaten Mischparameter. Schließlich bestimmt der Parametervektor γ den Effekt von der nicht-räumlichen

---

[4] Das gilt mindestens für die Analyse von Umfragedaten mit „üblichem“ Stichprobenumfang etc. Tomz & Houweling (2008) zeigen jedoch, wie eine solche Analyse mit einem Survey-Experiment durchgeführt werden kann.

Variablen, nämlich der Zufriedenheit mit der Demokratie auf europäischer und auf nationaler Ebene.

Das „Conditional Logit"-Modell gibt die Wahrscheinlichkeit an, dass Wähler i sich für Partei j entscheidet. Bei einem probabilistischen Wahlmodell sind die Fehlerterme $\varepsilon_{i,j}$ einer Typ-1-Extremwertverteilung (auch Gumbel-Verteilung) entnommen:

$$\Pr(v_i = j | V, P) = \frac{\exp\,[U_i(j)]}{\sum_{j=1}^{J} \exp\,[U_i(j)]}$$

Dieses Modell, die Parameter α, β und γ sowie die alternativenspezifischen Konstanten c_j werden bei den folgenden Analysen jeweils separat, für jeden der 27 Länderkontexte per Maximum-Likelihood geschätzt. Während die Schätzung selbst ohne Parameterbeschränkungen erfolgt, werden die Mischparameter beider Dimensionen durch eine logistische Transformation parametrisiert, sodass sie auf das Einheitsintervall festgelegt sind.

4 Die Empirie der Wahlentscheidungen

Die PIREDEU-Studie, als neuste Welle der EES, umfasst brutto 27 069 Befragte aus den 27 Mitgliedstaaten der Europäischen Union. Kaum mehr als 55 % der Befragten ($N = 14\,913$) geben eine gültige Wahlentscheidung bei der Europawahl an. Schließlich müssen noch diejenigen Wähler unberücksichtigt bleiben, die sich für Kleinparteien mit weniger als insgesamt zehn Wählern entschieden haben, die keine individuelle Position auf der ideologischen Links-Rechts- und/oder der Europadimension angegeben haben und die sich nicht zur Zufriedenheit mit der Demokratie auf europäischer und/oder nationaler Ebene geäußert haben. Für die konkrete empirische Analyse stehen deshalb netto noch

11 311 individuelle Wähler bereit, die sich unter fast 70 000 Parteialternativen entschieden haben.

Die Erfolge extremistischer oder euroskeptischer Parteien bei Europawahlen können durch die Präferenzstruktur und -verteilung der Wähler begründet sein. Die Präsentation empirischer Befunde beginnt mit einem deskriptiven Überblick der Wählerpräferenzen im „European political space", also 1) auf der Skala von „links" ($v_{i[1]} = 0$) bis „rechts" ($v_{i[1]} = 10$) und 2) auf dem Kontinuum von euroskeptischen ($v_{i[2]} = 0$) bis hin zu integrationistischen Präferenzen ($v_{i[2]} = 10$). Schließlich kann der Wahlerfolg nicht-zentristischer Akteure, der dem Sekundärwahlmodell zugrunde liegt, nicht an zentrifugalen Mechanismen von Wahlverhalten und Parteienkonkurrenz liegen, sondern auch durch eine bereits stark verschobene Präferenzverteilung erklärt werden. Abbildung 1 enthält 27 länderspezifische Kern-Dichte-Schätzer für die Verteilungen individueller Wählerpositionen auf der Links-Rechts- (schwarze, durchgezogene Linien) und auf der Integrationsdimension (graue, unterbrochene Linien). Bereits eine oberflächliche Inspektion der länderspezifischen Verteilungen zeigt, dass Positionen und Präferenzen der Wähler auf der Integrationsdimension generell nicht extremer als auf der Links-Rechts-Dimension sind. Wählerpräferenzen sind vielmehr auf beiden Dimensionen des „European political space" tendenziell zentristisch, unimodal und symmetrisch verteilt. In den meisten der 27 Vergleichsstaaten sind diese Verteilungen tatsächlich beinahe kongruent.

Wenn somit nicht die Verteilung der Wählerpräferenzen die im Sekundärwahlmodell kodifizierten robusten Regelmäßigkeiten erklärt, kann der Erfolg kleiner, euroskeptischer und/oder extremistischer Akteure durch die Logik von Parteibewertung und Wahlentscheidung begründet sein. Das Wählerverhalten bei der Wahl zum Europäischen Parlament von 2009 wird in diesem Beitrag durch „Conditional Logit"-Modelle erklärt, die für jeden der 27 Mitgliedstaaten der Europäischen Union separat geschätzt werden. Tabelle 1 dokumentiert die Log-Likelihoods von „leeren" Modellen, reinen Nähe-, reinen Richtungs- und vereinigten Modellen: Alle räumlichen Modelle haben eine signifikant höhere Log-Likelihood als das „leere" Modell. Vereinigte Modelle schließen, wie eingehend erläutert, die reinen Nähe- und Richtungsmodelle als Sonderfälle ein. In den meisten der 27 Ländersegmente ist die Log-Likelihood eines vereinigten räumlichen Modells signifikant größer als die seiner beiden Einzelkomponenten, und einzig in Frankreich, Irland, Litauen, den Niederlanden, Polen und der Slowakei ist die Log-Likelihood des vereinigten Modells nicht signifikant besser als die des reinen Richtungsmodells. Schließlich bedeutet die Hinzunahme von nicht-räumlichen Kovariaten, der Zufriedenheit mit der Demokratie auf nationaler und auf europäischer Ebene, in allen Mitgliedstaaten mit der Ausnahme von Ungarn eine sehr signifikante Verbesserung der Erklärungsleistung.

Die Darstellung der empirischen Befunde konzentriert sich deshalb auf ein vereinigtes Nähe- und Richtungsmodell mit nicht-räumlichen Kovariaten. Sie beginnt mit einer kurzen Vorstellung und Diskussion der Salienzgewichte α. Frühere Studien haben in einfachen eindimensionalen Nähemodellen die Salienzparameter beider Dimensionen bei nationalen und europäischen verglichen und immer dann die Wirksamkeit der europapolitischer Themen behauptet, wenn der Salienzparameter der Integrationsdimension statistisch signifikant und substanziell einigermaßen bedeutsam war (deVries 2007; deVries et al. 2011). Diese Überle-

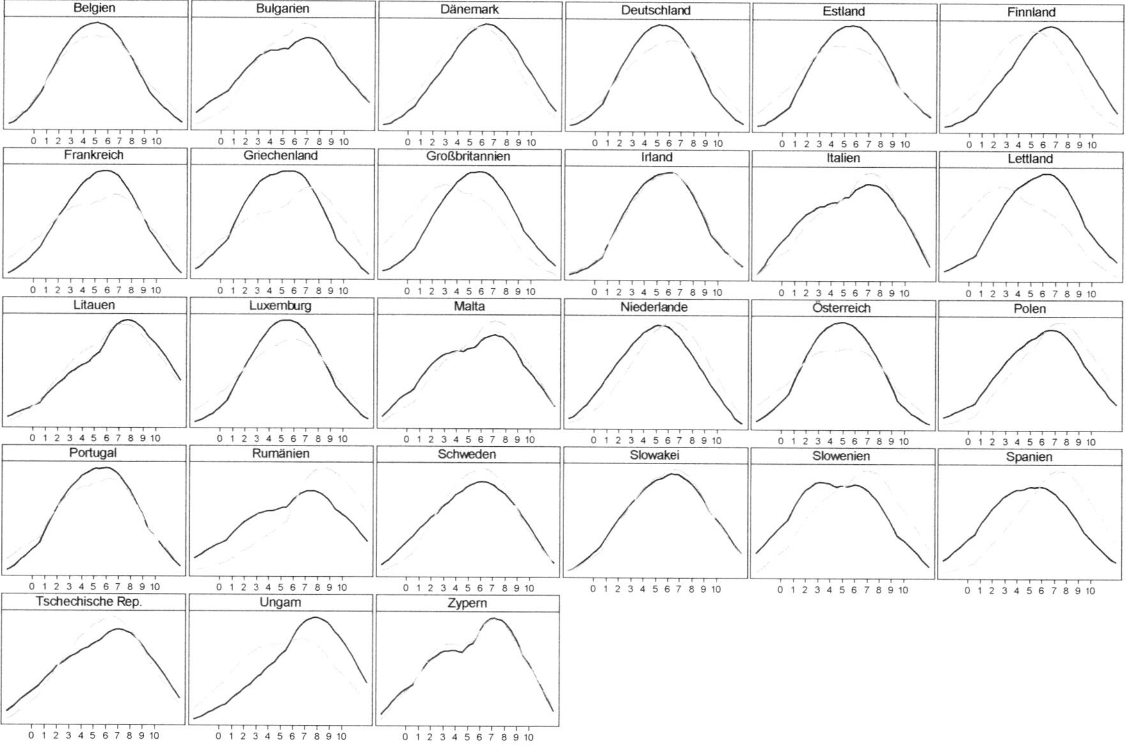

Abb. 1 Die Verteilung von Wählerpräferenzen im „European political space" (Anmerkungen: Die einzelnen Teilbilder berichten die Verteilungen individualspezifischer Wählerpositionen auf 1) der Links-Rechts- und 2) der Integrationsdimension. Beide Verteilungskurven sind durch Kern-Dichte-Schätzer (Epanechnikow-Kern, Bandweite = 2) charakterisiert. Die durchgezogene schwarze Linie bezeichnet die Verteilung auf der Links-Rechts-, die unterbrochene graue Linie bezeichnet die Verteilung auf der Integrationsdimension)

Tab. 1 Log-Likelihoods vereinigter Nähe- und Richtungsmodelle

	(1)	(2)	(3)	(4)	(5)
AUT	− 884,01	− 778,80	− 773,42	− 766,38	− 748,82
BEL	− 558,62	− 535,42	− 515,01	− 510,04	− 496,73
BGR	− 412,71	− 323,47	− 310,78	− 306,64	− 298,98
CYP	− 882,28	− 632,55	− 619,52	− 614,03	− 604,27
CZE	− 453,67	− 329,53	− 322,10	− 319,12	− 314,71
DEU	− 727,96	− 625,65	− 611,82	− 607,84	− 600,33
DNK	− 843,90	− 696,29	− 695,38	− 679,66	− 662,60
ESP	− 382,69	− 258,25	− 260,54	− 250,14	− 239,76
EST	− 380,65	− 327,97	− 306,40	− 304,13	− 289,17
FIN	− 1051,55	− 832,53	− 812,43	− 795,00	− 776,82
FRA	− 454,73	− 369,02	− 359,84	− 358,57	− 340,55
GBR	− 693,50	− 642,78	− 635,09	− 631,32	− 608,34
GRC	− 862,57	− 687,88	− 697,58	− 681,19	− 666,45
HUN	− 343,26	− 201,89	− 207,73	− 194,96	− 193,31
IRL	− 797,97	− 761,75	− 749,17	− 748,52	− 727,76
ITA	− 642,20	− 461,62	− 451,84	− 447,01	− 429,59
LTU	− 168,20	− 133,61	− 131,61	− 131,42	− 126,12
LUX	− 859,41	− 804,80	− 775,55	− 766,70	− 752,55
LVA	− 782,61	− 707,31	− 699,84	− 695,49	− 685,17
MLT	− 173,21	− 99,14	− 93,57	− 90,30	− 77,49
NLD	− 1187,81	− 1044,09	− 990,76	− 989,22	− 968,82
POL	− 394,97	− 309,34	− 266,79	− 265,05	− 261,74
PRT	− 535,82	− 404,00	− 407,56	− 392,21	− 381,19
ROU	− 342,58	− 299,64	− 264,27	− 236,04	− 233,42
SVK	− 445,07	− 359,81	− 340,44	− 340,27	− 334,80
SVN	− 817,83	− 711,94	− 682,55	− 678,39	− 669,50
SWE	− 1096,15	− 852,23	− 829,14	− 823,04	− 815,94

Anmerkungen:

1. Ein „leeres" Modell, das nur alternativenspezifische Konstanten enthält: $U_i(j) = c_j$
2. ein zweidimensionales Nähemodell: $$U^p_{i(j)} = -||V - P||^2 = -\sum_{a=1}^{2}\alpha_a(v_{i[a]} - p_{i,j[a]})^2 + c_j$$
3. ein zweidimensionales Richtungsmodell: $$U^d_{i(j)} = \sum_{a=1}^{2}\alpha_a v_{i[a]} p_{i,j[a]} + c_j$$
4. ein vereinigtes räumliches Modell: $$U^{\text{mix}}_{i(j)} = \sum_{a=1}^{2}\alpha_a\left[2\,(1-\beta)\,v_{i[a]}\,p_{i,j[a]} - \beta\left(v_{i[a]} - p_{i,j[a]}\right)^2\right] + c_j$$
5. ein vereinigtes Modell mit räumlichen und nicht-räumlichen Nutzentermen: $$U^{\text{mix}}_{i(j)} = \sum_{a=1}^{2}\alpha_a\left[2\,(1-\beta\,)\,v_{i[a]}\,p_{i,j[a]} - \beta\left(v_{i[a]} - p_{i,j[a]}\right)^2\right] + \gamma_{i,j[a]}t_i + c_j$$

gungen greifen jedoch etwas kurz, weil mit der Gründung der Europäischen Union und der Vertiefung des Integrationsprojekts nationale und europapolitische politische Konflikte immer häufiger deckungsgleich sind. Der Gegensatz von „links" und „rechts" beschreibt *Politics*, *Polity* und *Policy* auf europäischer Ebene nicht weniger als auf den jeweils nationalen Ebenen; das haben exemplarisch Hix et al. (2007) in ihrer Studie zum Abstimmungsverhalten im Europäischen Parlament gezeigt. Die Frage nach der Zukunft und nach der Finalität des Integrationsprojekts interessiert sowohl in nationalen als auch in europäischen Debatten.

Abbildung 2 dokumentiert die empirisch geschätzten Salienzgewichte beider Dimensionen des „European political space". Im linken Teilbild ist die Salienz der Links-Rechts-Dimension (α_1), im rechten Teilbild ist die Salienz der Integrationsdimension (α_1) abgetragen. Räumliche Nähe und/oder richtungspolitische Übereinstimmung auf der Links-Rechts-Dimension sind in allen geschätzten Modellen und in allen 27 Ländersegmenten signifikante und in den meisten substanziell bedeutsame Prädiktoren der Wahlentscheidung. Das gilt zum Beispiel besonders für Finnland, Portugal, Schweden oder Ungarn. Dagegen wirkt diese ideologische Wettbewerbsdimension in Belgien, Irland, Litauen, Rumänien und Slowenien zwar statistisch signifikant auf das Wahlverhalten, sie ist jedoch substanziell nur wenig bedeutsam (vgl. α_1; Abb. 2; Tab. 2).

Für die zweite Dimension des „European political space" ergibt sich ein etwas weniger eindeutiges Bild: Räumliche Nutzenterme auf der Integrationsdimension beeinflussen die Wahlentscheidung bei Europawahlen nur in einigen Mitgliedstaaten nachhaltig. Das gilt besonders für einige traditionell euroskeptische Staaten wie Dänemark, Finnland oder Schweden. In einigen weiteren Mitgliedstaaten der Europäischen Union dagegen scheint der Einfluss Europas auf die Europawahlen jedoch nur sehr unscharf bestimmbar und/oder sogar substanziell bedeutungslos.

Die Tabelle dokumentiert die Log-Likelihoods unterschiedlich komplexer räumlicher Modelle der Wahlentscheidung bei Europawahlen: Die erste Spalte nennt als Referenzwerte die Resultate 1) „leerer" Modelle, die allein alternativenspezifische Konstanten für $N - 1$ Parteien enthalten. Die zweite und dritte Spalte berichten Log-Likelihoods, wenn zusätzlich die Nutzenterme des 2) Nähe- oder des 3) Richtungsmodells von Rabinowitz und Macdonald hinzugenommen werden. Beide Modelle sind Spezialfälle des vereinigten räumlichen Modells (mit jeweils $\beta_a = 0$ bzw. $\beta_a = 1$). Die Hinzunahme von individualspezifischen Bewertungen der Demokratie auf je nationaler und auf europäischer Ebene ergibt schließlich 4) das vereinigte Modell mit nicht-räumlichen Kovariaten. Wenn die Grundmodelle das „leere" Modell und die vereinigten Modelle die Grundmodelle als Spezialfälle einschließen, können Likelihood-Ratio-Tests bestimmen, ob etwa vereinigte Modelle eine signifikant bessere Erklärungsleistung bieten als ihre einzelnen Komponenten. Die Differenz zweier Log-Likelihoods folgt einer χ^2-Verteilung mit nur einem Freiheitsgrad. Sie ist statistisch signifikant, wenn sie mindestens 1,92 (0,05 %-Niveau) oder 3,32 (0,01 %-Niveau) beträgt (Merrill et al. 1999, S. 88).

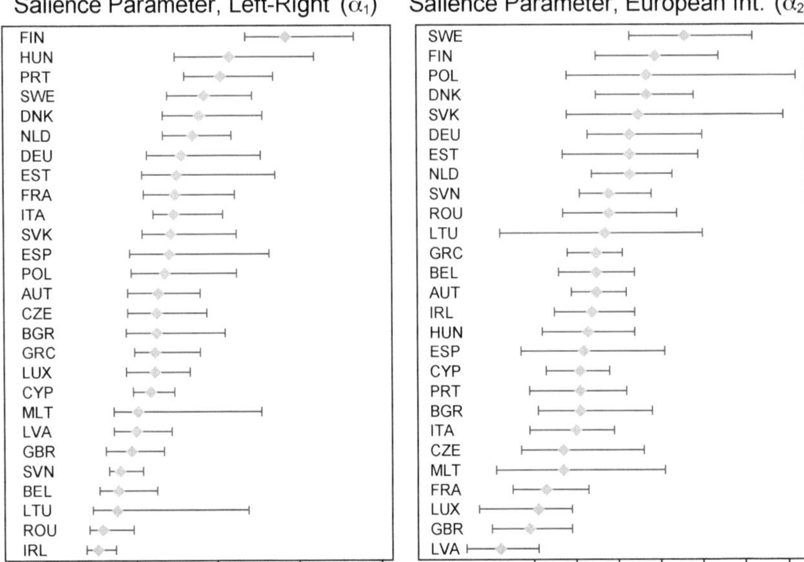

Abb. 2 Salienzgewichte im politischen Wettbewerbsraum (Anmerkungen: Salienzparameter der Links-Rechts- (*linkes Teilbild*) und der Integrationsdimension (*rechtes Teilbild*) im vereinigten Modell mit nicht-räumlichen Kovariaten (α_1 und α_2). Das Modell wurde für jeden Mitgliedstaat der EU-27 separat geschätzt. Die dreistelligen ISO-Ländercodes identifizieren die Punktschätzer; die horizontalen Linien geben das 95 %-Konfidenzintervall an; die Unsicherheit der Schätzung wurde durch ein nicht-parametrisches Bootstrap-Verfahren bestimmt. Tabelle 2 fasst die Resultate tabellarisch zusammen)

Die Salienzparameter der Integrationsdimension sind in Frankreich, Großbritannien, Lettland, Litauen, Luxemburg, Malta, Portugal, Spanien und der Tschechischen Republik statistisch insignifikant und zeigen keine substanziellen Wirkungen der europäischen Wettbewerbsdimension auf die Wahlentscheidung an. Diese Resultate entsprechen beinahe deckungsgleich den Befunden, die deVries et al. (2011) in ihrer vergleichenden Analyse des „EU issue voting“ vorlegt haben.

Die beiden Dimensionen des „European political space“ sind empirisch lose miteinander verbunden: Wenn das räumliche Modell der Links-Rechts-Achse das Wahlverhalten sinnvoll erklärt (α_1), erbringt meist auch die räumliche Nähe oder Distanz in der Integrationsdimension eine statistisch und substanziell relevante Erklärungsleistung (α_2). Beide Dimensionen gemeinsam zeigen deshalb auch an, ob die räumliche Theorie des Wählens – ganz unabhängig von der jeweiligen

Tab. 2 Parameter vereinigter Nähe- und Richtungsmodelle

	α_1[lr]			α_2[ei]			β_1[lr]			β_2[ei]		
	$\hat{\alpha_1}$	Min.	Max.	$\hat{\alpha_2}$	Min.	Max.	$\hat{\beta_1}$	Min.	Max.	$\hat{\beta_2}$	Min.	Max.
AUT	0,064	0,045	0,090	0,015	0,009	0,022	0,612	0,511	0,682	0,456	0,239	0,723
BEL	0,039	0,027	0,063	0,015	0,006	0,024	0,369	0,217	0,545	0,191	0,027	0,541
BGR	0,063	0,044	0,105	0,011	0,001	0,028	0,574	0,456	0,654	0,036	0,000	0,328
CYP	0,059	0,048	0,074	0,011	0,003	0,018	0,601	0,534	0,654	0,217	0,010	0,699
CZE	0,063	0,045	0,094	0,007	− 0,003	0,026	0,597	0,522	0,683	(-,-)	(-,-)	(-,-)
DEU	0,079	0,057	0,127	0,023	0,013	0,040	0,587	0,524	0,648	0,433	0,227	0,680
DNK	0,090	0,067	0,128	0,027	0,015	0,038	0,651	0,590	0,694	0,431	0,247	0,605
ESP	0,071	0,046	0,132	0,012	− 0,003	0,031	0,663	0,573	0,758	(-,-)	(-,-)	(-,-)
EST	0,076	0,054	0,136	0,023	0,007	0,039	0,547	0,453	0,639	0,202	0,018	0,497
FIN	0,143	0,118	0,184	0,029	0,015	0,044	0,601	0,559	0,635	0,625	0,409	0,807
FRA	0,075	0,055	0,111	0,003	− 0,005	0,013	0,549	0,466	0,661	(-,-)	(-,-)	(-,-)
GBR	0,047	0,031	0,067	− 0,001	− 0,010	0,009	0,514	0,357	0,607	(-,-)	(-,-)	(-,-)
GRC	0,062	0,049	0,090	0,015	0,008	0,021	0,667	0,617	0,729	0,505	0,236	0,784
HUN	0,108	0,075	0,160	0,013	0,002	0,024	0,672	0,614	0,725	0,253	0,000	0,866
IRL	0,026	0,019	0,037	0,014	0,005	0,024	0,399	0,221	0,576	0,534	0,162	0,862
ITA	0,074	0,061	0,104	0,010	− 0,001	0,019	0,572	0,494	0,632	(-,-)	(-,-)	(-,-)
LTU	0,038	0,023	0,119	0,017	− 0,008	0,040	0,589	0,267	0,731	(-,-)	(-,-)	(-,-)
LUX	0,062	0,044	0,084	0,001	− 0,013	0,009	0,516	0,399	0,585	(-,-)	(-,-)	(-,-)
LVA	0,050	0,036	0,072	− 0,008	− 0,016	0,001	0,569	0,494	0,663	(-,-)	(-,-)	(-,-)
MLT	0,051	0,036	0,127	0,007	− 0,009	0,031	0,221	0,043	0,547	(-,-)	(-,-)	(-,-)
NLD	0,086	0,067	0,109	0,023	0,014	0,033	0,519	0,419	0,588	0,330	0,114	0,484

Tab. 2 (Forsetzung)

	α_1 [lr]			α_2 [ei]			β_1 [lr]			β_2 [ei]		
	$\hat{\alpha}_1$	Min.	Max.	$\hat{\alpha}_2$	Min.	Max.	$\hat{\beta}_1$	Min.	Max.	$\hat{\beta}_2$	Min.	Max.
POL	0,068	0,047	0,112	0,027	0,008	0,062	0,447	0,337	0,523	0,331	0,022	0,608
PRT	0,103	0,081	0,135	0,011	– 0,001	0,022	0,645	0,598	0,692	(-,-)	(-,-)	(-,-)
ROU	0,029	0,021	0,048	0,018	0,007	0,034	0,086	0,018	0,208	0,051	0,000	0,426
SVK	0,072	0,054	0,112	0,025	0,008	0,059	0,524	0,422	0,607	0,463	0,043	0,815
SVN	0,040	0,033	0,054	0,018	0,011	0,028	0,434	0,315	0,525	0,170	0,015	0,580
SWE	0,093	0,070	0,122	0,036	0,023	0,052	0,593	0,496	0,656	0,514	0,372	0,649

Anmerkungen: Maximum-Likelihood-Schätzer für vereinigte Modelle mit nicht-räumlichen Kovariaten und alternativenspezifischen Konstanten:

$$U_{i(j)}^{unif} = \sum_{a=1}^{n} \alpha_a \left[2(1-\beta)\, v_{i[a]}\, p_{i,j[a]} - \beta \left(v_{i[a]} - p_{i,j[a]} \right)^2 \right] + \gamma_{i,j[a]} t_i + c_j$$

Die Konfidenzintervalle von α und β wurden durch ein nicht-parametrisches Bootstrap-Verfahren bestimmt ($N = 100$). Aus Raumgründen werden in dieser Tabelle die Koeffizienten der nicht-räumlichen Kovariaten (γ) und die alternativenspezifischen Konstanten (c_j) nicht einzeln aufgeführt

Konfliktdimension – hinreichende Aufschlüsse über das Wahlverhalten in den einzelnen Mitgliedstaaten bietet. Vergleicht man nun konkreter die Nutzenterme auf beiden Dimensionen des politischen Wettbewerbsraums, kann festgehalten werden, dass der übergreifende Gegensatz von links und rechts das Wahlverhalten überall deutlich besser erklärt als spezifische Fragen der europäischen Integration. Die empirisch bestimmten Salienzparameter der Links-Rechts-Dimension sind in allen Mitgliedstaaten deutlich höher als diejenigen der Integrationsdimension ($a_1 >> \alpha_2$).

Diese Befunde sollten, wie bereits angedeutet, nicht direkt auf das Sekundärwahlmodell bezogen werden. Die in den europäischen Wahlstudien regelmäßig verwendete und wiederholte Frage nach Präferenzen zu Abbruch oder Vertiefung des Integrationsprojekts greift schließlich nur einen Teilaspekt der europapolitischen Konfliktdimension heraus. Selbst wenn räumliche Nähe oder richtungspolitische Übereinstimmung auf dieser Dimension keinen (stabilen) Effekt auf das Wahlverhalten haben, kann die Europäische Konfliktdimension im ideologischen Gegensatz von links und rechts inkorporiert sein. Die Salienzparameter bilden dann weniger den spezifischen Effekt europapolitischer Präferenzen auf das Wahlverhalten ab, sondern sie bestimmen, ob beide Dimensionen des „European political space" zueinander orthogonal (vgl. Hix und Lord 1997) oder deckungsgleich sind (vgl. Tsebelis und Garrett 2000).

Während die Salienzgewichte α die Bedeutung der jeweiligen Wettbewerbsdimension für die Wahlentscheidung angeben, bestimmen die Mischparameter die relative Bedeutung von Nutzentermen der Nähe- und Richtungsmodelle. Anders als bei bisherigen Beiträgen (vgl. etwa Merrill et. al 1999; Adams et al. 2005) wird β^{mix} für jede Dimensionen jeweils separat bestimmt. Abbildung 3 gibt einen knappen Überblick der empirisch geschätzten Mischparameter: Im linken Teilbild sind Mischparameter der Links-Rechts-Dimension (β_1^{mix}) abgetragen, im rechten Teilbild sind die Mischparameter der Integrationsdimension abgetragen (β_2), und die Linien geben die jeweiligen 95 %-Konfidenzintervalle an. Bei der Spezifikation der 27 separaten „Conditional Logit" -Modelle wurden alle β^{mix} logistisch parametrisiert, sodass sie per definitionem im Einheitsintervall liegen ($\beta^{mix} \in [0,1]$). Geringe Werte der Mischparameter ($\beta^{mix} \sim 0$) zeigen die Dominanz des Richtungsmodells, hohe Werte ($\beta^{mix} \sim 1$) zeigen die Dominanz des Nähemodells an.

Die empirischen Befunde in Abb. 3 und Tab. 2 belegen die höhere Aussagekraft vereinigter Modelle. In den meisten Vergleichsstaaten wirken gleichermaßen die Logiken der Nähe- und der Richtungsmodelle auf das Wahlerhalten. Auf der Links-Rechts-Dimension sind alle Mischparameter identifiziert, und die empiri-

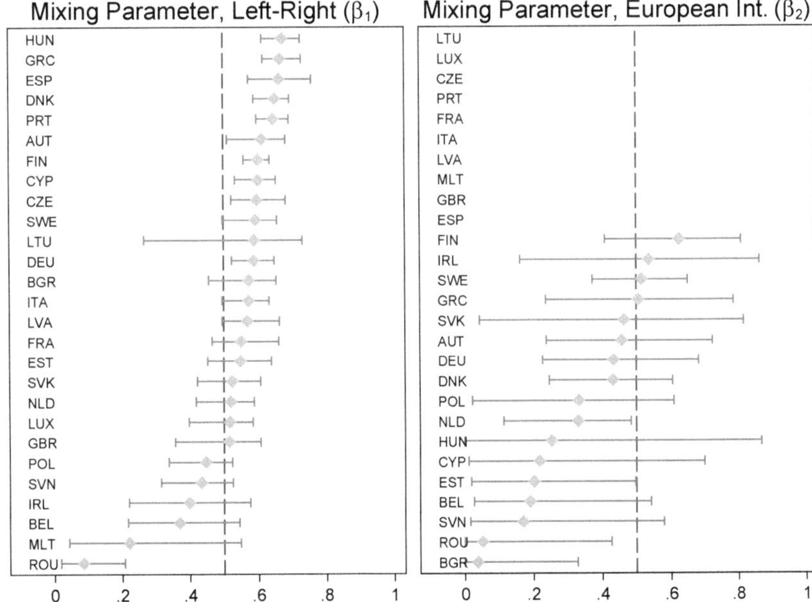

Abb. 3 Mischparameter im politischen Wettbewerbsraum (Anmerkungen Mischparameter von Richtungs- und Nähemodellen auf der Links-Rechts- (*linkes Teilbild*) und der Integrationsdimension (*rechtes Teilbild*) im vereinigten Modell mit nicht-räumlichen Kovariaten (β_1, β_2). Das Modell wurde für jeden Mitgliedstaat der EU-27 separat geschätzt. Die dreistelligen ISO-Ländercodes identifizieren die Punktschätzer; die horizontalen Linien geben das 95 %-Konfidenzintervall an; die Unsicherheit der Schätzung wurde durch ein nicht-parametrisches Bootstrap-Verfahren bestimmt. Tabelle 2 fasst die Resultate tabellarisch zusammen

schen Schätzer tendieren meist etwas mehr zum Nähe- als zum Richtungsmodell ($\beta^{mix} > 0{,}5$). Nur die Wähler in Rumänien, Malta, Belgien, Irland, Slowenien und Polen bewerten Parteien auf der Links-Rechts-Dimension vorwiegend nach dem Richtungsmodell.

Auf der Integrationsdimension sind die Befunde etwas weniger eindeutig, denn die Mischparameter sind nicht identifiziert bzw. nicht sinnvoll zu interpretieren, wenn die Integrationsdimension keinen signifikanten Beitrag zur Erklärung des Wahlverhaltens leistet.[5] In den übrigen Vergleichsstaaten tendiert die Balan-

[5] In Frankreich, Großbritannien, Italien, Lettland, Litauen, Luxemburg, Malta, Portugal, Spanien und der Tschechischen Republik sind räumliche Nutzenterme zum Beispiel keine signifikanten Prädiktoren des Wahlverhaltens, sodass die Mischparameter statistisch nicht identifiziert sind bzw. ihre Interpretation sinnlos ist.

ce beider Komponenten der vereinigten Modelle mehr zum Richtungs- als zum Nähemodell ($\beta^{mix} < 0,5$). Nur die Wähler in Griechenland, Schweden, Irland und Finnland bewerten Parteien auf der Integrationsdimension vorwiegend nach dem Nähemodell.

Die europäischen Wähler legen deshalb nicht alleine den Maßstab räumlicher Nähe oder Distanz an, wenn sie Parteialternativen bewerten. Vielmehr reagieren sie auch auf zentrifugale Anreize, wie sie etwa in den Diskontierungs- und Richtungsmodellen enthalten sind. Ein Vergleich der beiden Dimensionen des „European political space" zeigt weiter, dass die Wähler auf der Links-Rechts-Dimension tendenziell eher das Nähemodell und auf der Integrationsdimension eher das Richtungsmodell zum Maßstab ihrer Wahlentscheidung machen. Wenn die Wähler beide Dimensionen des politischen Raums aus unterschiedlichen Perspektiven bewerten, sprechen die empirischen Befunde eher für das Richtungsmodell (Hypothese 1; die Effekte geringer Informiertheit und symbolischer Politik) als für das Diskontierungsmodell (Hypothese 2; der Versuch politische Blockaden zu antizipieren).

Die Questionnaires der EES enthalten zudem Fragen nach der jeweils individuellen Zufriedenheit mit der Demokratie auf nationaler und auf europäischer Ebene, die auf Vier-Punkt-Skalen von „1: gar nicht zufrieden" bis „4: sehr zufrieden" erhoben wird. Diese nicht-räumlichen Variablen bilden Kernaussagen des Sekundärwahlmodells ab und prüfen insbesondere, ob die Bewertung der demokratischen Prozesse auf jeweils nationaler und auf europäischer Ebene die Bildung der Nutzenfunktionen und das Wahlverhalten beeinflussen. Im PIREDEU-Datensatz sind insgesamt 155 Parteialternativen identifiziert; davon waren zum Zeitpunkt der Europawahlen 2009 insgesamt 48 an den jeweils nationalen Regierungen beteiligt, die übrigen 107 Parteien waren in der Opposition.

Bei der empirischen Analyse werden für jede dieser Parteialternativen drei weitere alternativenspezifische Koeffizienten geschätzt: Die Effekte der Demokratiezufriedenheit auf jeweils nationaler und auf europäischer Ebene auf die Nutzenfunktionen und das Wahlverhalten geben retrospektives Wählen an, und alternativenspezifische Konstanten greifen unmodellierte Valenzeffekte auf: Belege für das Sekundärwahlmodell sind gefunden, wenn sich diejenigen Wähler, die mit der jeweiligen nationalen Politik unzufrieden sind, bei der Europawahl systematisch von den nationalen Regierungsparteien abwenden. Indizien für die Bedeutung der europäischen Dimension, und die Mitwirkung der Regierung an europapolitischen Entscheidungen, sind dagegen gefunden, wenn sich diejenigen Wähler, die mit der europäischen Demokratie unzufrieden sind, von den nationalen Regierungsparteien abwenden. Unterscheiden sich schließlich die für Regierungs- und Oppositionsparteien geschätzten Konstanten systematisch voneinander, so ist dies ein Indiz für (bislang) unmodellierte Valenzvorteile von Regierungs- oder Oppositionsparteien.

Die Vielzahl an alternativenspezifischen Koeffizienten kann hier aus Raumgründen nicht ausführlich dargestellt werden. In nicht-linearen Modellen geben die empirisch geschätzten Parameter zudem keine unmittelbaren Zusammenhänge an, und Koeffizienten in konditionalen Logitmodellen sind nur bezogen auf eine (willkürlich gewählte) Referenzkategorie interpretierbar. Die Resultate bestätigen wesentliche Aussagen des Sekundärwahlmodells: Unter den eben diskutierten Prädiktoren korreliert nur die Zufriedenheit der Bürger mit der nationalen Demokratie mit dem Wahlverhalten bei der Europawahl. Diejenigen Bürger, die mit der nationalen Demokratie zufrieden sind, wählen Regierungsparteien, die Unzufriedenen bevorzugen dagegen Oppositionsparteien. Die Zufriedenheit mit der Demokratie auf europäischer Ebene und mögliche Valenzeffekte, die durch die alternativenspezifischen Konstanten abgebildet werden, hängen dagegen nicht systematisch mit dem Regierungs- oder Oppositionsstatus der Parteialternativen zusammen.

Diese empirischen Befunde stützen zunächst zweifellos das Sekundärwahlmodell. Eine spezifischere empirische Prüfung müsste sicher auch die Richtung der in diesem „Modell" angenommenen Kausalität genauer prüfen und das Endogenitätsproblem lösen. Dennoch sollte festgehalten werden, dass die Befunde der räumlichen Modelle auch dann robust erhalten bleiben, wenn Kernaussagen des Sekundärwahlmodells als nicht-räumliche Kontrollvariablen aufgenommen werden.

5 Zusammenfassung und Ausblick

Die räumliche Theorie des Wählens bewährt sich bei der Erklärung des Wahlverhaltens bei Europawahlen. Innerhalb des zweidimensionalen „European political space" entscheiden sich Wähler systematisch für diejenigen Parteien oder Listen, von denen sie sich einen höheren Nutzen versprechen. Das gilt unabhängig davon, ob die Links-Rechts- oder die Integrations-Dimension analysiert wird, und dieser Befund gilt für alle hier eingeführten und getesteten Nutzenterme.

Beide Dimensionen des politischen Raums sind jedoch unterschiedlich salient. Unabhängig von der Operationalisierung der empirischen Nutzenterme wird die Wahlentscheidung auch bei Europawahlen vorwiegend durch die Links-Rechts-Dimension und weniger vom Gegensatz nationaler und supranationaler Orientierungen bestimmt. Freilich sollte dieser Befund nicht als eine direkte

Bestätigung des Sekundärwahlmodells verstanden werden, denn die Links-Rechts-Dimension kann nicht ausschließlich der nationalen Politik zugeordnet werden, und die Integrationsdimension benennt meist mehr als nur rein europapolitische Präferenzen.

Das Anwendungsbeispiel in diesem Beitrag hat die Erwartung bestätigt, dass Wähler unterschiedliche Dimensionen des politischen Wettbewerbs nicht nur verschieden gewichten, sondern auch an unterschiedlichen Maßstäben bewerten. Bei Wahlen zum Europäischen Parlament sind kleine, extremistische oder euroskeptische Parteien oder Listen regelmäßig besonders erfolgreich. Auf beiden Dimensionen des politischen Wettbewerbsraums reagieren die Wähler, im Sinne des Diskontierungsmodells, auf die enorme Komplexität politischer Prozesse im Europäischen Parlament und in der Europäischen Union. Besonders beim Gegensatz von nationalen und supranationalen Positionen wirkt darüber hinaus die Logik des Richtungsmodells: Symbolische Politik, als binär dargestellte politische Sachfragen und ein geringer Informationsgrad der Wähler helfen, eine zentrifugale politische Wettbewerbsdynamik zu begründen.

Freilich können die vielfältigen Möglichkeiten, die komplexe, international vergleichende Wahlforschungsprojekte wie die „European Election Studies" (EES) oder „The Comparative Study of Electoral Systems" (CSES) bieten, an dieser Stelle nur angedeutet werden. Anschließende Arbeiten müssten insbesondere ein Makromodell formulieren, das die aufgezeigten und schlaglichtartig beschriebenen Differenzen zwischen unterschiedlichen Länderkontexten kausal erklärt.

Schließlich sollte der Einwand von Lewis und King (1999) weiterhin ernst genommen werden: Die vorhandenen Daten reichen eigentlich kaum aus, um eine abschließende Gewichtung der unterschiedlichen Modelle und Logiken vorzunehmen. Insbesondere die klare empirische Trennung von Diskontierungs- und Richtungsmodell kann wohl nur (oder allenfalls) durch experimentelle Daten vorgenommen werden. In dieser Richtung sind bereits wesentliche Grundlagen durch die Beiträge von Tomz und von Houweling (2008) oder Lacy und Paolino (2010) gelegt worden.

Danksagung

Dieser Beitrag hat sehr von der Unterstützung anderer profitiert. Ich danke Peter Grand und Susumu Shikano für Unterstützung und Beratung bei der Schätzung der Modelle. Die kritischen Kommentare von zwei anonymen Gutachtern haben bei der Überarbeitung des Manuskripts enorm geholfen; auch ihnen danke ich sehr herzlich. Schließlich danke ich dem österreichischen Forschungsfonds FWF für finanzielle Unterstützung (P 21797-G17).

Anhang

A1 Die „Choice Sets" der 27 Mitgliedstaaten

Die PIREDEU-Studie zur Europawahl 2009 umfasst als Kernstück eine Nachwahlbefragung in den 27 Mitgliedstaaten der Europäischen Union (vgl. http://www.piredeu.org). In jedem Ländersegment wurden etwa 1000 Personen interviewt; von diesen insgesamt 27 069 Befragten geben nur 14 913, wenig mehr als 55 %, eine gültige Parteiwahl an. Schließlich bleiben noch diejenigen Wähler bei der Analyse unberücksichtigt, die auf einer der beiden Dimensionen keine individuelle Position angegeben, oder für Kleinstparteien mit weniger als zehn Wählern gestimmt haben. Der für die Analyse benutzte Datensatz umfasst noch insgesamt 12 237 Wähler; die Größe der einzelnen Ländersegmente schwankt von nur $N = 157$ Wählern in Litauen bis hin zu immerhin 608 Wählern in Schweden. Die drei- und vierstelligen Zahlenkombinationen geben die ParlGov-Codes der jeweiligen Parteialternativen an (vgl. http://www.ParlGov.org):

Belgien ($N = 335$) 1310: CD&V (Christian Democrats & Flemish), 1110: PVV (Party of Likert and Progress), 1029: SP (Socialist Party), 993: VB (Flemish Block), 1594: AGLGr (Agalev - Groen), 501: NVA (New Flemish Alliance);

Bulgarien ($N = 258$) 1160: KzB (Coalition for Bulgaria), 544: NDSV (National Movement Simeon II), 1286: DPS (Movement for Rights and Freedoms), 535: ATA (National Union Attack), 1541: GERB (Citizens for European Development of Bulgaria), 1254: BC (Blue Coalition);

Dänemark ($N = 559$) 1629: Sd (Social Democrats), 211: RV (Danish Social-Liberal Party), 590: KF (Conservatives), 1644: SF (Socialist Peoples Party), 1418: DF (Danish Peoples Party);

Deutschland ($N = 514$) 808: CDU (Christian Democratic Union), 558: SPD (Social Democratic Party of Germany), 772: Grue (Alliance 90/ Greens), 1227: Linke (The Left), 543: FDP (Free Democratic Party);

Estland ($N = 278$) 113: ERE (Estonian Reform Party), 1137: EK (Centre Party of Estonia), 1597: IRL (Union of Pro Patria and Res Publica), 1448: SDEM (Social Democratic Party - Moderates), 219: EER (Estonian Greens);

Finnland ($N = 551$) 395: SSDP (Social Democratic Party of Finland), 94: KESK (Centre Party), 1118: KOK (National Coalition Party), 1427: VAS (Left Alliance), 1062: VIHR (Greens), 585: RKPSFP (Swedish Peoples Party), 1463: KD (Christian Union), 200: SPP (Finnish Party/ True Finns);

Frankreich ($N = 331$) 1176: LO (Workers' Struggle), 686: PCF (French Communist Party), 1539: PS (Socialist Party), 873: V (Greens), 937: MoDem (Democratic Movement);

Großbritannien ($N = 399$) 1556: Lab (Labour), 773: Con (Conservatives), 1302: LD (Liberal Democrats), 1284: SNP (Scottish National Party), 311: Plaid (Plaid Cymru), 1272: UKIP (United Kingdom Independence Party), 1250: BNP (British National Party);

Griechenland ($N = 554$) 47: ND (New Democracy), 1338: PASOK (Panhellenic Socialist Movement), 614: KKE (Communist Party of Greece), 1592: SRA (Coalition of the Radical Left), 1179: LAOS (Popular Orthodox Rally), 1280: OP (Ecologist Greens),

Irland ($N = 561$) 280: FF (Fianna Fail, Soldiers of Destiny), 1393: FG (Fine Gael – Familiy of the Irish), 1573: Greens (Green Party), 318: Lab (Labour Party), 433: SF (Sinn Fein), 1199: Lib (Libertas Ireland);

Italien ($N = 447$) 596: FI (Go Italy), 1436: LN (North League), 382: PD (Democratic Party), 693: IdV (Italy of Values), 226: UDC (Union of Christian and Centre Democrats), 1321: PRC (Communist Refoundation Party);

Litauen ($N = 157$) 1045: TSLK (Homeland Union), 1277: LSDP (Lithuanian Social Democratic Party), 1502: TPP (National Resurrection Party), 1421: TTLDP (Order and Justice – Liberal Democratic Party);

Luxemburg ($N = 578$) 310: Greng (The Greens), 701: LSAP (Luxembourg Socialist Workers' Party), 967: DP (Democratic Party), 1234: CSV (Christian Social People's Party), 1582: ADR (Alternative Democratic Reform Party), 457: DL (The Left);

Lettland ($N = 401$) 811: TP (People's Party), 466: ZZS (Green and Farmers' Union), 1518: JL (New Era), 1100: SC (Harmony Centre), 662: LPP/LC (Latvian First Party/ Latvian Way Party), 521: TB/LNNK (For Fatherland and Freedom/ LNNK), 1520: PCTVL (For Human Rights in a United Latvia), 445: PS (Civic Union), 962: SCP (Society for Other Politics);

Malta ($N = 254$) 984: PN (Nationalist Party), 1003: MLP (Malta Labour Party);

Niederlande ($N = 575$) 742: PvdA (Labour), 235: CDA (Christian Democrats), 1409: VVD (People's Party for Freedom and Democracy), 345: D66 (Libertarians), 756: GL (Greens), 990: PvdD (Party for the Animals), 1206: CU (ChristianUnion – Reformed Political Party), 1251: SGP (Political Reformed Party), 357: SP (Socialist Party), 1501: PVV (Party for Freedom), 664: PSL (Polish People's Party);

Österreich ($N = 568$) 973: SPO (Social Democratic Party of Austria), 1013: OVP (Austrian People's Party), 50: FPO (Freedom Party of Austria), 1536: BZO (Alliance for the Future of Austria), 1429: GRUENE (The Greens – The Green Alternative), 669: HPML (Hans-Peter Martin's List);

Polen ($N = 336$) 629: SLD (Democratic Left Alliance), 664: PSL (Polish Peasants' Party), 512: PO (Civic Platform), 528: PiS (Law and Justice);

Portugal ($N = 361$) 557: BdE (Bloc of the Left), 251: CDSPP (People's Party), 1295: CDU (Unified Democratic Coalition), 725: PS (Socialist Party), 1273: PSD (Social Democratic Party);

Rumänien ($N = 267$) 958: PDL (Democratic Liberal Party), 1120: PSD (Social Democratic Party), 1015: PNL (National Liberal Party), 948: UDMR (Democratic Union of Hungarians in Romania), 5: PS (Conservative Party);

Schweden ($N = 608$) 882: V (Left Party (Communists)), 904: SAP (Social Democrats), 1461: C (Centre Party), 892: FP (Liberals), 657: M (Moderate Party), 282: KD (Christian Democrats), 1154: MP (Greens), 1546: SD (Sweden Democrats),

Slowakei ($N = 299$) 1142: HZDS (Movement for a Democratic Slovakia), 220: Smer (Direction - Social Democracy), 1364: SDKU (Slovak Democratic and Christian Union), 1612: MOS (Hungarian Civic Party), 1270: E (Coexistence), 1072: SNS (Slovak National Party);

Slowenien ($N = 461$) 1587: DeSUS (Democratic Party of Retired People of Slovenia), 1252: LDS (Liberal Democracy of Slovenia), 16: SLS (Slovenian People's Party), 981: SNS (Slovenian National Party), 179: SDS (Slovenian Democratic Party), 706: ZLSD (United List - Social Democrats), 326: Zares (Zares), 1047: NSKLS (New Slovenia - Christian People's Party), 1512: SMS (Youth Party of Slovenia),

Spanien ($N = 421$) 645: PP (Popular Party), 902: PSOE (Spanish Socialist Workers Party), 118: IU/PCE (United Left/ Communist Party);

Tschechische Republik ($N = 331$) 789: CSSD (Czech Social Democratic Party), 1245: KDU/CSL (Christian Democratic Union/ People's Party), 1173: KSCM (Communist Party of Bohemia and Moravia), 829: ODS (Civic Democratic Party), 196: Sz (Green Party);

Anmerkung: Nach dem Sturz der Regierung Topolánek II regierte von Mai 2009 bis Juli 2010 eine Übergangsregierung; Ministerpräsident war der parteilose Jan Fischer;

Ungarn ($N = 330$) 921: Fidesz/MPSz (Fidesz-Hungarian Civic Union), 600: Jobbik (Movement for a Better Hungary), 1591: MSZP (Workers' Party);

Zypern ($N = 608$) 572: AKEL (Progressive Party of Working People), 1575: DISY (Democratic Rally), 851: DIKO (Democratic Party), 563: dEDEK (Socialist Party of Cyprus EDEK), 491: EK (European Party) 1621: KOP (Ecological and Environmental Movement).

Literatur

Adams, James F., Samuel Merill & Bernard Grofman (2005): A Unified Theory of Party Competition. A Cross-National Analysis Integrating Spatial and Behavioral Factors. Cambridge: Cambridge University Press.

Anderson, Christopher J. (1998): When in doubt, use proxies. Attitudes toward domestic politics and support for European integration, Comparative Political Studies 31: 569–601.

Black, Duncan (1948): On the rationale of group decision-making, Journal of Political Economy 56: 23–34.

Black, Duncan (1958): The Theory of Committees and Elections. Cambridge: Cambridge University Press.

Campbell, Angus & Philip E. Converse & Warren E. Miller & Donald E. Stokes (1960): The American Voter. Chicago und London: University of Chicago Press.

de Vries, Catherine E. (2007): Sleeping giant: Fact or fairytale? European Union Politics 8: 363–385.

de Vries, Catherine E., Wouter van der Brug, Marcel H. van Egmond & Cees van der Eijk (2011): Individual and contextual variation in EU issue voting: The role of political information, Electoral Studies 30: 16–28.

Downs, Anthony (1957): An Economic Theory of Democracy. New York: Harper and Row.

Fiorina, Morris P. (1981): Retrospective Voting in American National Elections. New Haven und London: Yale University Press.

Franklin, Mark N., Michael Marsh & Lauren McLaren (1994): Uncorking the bottle: Popular opposition to European unification in the wake of Maastricht, Journal of Common Market Studies 32: 101–117.

Gabel, Matthew J. (1998): Interests and Integration. Market Liberalization, Public Opinion, and European Union. Ann Arbor: University of Michigan Press.

Green, Donald P. & Ian Shapiro (1996): Pathologies of Rational Choice Theory. A Critique of Applications in Political Science. Yale University Press.

Grofman, Bernard (1985): The neglected role of the status quo in models of issue voting, Journal of Politics 47: 230–237.

Grofman, Bernard (2004): Downs and two-party convergence, Annual Review of Political Science 7: 25–46.

Hix, Simon & Christopher Lord (1997): Political Parties in the European Union. New York: St. Martin's Press.

Hix, Simon & Michael Marsh (2007): Punishment or protest? Understanding European Parliament elections, Journal of Politics 69: 495–510.

Hix, Simon & Bjørn Høyland (2011): The Political System of the European Union. Houndmills: Palgrave.

Hix, Simon, Abdul G. Noury & Gerard Roland (2007): Democratic Politics in the European Parliament. Cambridge: Cambridge University Press.

Hobolt, Sara B. & Jill Wittrock (2011): The second-order election model revisited: An experimental test of vote choices in European Parliament elections, Electoral Studies 30: 29–40.

Hobolt, Sara B., Jae J. Spoon & James Tilley (2009): A vote against Europe? Explaining defection at the 1999 and 2004 European Parliament elections, British Journal of Political Science 39: 93–115.

Hotelling, Harold (1929): Stability in competition, Economic Journal 39: 41–57.

Iversen, Torben (1994): Political leadership and representation in West European democracies. A test of three models of voting, American Journal of Political Science 38: 45–74.

Kedar, Orit (2005): When moderate voters prefer extreme parties: Policy balancing in parliamentary elections, American Political Science Review 99: 185–199.

Krämer, Juĺrgen & Hans Rattinger (1997): The proximity and the directional theories of issue voting: Comparative results for the USA and Germany, European Journal of Political Research 32: 1–29.

Lacy, Dean & Philip Paolino (2010): Testing proximity versus directional voting using experiments, Electoral Studies 29: 460–471.

Lewis, Jeffrey B. & Gary King (1999): No evidence on directional vs. proximity voting, Political Analysis 8: 21–33.

Macdonald, Stuart E., Ola Listhaug & George Rabinowitz (1991): Issues and party support in multiparty systems, American Political Science Review 85: 1107–1131.

Macdonald, Stuart E., George Rabinowitz & Ola Listhaug (1995): Political sophistication and models of issue voting, British Journal of Political Science 25: 453–483.

Macdonald, Stuart E., George Rabinowitz & Ola Listhaug (1998): On attempting to rehabilitate the proximity model: Sometimes the patient just can't be helped, Journal of Politics 60: 653–690.

Manow, Philip (2005): National Vote Intention and European Voting Behavior, 1979–2004. Second Order Effects, Election Timing, Government Approval and the Europeanization of European Elections. MPIfG Discussion Paper 05/11.

Marks, Gary & Marco R. Steenbergen (2002): Understanding political contestation in the European Union, Comparative Political Studies 35: 879–892.

Markus, Gregory A. & Philip E. Converse (1979): A dynamic simultaneous equation model of electoral choice, American Political Science Review 73: 1055–1070.

Marsh, Michael (1998): Testing the second-order election model after four European elections, British Journal of Political Science 28: 591–607.

Merrill, Samuel III. & Bernard Grofman (1999): A Unified Theory of Voting. Directional and Proximity Spatial Models. Cambridge: Cambridge University Press.

Page, Benjamin I. & Calvin C. Jones (1979): Reciprocal effects of policy preferences, party loyalities and the vote, American Political Science Review 73: 1071–1089.

Rabinowitz, George & Stuart E. Macdonald (1989): A directional theory of issue voting, American Political Science Review 83: 93–121.

Rabinowitz, George & Stuart E. Macdonald (2007): Simulating models of issue voting, Political Analysis 15: 406–427.

Reif, Karlheinz (1984): National electoral cycles and European elections 1979 and 1984, Electoral Studies 3: 244–255.

Reif, Karlheinz (1997): European elections as member state second-order elections revisited, European Journal of Political Research 31: 115–124.

Reif, Karlheinz & Hermann Schmitt (1980): Nine second order national elections: A conceptual framework for the analysis of European election results, European Journal of Political Research 8: 3–44.

Schmitt, Hermann (2005): The European Parliament elections of June 2004: Still second-order?, West European Politics 28: 650–679.

Shapiro, Ian (2005): The Flight from Reality in the Human Sciences. New Haven: Yale University Press.

Stokes, Donald E. (1963): Spatial models of party competition, American Political Science Review 57: 368–377.

Tomz, Michael & Robert P. van Houweling (2008): Candidate positioning and voter choice, American Political Science Review 102: 303–318.

Tsebelis, George & Geoffrey Garrett (2000): Legislative politics in the European Union, European Union Politics 1: 9–36.

Warwick, Paul (2004): Proximity, directionality, and the riddle of relative party extremeness, Journal of Theoretical Politics 16: 263–287.

Westholm, Anders (1997): Distance versus direction: The illusory defeat of the proximity theory of electoral choice, American Political Science Review 91: 865–883.

Die Politikpositionen der deutschen Landtagsparteien und ihr Einfluss auf die Koalitionsbildung

Franz Urban Pappi und Nicole Michaela Seher

Zusammenfassung

Die deutschen Bundesländer haben parlamentarische Regierungssysteme, deren Verfassungsbestimmungen für die Regierungsbildung sich wenig unterscheiden. Damit kann sich die Erklärung der Koalitionsbildung auf das Stimmengewicht und die Politikpositionen der Landtagsparteien konzentrieren. Aufbauend auf früheren Untersuchungen, insbesondere von Bräuninger und Debus (*Parteienwettbewerb in den deutschen Bundesländern*, 2012), wird ein neues Vorgehen zur Bestimmung von politikfeldspezifischen Parteipositionen vorgestellt und angewendet (manuelle Verschlüsselung von Kapitelüberschriften in Wahlprogrammen, um den nachfolgenden Text einem Politikfeld zuordnen zu können, und anschließend computerunterstützte Positionsmessung in fünf Politikfeldern mit Wordfish). So werden erstens der starke Einfluss der bildungspolitischen Übereinstimmung der Parteien auf die Koalitionsbildung nachgewiesen und zweitens das Zusammenwirken von Stimmengewichts- und Politik-Einfluss auf die Regierungsführung. Welche Partei den Ministerpräsidenten stellt, hängt von zwei Merkmalen ab: Gibt es im Landtag eine dominante Partei, wird sie den Ministerpräsidenten stellen; gibt es keine, stellt die Partei den Ministerpräsidenten, deren Distanz zum Mittelwert aller Landtagsparteien im mehrdimensionalen Politikraum am geringsten ist.

F. U. Pappi (✉)
Mannheimer Zentrum für Europäische Sozialforschung,
Universität Mannheim, MZES, AB-B, A5, 6, 68131 Mannheim, Deutschland
E-Mail: Franz.Pappi@uni-mannheim.de

N. M. Seher
In der Schranne 37, 70569 Stuttgart, Deutschland
E-Mail: nicole.seher@outlook.com

E. Linhart et al. (Hrsg), *Jahrbuch für Handlungs- und Entscheidungstheorie*,
Jahrbuch für Handlungs- und Entscheidungstheorie 8,
DOI 10.1007/978-3-658-05008-5_6,

1 Einleitung

Auf welche Koalition werden sich die Parteien nach einer Parlamentswahl einigen, wenn keine von ihnen über die Hälfte der Abgeordneten stellen kann? Koalitionstheorien beantworten diese Frage und die Antworten sind vielfältig. Die formalen Theorien bedienten sich lange der kooperativen Spieltheorie; in den letzten 25 Jahren ersetzte man die älteren Lösungsansätze verstärkt durch Ansätze der nicht-kooperativen Spieltheorie, wobei insbesondere Formateur-Theorien entwickelt wurden (vgl. die Übersichtsartikel von Bandyopadhyay und Chatterjee 2006 oder Humphreys 2008). Legt man allerdings Wert auf Theorien, die sich empirisch gut bewährt haben, ist die Wahl eingeschränkt, da viele Modelle bisher nicht empirisch getestet wurden. Und von den restlichen Theorien habe fast jede ein bisschen Recht, zusammen sagen sie aber höchstens ein Drittel der tatsächlichen Koalitionen richtig voraus (vgl. zu diesem Urteil Bäck und Dumont 2007). Dies ist insofern überraschend, als sich die empirischen Überprüfungen fast immer auf die gleichen Koalitionsdaten stützen. Dies sind die Regierungsbildungen der Nachkriegszeit in den westeuropäischen Ländern, die sich höchstens in der Periodenabgrenzung und der Länderauswahl leicht unterscheiden (vgl. z. B. Warwick 1996; Martin und Stevenson 2001; Strøm et al. 2008, S. 109 ff.). Erst in jüngster Zeit wird diese Datenbasis systematisch um mittel- und osteuropäische Länder erweitert (vgl. Glasgow et al. 2011). Daneben haben skandinavische Autoren die Koalitionsbildung auf Gemeindeebene untersucht und dies nicht zuletzt in dem Bestreben, eine zum Testen von Koalitionstheorien von den nationalen Regierungen in Westeuropa unabhängige Datenbasis zu gewinnen (vgl. für Schweden Bäck 2003 und für Dänemark Skjæveland et al. 2007). Noch besser als Gemeinden eignen sich zum Test von Koalitionstheorien Regierungsbildungen in den Einzelstaaten föderaler Systeme, wenn diese als parlamentarische Systeme organisiert sind.

Das trifft auf die deutschen Bundesländer zu. Die Verfassungen der Länder sehen die Möglichkeit eines formalen Misstrauensvotums vor, nach dessen Annahme durch den Landtag die Regierung zurücktreten muss.[1] Ins Amt kommen die Regierungen durch Wahl des Regierungschefs,[2] der die Minister entweder wie im Bund selbständig ernennt (in den neuen Ländern, Nordrhein-Westfalen und

[1] Nur in Artikel 44 (3) der Bayerischen Verfassung heißt es allgemeiner, dass der Ministerpräsident zurücktreten muss, „wenn die politischen Verhältnisse ein vertrauensvolles Zusammenarbeiten zwischen ihm und dem Landtag unmöglich machen".

[2] In Hamburg wurden bis zur Verfassungsänderung 1996 die Mitglieder des Senats (d. h. der Regierung) von der Bürgerschaft einzeln gewählt und der Senat wählte dann erst aus seiner Mitte den Ersten Bürgermeister. Vgl. zur jetzigen Rechtslage Ley (2010).

Schleswig-Holstein) oder das gesamte Kabinett vom Landtag bestätigen lassen muss (in den alten Ländern außer den vorher genannten und den Stadtstaaten). Darüber hinaus müssen in den Stadtstaaten Bremen, Hamburg und Berlin alle Senatoren einzeln vom Abgeordnetenhaus bzw. der Bürgerschaft gewählt werden. Im Unterschied zu nationalen politischen Systemen haben die deutschen Länder kein eigenes Staatsoberhaupt, entsprechende Funktionen wie Begnadigungsrecht oder Ordensverleihung übt der Ministerpräsident aus. Da dessen bzw. deren Amtszeit an die Wahlperiode des Landtags gebunden ist,[3] scheidet er bzw. sie als vom politischen Alltagsgeschäft unabhängiger Formateur einer neuen Regierung aus. Auch informell ist die Rolle des Formateurs einer Regierung dem deutschen System fremd. Man kann dieses System eher als „freestyle bargaining" bezeichnen (Laver und Schofield 1990, S. 210 f.), in dem die Führer der im Parlament vertretenen Parteien, gestützt auf die Sitzstärke ihrer Fraktionen, die Regierungsbildung aushandeln. In der Regel lassen sie sich dabei von dem Ziel leiten, eine minimale Gewinnkoalition mit einem Regierungschef der größten oder zweitgrößten Partei zu bilden. Das schränkte die Koalitionsbildungen in der Praxis bis in die jüngste Vergangenheit auf CDU- bzw. CSU- oder SPD-geführte Regierungen ein.

Im Hinblick auf institutionelle und informelle Regeln findet die Regierungsbildung in den deutschen Ländern also in einer sehr homogenen Umgebung statt. Im Hinblick auf solche Regeln handelt sich um „most similar cases" (Przeworski und Teune 1970), so dass die Abhängigkeit der Koalitionsbildung von den zentralen Koalitions- und Parteimerkmalen ohne den Einfluss solcher institutionellen „Störvariablen" umso besser untersucht werden kann. Letztere stellen bei internationalen Vergleichen ein größeres Problem dar. Allerdings muss man bei den Ländern dann zumindest auch berücksichtigen, dass nicht zuletzt wegen der Mitwirkung der Länderregierungen im Bundesrat an der Gesetzgebung des Bundes die Bundesparteien auf ihre jeweiligen Landesverbände einwirken werden.

Die Entscheidung für die deutschen Bundesländer als Datenbasis für die Koalitionsforschung ist mit erheblichem Forschungsaufwand verbunden, wenn man die Politikpositionen der Landtagsparteien und nicht nur ihre allgemeine ideologische Orientierung erfassen will. Viele Koalitionstheorien beschränken sich daher auf die Annahme einer einzigen Dimension, die in empirischen Untersuchungen mit der ideologischen Links-Rechts-Dimension gleichgesetzt wird. Begründen lässt sich diese Beschränkung mit der Annahme, dass der Vielzahl konkreter politischer Auseinandersetzungen um die „richtige" Politik eine ideologische „Tiefendimension"

[3] Nur die Verfassung von Rheinland-Pfalz sieht eine solche zeitliche Befristung der Amtszeit der Regierung nicht vor (vgl. dazu auch Ley 2010, S. 399), wie auch Hamburg bis zur Verfassungsänderung 1996 einen „immerwährenden Senat" kannte.

zugrunde liegt, eine Art „Superissue“ wie links-rechts, auf der man die wesentlichen Unterschiede zwischen den Parteien darstellen kann. Als Schlussfolgerung einer Analyse einzelner Policy-Dimensionen, die sich, am besten theoretisch begründet wie bei Hinich und Munger (1994), auf eine einzige ideologische Dimension zurückführen lassen, leuchtet diese Argumentation ein. Ohne Kenntnis der aktuellen Themen, denen sich eine neue Regierung stellen muss, wird man der Wirklichkeit von Koalitionsverhandlungen aber nicht gerecht. Was für die Anwendung räumlicher Modelle auf den Parteienwettbewerb um Wählerstimmen gerechtfertigt sein mag, muss nicht auch für Koalitionsverhandlungen gelten. Die öffentliche Agenda der politischen Themen und Probleme muss in den Koalitionsvereinbarungen ihren Widerhall finden und die Parteien werden sich bei der Problembearbeitung auf die bewährte Arbeitsteilung verlassen, die sich in der Aufteilung in bestimmte Politikfelder und in den unterschiedlichen Geschäftsbereichen der Ministerien zeigt. Aus diesen Gründen lohnt es sich, eine neue Datenquelle, die den Politikpositionen der Parteien in den einzelnen Politikfeldern mehr Aufmerksamkeit widmet als bisher üblich, für die Koalitionsforschung zu erschließen.

Wir beginnen die inhaltliche Analyse in Abschn. 2 mit einer Übersicht über bisherige Ergebnisse zur Koalitionsbildung in den deutschen Ländern. Daraus ergibt sich eine weitere Begründung für einen neuen Ansatz zur Konstruktion von Policy-Skalen, die sowohl länder- als auch politikfeld-spezifisch sind. Dieser neue Ansatz wird in Abschn. 3 vorgestellt. Dann werden in Abschn. 4 Konzepte der räumlichen Modellierung besprochen und Untersuchungspläne vorgestellt, mit denen man die Koalitionsbildung mit Hilfe von Politikskalen erklären bzw. untersuchen kann. Bei der Darstellung der Ergebnisse in Abschn. 5 zeigen sich die Vorteile der Untersuchung von Koalitionen im institutionell homogenen Umfeld der deutschen Länderparlamente. Insbesondere kann hier die Rolle der Politikskalen besser verstanden werden als im internationalen Ländervergleich, wo sie lediglich eine weitere Variable unter den vielen Kontext- und Parteigrößen-Variablen darstellen. Abschließend werden die Hauptergebnisse zusammengefasst und kommentiert.

2 Ergebnisse zur Koalitionsbildung in den deutschen Ländern

Deutsche Politikwissenschaftler haben die Koalitionsbildung in den deutschen Ländern mehrfach untersucht (Jun 1994; Kropp 2001; Heinrich 2002). Im Unterschied zu diesen auch in den Details aufschlussreichen Fallstudien interessieren hier jedoch die quantitativen Studien, deren Ergebnisse sich direkt mit den hier präsentierten

Ergebnissen vergleichen lassen. Diese quantitativen Studien, die Politikskalen zur Koalitionsvoraussage verwenden, bestätigen zentrale Hypothesen der älteren Koalitionstheorien für die deutschen Länder. So bewähren sich die Hypothesen der ämter-orientierten Theorien wie die Neigung zur Bildung minimaler Gewinnkoalitionen oder des Einbezugs der stärksten bzw. dominanten Partei (Pappi et al. 2005; Shikano und Becker 2009; Däubler und Debus 2009; Bräuninger und Debus 2012). Ebenso wird übereinstimmend der Einfluss der Bundesebene dadurch nachgewiesen, dass Koalitionen zwischen Landesverbänden von Regierungs- und Oppositionsparteien im Bund vermieden werden. Die policy-orientierten Theorien bewähren sich nicht so gut wie erwartet, was aber sicher auch mit den nicht ganz problem-gerechten Daten zusammenhängt. So verwenden Pappi et al. (2005) und Shikano und Becker (2009) die ideologischen Positionen der Bundesparteien als Ersatz für die Positionen der jeweiligen Landesverbände. Bräuninger und Debus (2012, S. 45 ff.) haben dagegen mit dem Verfahren *Wordscore* (Laver et al. 2003) die Positionen der Landtagsparteien aller Bundesländer auf Basis ihrer Wahlprogramme für die einzelnen Landtagswahlen seit 1990 gemessen. Sie nehmen dafür in Übereinstimmung mit der Literatur über das deutsche Parteiensystem einen zweidimensionalen Politikraum an, mit einer sozioökonomischen Dimension von links nach rechts und einer gesellschaftspolitischen Dimension von progressiv zu konservativ. Allerdings bestimmen auch sie die Positionen der Landesverbände unter Zuhilfenahme der Positionen der Bundesparteien. Für die Anwendung von *Wordscore* benötigt man Referenztexte und unabhängig von diesen Texten gewonnene Parteipositionen auf der sozioökonomischen und gesellschaftspolitischen Skala. Diese Positionen sind den Expertenumfragen von Laver und Hunt (1992) und Benoit und Laver (2006) für die Bundesparteien entnommen. Mit diesen Vorgaben können dann getrennt nach den Dimensionen die für die einzelnen Bereiche der Skala typischen Wörter identifiziert werden. Erst wenn diese *Wordscores* für die Bundestagswahlprogramme feststehen, können die *Textscores* der Landtagswahlprogramme durch Vergleich mit den Worthäufigkeiten und *Wordscores* der Bundestagswahlprogramme identifiziert werden. Der *Textscore* eines Landtagswahlprogramms entspricht dann der Position der entsprechenden Partei auf der vorgegebenen Skala.

Bräuninger und Debus berechnen für jede mögliche Koalition und die zwei Politikdimensionen getrennt ein Heterogenitätsmaß (2012, S. 180) und finden erwartungsgemäß, dass die Wahrscheinlichkeit zur Bildung einer Koalition mit zunehmender sozioökonomischer Heterogenität abnimmt. Sie können aber keinen Einfluss der gesellschaftspolitischen Heterogenität auf die Koalitionsbildung in den deutschen Bundesländern feststellen (2012, S. 185). Das wirft die Frage auf, was bzw. welches Politikfeld mit Gesellschaftspolitik gemeint ist bzw. ob nicht progressive oder konservative politische Zielvorstellungen Auswirkungen auf die Bildungspolitik eines Landes haben müssten. Schließlich gehört die Bildungspolitik zu den wichtigsten Kompetenzbereichen der deutschen Länder, die der Bund nicht über die konkurrierende Gesetzgebung an sich ziehen darf.

Dass die Gesellschaftspolitik in der Operationalisierung von Bräuninger und Debus (2012) die Koalitionsbildung in den Ländern nicht beeinflusst, dürfte zwei Ursachen haben. Zum einen liegt dies an der ursprünglichen Skala von Laver und Hunt (1992) bzw. Benoit und Laver (2006), die ein Kontinuum von der Unterstützung liberaler Politiken bei Themen wie „Abtreibung, Homosexualität und Euthanasie" bis zur Gegnerschaft zu diesen liberalen Politiken aufspannt. Von hierher ergeben sich höchstens indirekte Bezüge zur Kulturhoheit der Länder oder ihrer Schulpolitik. Zum anderen werden ausgerechnet nur Themen angesprochen, die im deutschen Strafgesetzbuch geregelt werden, für das bereits seit 1871 das Reich bzw. der Bund zuständig ist. Doch auch wenn eine im Sinn der Bildungspolitik bessere Skala für die Bundesparteien verfügbar gewesen wäre, wären die Wahlprogrammaussagen zur Bildungspolitik zwischen Bundes- und Landesparteien schwer vergleichbar gewesen. Es dürfte nämlich einen Unterschied machen, ob eine Partei Politiken in einem Bereich ankündigt, über den sie nach einer siegreichen Wahl relativ selbständig entscheiden kann, oder ob sie eher Entscheidungen anderer ausführt.

Deshalb soll im Folgenden versucht werden, die Politikpositionen der deutschen Landtagsparteien allein aus ihren Programmen für die Landtagswahlen zu rekonstruieren und dabei die Kompetenzverteilung zwischen Bund und Ländern zu berücksichtigen. Die Erklärungskraft der so gewonnenen Policy-Skalen kann dann mit der Erklärungskraft der sozioökonomischen und der gesellschaftspolitischen Skalen von Bräuninger und Debus (2012) zur Voraussage der Regierungskoalitionen in den deutschen Ländern verglichen werden. Wegen der Art der Kompetenzverteilung zwischen Bund und Ländern wird erwartet, dass die politische Heterogenität potentieller Koalitionen in der Bildungspolitik ein entscheidender Hinderungsgrund für eine Länderkoalition ist. Zuerst muss jedoch unser Vorgehen bei der Bildung länderspezifischer Politikskalen erläutert werden.

3 Ein neuer Ansatz zur Bildung länderspezifischer Politikskalen

Ziel unseres neuen Ansatzes zur Bildung länderspezifischer Politikskalen ist es, politikfeldspezifische Positionen der Landtagsparteien ohne Rückgriff auf die Wahlprogramme der bzw. Expertenbefragungen über die Bundesparteien zu gewinnen.

Wie bei Bräuninger und Debus (2012) wird aber auch hier auf eine inhaltsanalytische Auswertung der Landtagswahlprogramme der Parteien zurückgegriffen. Dabei werden fünf Politikbereiche unterschieden, darunter auch der Bereich, der klassischerweise einem eigenen Kultusministerium zugewiesen wird und für den die Länder in erster Linie zuständig sind.

Wahlprogramme, die regelmäßig als offizielle Parteidokumente Auskunft über die Politikposition einer Partei geben, sind als Basis für die Ermittlung der Politikpositionen der Landesparteien über die Zeit gut geeignet (Volkens 2002, S. 2). Ob die Positionen, die in Wahlprogrammen geäußert werden, und somit auch die Positionen, die auf Basis der Wahlprogramme ermittelt werden, den ehrlichen Positionen der jeweiligen Partei entsprechen oder einem strategischen Kalkül unterliegen, ist jedoch unklar (Mair 2001, S. 23). Für die hier durchgeführte Untersuchung ist das allerdings unproblematisch, da es bei der Erklärung der Koalitionsbildung um die Politikpositionen geht, die von der Landespartei nach außen zum Zweck der Stimmenmaximierung und als Koalitionssignale gegenüber den potentiellen Koalitionspartnern vertreten werden (Pappi und Shikano 2004).

Für die Gewinnung von Politikpositionen aus Wahlprogrammen können unterschiedliche inhaltsanalytische Methoden eingesetzt werden. Zu unterscheiden sind dabei insbesondere manuelle und computergestützte Verfahren der Inhaltsanalyse. Eine manuelle Kodierung hat den Vorteil, dass durch den Einsatz von Kodierern der Inhalt eines Textes direkt erfasst werden kann, wohingegen die computergestützten Ansätze vornehmlich auf der Auszählung von Worthäufigkeiten basieren. Eine manuelle Inhaltsanalyse der Wahlprogramme der Landtagsparteien würde zunächst die Entwicklung eines Kodierschemas voraussetzen, da das bekannte CMP-Kodierschema auf die nationale Ebene angepasst und daher nicht geeignet ist (Agasøster 2001; Pétry und Landry 2001). Für den Politikbereich Kultus würden beispielsweise lediglich die drei Kategorien Bildungsexpansion (positiv), Bildungsexpansion (negativ) und Kultur (Volkens 2002) in Frage kommen, von denen Bildungsexpansion (negativ) allerdings kaum vorkommt, so dass eine Berechnung von Politikpositionen im Politikfeld Kultus auf Basis einer CMP-Kodierung nicht sinnvoll ist. Neben der Entwicklung eines Kodierschemas ist die manuelle Inhaltsanalyse auch mit einem sehr zeit- und kostenintensiven Kodierprozess verbunden, der, wenn Reliabilitätsmaße ermittelt werden sollen, zumindest teilweise von mehreren Kodierern durchgeführt werden muss. Eine weitaus kostengünstigere und weniger zeitintensive Methode ist die computergestützte Inhaltsanalyse. Hier stehen insbesondere die beiden Anwendungen *Wordscore* (Laver et al. 2003) und *Wordfish* (Slapin und Proksch 2009) zur Verfügung. Im Gegenteil zu *Wordscore* benötigt *Wordfish* keine Referenzpositionen und kommt daher ohne den Rückgriff auf Bundestagswahlprogramme mit bekannten Parteipositionen aus. Aus diesem

Grund wird hier der *Wordfish*-Ansatz gewählt. Allerdings müssen auch bei der Anwendung von *Wordfish zunächst* verschiedene Probleme gelöst werden.

Für die Durchführung einer Inhaltsanalyse mit *Wordfish* ist es unabdingbar, dass die zu analysierenden Textdokumente einen ähnlichen Sprachgebrauch aufweisen, da gefundene Unterschiede zwischen den Textdokumenten ansonsten auch lediglich Unterschiede im Sprachgebrauch zeigen können und nicht die eigentlich interessierenden Positionsunterschiede. Wahlprogramme können grundsätzlich als eigene Textgattung aufgefasst werden, die einen bestimmten Sprachgebrauch implizieren und sich sprachlich beispielsweise deutlich von Reden oder Zeitungsartikeln unterscheiden. Ebenso wird ein bestimmtes Themenspektrum von Wahlprogrammen grundsätzlich abgedeckt. Fraglich ist jedoch, ob alle Parteien ihre Wahlprogramme gleichermaßen professionell gestalten, sich des typischen politischen Sprachgebrauchs bedienen und alle relevanten Themen abdecken oder ob es Unterschiede zwischen etablierten und weniger etablierten Parteien gibt. Teilweise treten Parteien mit nur wenigen hundert Mitgliedern, manchmal sogar weniger als einhundert Mitgliedern, zu Landtagswahlen an, so dass sich die Frage nach der Professionalität der Parteiarbeit und somit der Vergleichbarkeit zwischen den Wahlprogrammen dieser Parteien und etablierten Volksparteien wie CDU und SPD aufdrängt. Ein Blick in die Wahlprogramme verstärkt diese Bedenken. So bestehen Wahlprogramme kleiner Splitterparteien häufig nur aus wenigen Seiten mit einzelnen Aufzählungspunkten. Die Aufnahme der Wahlprogramme aller Landesparteien scheint aufgrund der großen Unterschiede für eine computergestützte Inhaltsanalyse daher nicht geeignet. Welche Wahlprogramme sollen also in die Analyse aufgenommen werden? Wir orientieren uns bei der Auswahl der Wahlprogramme am Forschungsinteresse. Im Mittelpunkt dieser Arbeit steht die Erklärung der Koalitionsbildung in den deutschen Ländern, sodass nur die Positionen möglicher Koalitionsparteien von Bedeutung sind. Voraussetzung um an einer Regierungskoalition teilzunehmen ist, dass eine Partei im jeweiligen Parlament vertreten ist. Aus diesem Grund werden die Wahlprogramme aller in den jeweiligen Landtag eingezogenen Parteien in die Analyse aufgenommen.

Für die Schätzung von Parteipositionen in verschiedenen Politikbereichen benötigt *Wordfish* Texte bzw. Textteile, die sich mit dem jeweiligen Bereich befassen. Dafür wird eine Verschlüsselung auf höherer Ebene gewählt, die der Aufgabenverteilung in der Landespolitik gerecht wird. Dazu kann die typische Aufgabenverteilung zwischen Landesministerien zum Ausgangspunkt genommen werden. Die Zuständigkeiten eines Ministeriums ergeben sich aus seiner Bezeichnung, häufig werden hier mehrere Geschäftsbereiche wie beispielsweise Arbeit und Soziales kombiniert. Eine Auswertung der Ministerien-Bezeichnungen in den deutschen Bundesländern von 1946 bis Ende 2005 ergab 282 verschiedene

Bezeichnungen, die aus insgesamt 83 Bezeichnungen für einzelne Geschäftsbereiche kombiniert wurden (Pappi et al. 2008, S. 327). Auf Basis der Häufigkeit solcher Kombinationen im Namen eines Ministeriums ließen sich die Geschäftsbereiche zu vierzehn Politikfeldern zusammenfassen (Pappi et al. 2008, S. 327).[4] Diese 14 Politikfelder bilden die Kategorien der Wahlprogrammverschlüsselung. Im Unterschied zur CMP-Verschlüsselung werden jedoch nicht einzelne Quasi-Sätze, sondern ganze Kapitel auf Basis ihrer Überschrift verschlüsselt. Dabei wird für die Analyse die unterste Überschriftenebene herangezogen, die für den Verschlüsselungszweck genügend diskriminiert.[5]

Wordfish extrahiert aus den Worthäufigkeiten eines Texts die erste Hauptkomponente und kommt zu umso gültigeren Positionsbestimmungen, je länger die Texte der einzelnen Politikfelder sind. Deshalb werden die 14 Politikfelder vor der Analyse mit *Wordfish* zu fünf größeren, inhaltlich verwandten Bereichen weiter zusammengefasst:

- Arbeit/Soziales/Bau (ASB),
- Kultus,
- Inneres und Justiz (Recht),
- Umwelt sowie
- Wirtschaft/Verkehr/Landwirtschaft/Finanzen (WLF).[6]

Diese Texte werden getrennt mit *Wordfish* analysiert, um politikfeldspezifische Parteipositionen zu erhalten. Vor der eigentlichen Analyse müssen allerdings noch einige Bereinigungsprozeduren durchgeführt werden. Dazu gehört eine Umwandlung in Kleinbuchstaben und Wortstämme, die Entfernung von Ziffern, Aufzählungszeichen und sogenannten *stopwords*,[7] eine Anpassung der alten an

---

[4] Diese sind: Arbeit und Soziales, Aufbau und Wiederaufbau, Bau, Kultus, Bund und Europa, Kriegsfolgen, Landwirtschaft, Finanzen, Justiz, Inneres, Umwelt und Landesplanung, Wirtschaft und Verkehr, ohne Geschäftsbereich/Sonderaufgaben, Staatskanzlei. Einleitung und Präambel werden gesondert verschlüsselt, sind aber kein eigener Politikbereich. Damit das Kategorienschema auch auf Bundesebene angewendet werden kann, wurde zusätzlich die Kategorie Außen- und Sicherheitspolitik hinzugefügt (Seher und Pappi 2011).

[5] Vgl. Schmitt (2008) für genauere Angaben zum Vorgehen bei der Verschlüsselung und für das verwendete Verschlüsselungsschema vgl. Seher und Pappi (2011).

[6] Die Politikfelder Bund und Europa, Aufbau und Wiederaufbau, Kriegsfolgen, Staatskanzlei sowie ohne Geschäftsbereich/Sonderaufgaben werden hier nicht verwendet. Sie kommen in den Landtagswahlprogrammen auch kaum vor.

[7] Die verwendete Liste mit stopwords ist im tm-Paket des Statistikprogramms R enthalten und wurde lediglich so angepasst, dass die Begriffe einig und einigen aus der *stopword*-Liste entfernt wurden, da diese Begriffe im deutschen Kontext als relevant erachtet werden.

die neue Rechtschreibung sowie die Entfernung der Namen von Parteien und Bundesländern.[8]

Eine Gefahr bei der Analyse von Wahlprogrammen mit *Wordfish* ist das Auftreten eines Agenda-Effekts (Proksch und Slapin 2009, S. 334 ff.). Ein solcher Effekt tritt auf, wenn sich die Themen, die im Laufe verschiedener Legislaturperioden in den Wahlprogrammen behandelt werden, stark unterscheiden bzw. verändern. So können große Unterschiede im Wortschatz über die Zeit Unterschiede zwischen den Positionen der Parteien zu einem Zeitpunkt verdecken (Seher und Pappi 2011, S. 6 f.). Dieser Agenda-Effekt ist somit ein häufiges Problem bei der Analyse von langen Zeitreihen. Für die vorliegende Analyse wurde der lange Untersuchungszeitraum von 1975 bis 2010 in die zwei Perioden von 1975 bis 1989 und von 1990 bis 2010 unterteilt, was temporale Agenda-Effekte unwahrscheinlicher macht.

Wahrscheinlicher sind dagegen Agenda-Effekte aufgrund unterschiedlicher Problemlagen bzw. unterschiedlicher Wortwahl in den Bundesländern. Ein Agenda-Effekt kann beispielsweise dadurch entstehen, dass die Parteien in Hamburg in ihren Wahlprogrammen den Ausbau des Hamburger Hafens diskutieren, während die hessischen Parteien den Ausbau des Frankfurter Flughafens und das Nachtflugverbot thematisieren. Wie sich dieser Effekt bei der Analyse von Wahlprogrammen aus verschiedenen Bundesländern auswirken kann, hat Schmitt (2008, S. 14 f.) eindrücklich demonstriert. Die einfachste Möglichkeit mit einem potentiellen Agenda-Effekt umzugehen ist die getrennte Analyse der Wahlprogramme nach Ländern und/oder Perioden. Um vergleichbare Positionen zu erhalten, müssen die Wahlprogramme aber gemeinsam analysiert werden, so dass ein anderer Weg gefunden werden musste, um potentiellen Agenda-Effekten vorzubeugen. Die Ursache des beschriebenen Agenda-Effekts sind Unterschiede in der Wortverwendung zwischen Bundesländern, so dass es nahe liegt, in gewissem Maße für eine Vereinheitlichung der Wortverwendung zu sorgen. Für die Aufnahme in die *Wordfish*-Analyse müssen Worte daher von Parteien in mindestens vier verschiedenen Bundesländern verwendet werden, um rein bundeslandspezifische Begriffe aus der Analyse auszuschließen.[9]

Um Vergleichbarkeit herzustellen und den tatsächlichen Parteienwettbewerb möglichst gut abbilden zu können, werden die Wahlprogramme aller Landtagspar-

---

[8] Für eine genauere Beschreibung dieses Vorgehens (vgl. Pappi und Seher 2009; Schmitt 2008; Seher und Pappi 2011, S. 6 f.).

[9] Die Festlegung der Grenze bei vier Bundesländern wurde mit Blick auf die drei Stadtstaaten (Berlin, Hamburg und Bremen), die aufgrund zusätzlicher Zuständigkeiten und spezieller Problemlagen besonders große Unterschiede zu den übrigen Bundesländern aufweisen, gewählt.

teien gemeinsam analysiert. Dieses Vorgehen bringt jedoch die Gefahr mit, dass bereits eine einzelne Partei, deren Wortschatz sich stark von dem Wortschatz der übrigen Parteien unterscheidet, die Analyse verzerren kann. In gewisser Weise wird dieser Gefahr durch die oben erläuterte Regel, dass Worte in Wahlprogrammen aus mindestens vier Bundesländern vorkommen müssen, um in die Analyse aufgenommen zu werden, bereits vorgebeugt, da reine Regionalparteien wie der SSW oder auch Parteien wie die Republikaner, denen im Untersuchungszeitraum nur in Baden-Württemberg und Berlin der Einzug in den Landtag bzw. das Abgeordnetenhaus gelang, die Analyse nicht mehr verzerren können. Da es jedoch auch sein kann, dass eine der stärker etablierten Parteien, die in mehr als vier Bundesländern in den Landtagen vertreten ist, parteispezifische Worte in ihren Wahlprogrammen verwendet, wird als zusätzliche Bedingung für die Aufnahme von Worten in die Analyse eingeführt, dass sie von mindestens zwei verschiedenen Parteien verwendet werden müssen.

Die *Wordfish*-Analyse wird getrennt für die fünf Politikbereiche und unterteilt in die zwei Perioden 1975 bis Ende 1989 und von 1990 bis zum 9. Mai 2010 durchgeführt. Da die Parteipositionen für jede der 10 Analysen so standardisiert werden, dass die Summe der Mittelwerte 0 und die Varianz 1 ist, sind direkte Vergleiche zwischen den Politikbereichen oder Perioden nicht möglich. Wenn im Folgenden statt der Distanzen in den einzelnen Politikfeldern ein gemeinsamer fünfdimensionaler Raum gebildet wird, werden die Dimensionen mit den Salienzen gewichtet, die für jedes Wahlprogramm aus der Länge des Texts gewonnen wurden, der diesem Politikfeld gewidmet ist (vgl. Pappi et al. 2013). Damit werden die politikfeldspezifischen Skalen von der subjektiven Warte der jeweiligen Partei aus vergleichbar gemacht. Distanzen zu einer anderen Partei auf einer Dimension, der man im Wahlprogramm viel Platz eingeräumt hat, werden gestreckt und umgekehrt werden Distanzen in einem Politikfeld verkürzt, für das die entsprechende Partei nach außen weniger Interesse signalisiert. Ein Nachteil dieser subjektiven Gewichtung ist, dass die Distanzen zwischen zwei Parteien nicht mehr symmetrisch sind. Da die etablierten Parteien, offensichtlich beeinflusst von der allgemeinen öffentlichen Agenda, die einzelnen Politikbereiche in ihren Wahlprogrammen aber sehr ähnlich gewichten, lässt sich, je nach Analyseziel, manchmal auch eine paarweise Durchschnittsbildung der Salienzen rechtfertigen. Das große Interesse an Arbeit und Sozialem und Kultus und das geringere Interesse an Recht oder Umwelt wird dadurch nicht verwischt, weil die Interessenschwerpunkte aller etablierten Parteien relativ stark übereinstimmen (vgl. Pappi et al. 2013). Deshalb ist die Salienz-Gewichtung der Dimensionen des gemeinsamen Politikraums für die fünf Politikbereiche notwendig und unabhängig von der Symmetrie oder Asymmetrie der Distanzen zu bewerten.

Vergleiche über die Periodengrenze des Wiedervereinigungsjahrs 1990 hinweg sind möglich, wenn es bei einer Analyse auf den Vergleich der Distanz- bzw. Heterogenitätsmaße innerhalb einer Regierungsbildungssituation ankommt. Das ist bei der bedingten logistischen Regression der Fall. Bei rein deskriptiven Auswertungen wird die Periodengrenze dagegen beachtet, indem die Parteidistanzen vor 1990 und ab 1990 getrennt dokumentiert werden. Grundsätzlich ist eine Position umso rechter oder konservativer, je größer ihr Zahlenwert ist, so dass im Allgemeinen ein positiver Wert für rechts/konservativ und ein negativer für links/progressiv steht.

Tabelle 1 fasst die ermittelten Politikpositionen der jeweiligen Landtagsparteien im Zeitraum von 1990 bis 2010 zusammen. Da die PDS bzw. Linke in den beiden süddeutschen Bundesländern Baden-Württemberg und Bayern sowie in Rheinland-Pfalz nie im Landtag vertreten war, liegen in diesen Ländern keine Positionen für die PDS bzw. Linke vor. Bei den kleinen Parteien, die nicht regelmäßig in allen Landtagen vertreten sind, ist allgemein zu berücksichtigen, dass sich die Durchschnittswerte teilweise nur auf relativ wenige Landtagswahlprogramme beziehen. CDU bzw. CSU und SPD waren hingegen in allen Landtagen im Untersuchungszeitraum vertreten.[10]

Beim Vergleich der Politikpositionen zwischen den Parteien zeigt sich im Allgemeinen das für Deutschland typische Bild mit den Grünen und der PDS links, der CDU und FDP eher rechts und der SPD in der Mitte. Dabei ist jedoch zu berücksichtigen, dass ein direkter Vergleich der Positionen zwischen den verschiedenen Politikdimensionen aufgrund der dimensionsweise getrennt erfolgten Schätzung nicht zulässig ist. Ein Vergleich der ordinalen Anordnung der Parteien ist hingegen möglich. Bei der Betrachtung der einzelnen Politikfelder können deutliche Abweichungen von der Links-Rechts-Grundkonstellation festgestellt werden. So vertritt die FDP im Politikfeld Umwelt häufig Positionen links von der PDS, die eher den Positionen der Grünen ähneln. Im Politikfeld Recht positioniert sich die FDP in ca. der Hälfte der Bundesländer linker als die SPD und bricht somit ebenfalls die Grundkonstellation der Parteien auf. Auch beim Vergleich zwischen den Bundesländern zeigen sich deutliche Unterschiede. So vertreten beispielsweise die Parteien in den Stadtstaaten im Politikfeld Arbeit/Soziales tendenziell linkere Politikpositionen als in den übrigen Bundesländern, was durchaus mit einer Anpassung an den Problemdruck, dem die Stadtstaaten aufgrund ihrer Bevölkerungsstruktur in diesem Bereich ausgesetzt sind, erklärt werden kann.

Um die Qualität unserer Messung zu überprüfen, müssen Validität und Reliabilität der von uns ermittelten Politikpositionen überprüft werden. Zur Überprüfung der Validität einer Positionsbestimmung werden häufig Positionsschätzungen, die

[10] Die CDU hat für die Landtagswahl 1990 in Brandenburg allerdings kein Wahlprogramm verabschiedet, so dass hier keine Politikposition vorliegt.

Tab. 1 Durchschnittliche Politikpositionen der Parteien 1990–2010

Politikfeld	Bundesland	CDU/CSU	SPD	FDP	Grüne	PDS
Arbeit/Soziales	Baden-Württemberg	1,06	0,45	0,64	– 0,55	–
	Bayern	1,11	– 0,46	0,33	– 1,22	–
	Berlin	0,52	– 0,21	0,51	– 1,18	– 1,07
	Brandenburg	1,06	0,15	2,35	– 0,91	– 0,81
	Bremen	0,66	0,05	0,55	– 0,94	– 0,81
	Hamburg	0,22	– 0,02	– 0,14	– 1,00	– 1,26
	Hessen	0,93	0,07	0,56	– 0,63	– 1,08
	Meckl.-Vorpommern	0,69	– 0,04	0,43	–	– 0,86
	Niedersachsen	0,72	– 0,09	0,48	– 1,10	– 0,92
	Nordrh.-Westfalen	0,80	0,54	0,49	– 0,98	– 1,01
	Rheinland-Pfalz	0,87	0,23	0,27	– 1,35	–
	Saarland	0,83	0,42	0,81	– 0,69	– 0,45
	Sachsen	0,73	0,07	0,48	– 0,94	– 1,01
	Sachsen-Anhalt	0,60	– 0,05	0,90	– 1,86	– 0,81
	Schleswig-Holstein	0,88	0,08	0,67	– 0,80	– 1,09
	Thüringen	0,75	0,38	0,69	– 0,76	– 0,85
Kultus	Baden-Württemberg	1,02	– 0,24	0,76	– 1,11	–
	Bayern	1,48	– 0,81	0,38	– 1,55	–
	Berlin	0,52	0,05	0,52	– 1,48	– 1,15
	Brandenburg	1,23	0,34	1,85	– 1,12	– 0,83
	Bremen	1,04	– 0,12	0,97	– 1,14	– 1,03
	Hamburg	1,19	0,10	0,88	– 0,85	– 1,46
	Hessen	1,07	– 0,39	1,20	– 1,12	– 1,37
	Meckl.-Vorpommern	0,79	– 0,00	0,25	–	– 0,56
	Niedersachsen	1,00	– 0,00	1,08	– 1,14	– 1,14

Tab. 1 (Forsetzung)

Politikfeld	Bundesland	CDU/CSU	SPD	FDP	Grüne	PDS
	Nordrh.-Westfalen	0,47	– 0,07	0,66	– 1,24	– 1,28
	Rheinland-Pfalz	1,01	0,21	1,09	– 1,50	–
	Saarland	0,94	0,47	1,00	– 0,90	– 0,71
	Sachsen	0,88	– 0,35	0,58	– 1,21	– 1,04
	Sachsen-Anhalt	0,83	0,23	0,70	– 1,65	– 0,67
	Schleswig-Holstein	1,21	0,07	0,68	– 1,16	– 1,55
	Thüringen	0,93	0,14	0,36	– 1,54	– 0,81
Recht	Baden-Württemberg	1,20	0,31	0,62	– 0,92	–
	Bayern	1,22	– 0,21	– 0,37	– 1,33	–
	Berlin	0,71	– 0,18	0,36	– 1,19	– 1,08
	Brandenburg	1,21	0,56	1,95	– 1,23	– 1,01
	Bremen	0,92	0,44	0,39	– 0,76	– 1,14
	Hamburg	1,32	0,68	0,27	– 0,89	– 1,61
	Hessen	1,20	0,35	0,73	– 0,89	– 1,49
	Meckl.-Vorpommern	0,78	0,80	– 0,29	–	– 0,98
	Niedersachsen	0,98	0,32	0,71	– 1,25	– 1,10
	Nordrh.-Westfalen	0,64	0,05	0,58	– 0,99	– 1,28
	Rheinland-Pfalz	0,77	0,43	0,40	– 1,47	–
	Saarland	0,57	0,57	0,40	– 0,98	– 1,47
	Sachsen	1,11	0,11	0,15	– 1,09	– 1,12
	Sachsen-Anhalt	0,84	0,74	0,49	– 1,58	– 1,02
	Schleswig-Holstein	1,01	0,18	0,15	– 1,05	– 1,51
	Thüringen	1,15	0,78	0,18	– 1,32	– 0,82

Tab. 1 (Forsetzung)

Politikfeld	Bundesland	CDU/CSU	SPD	FDP	Grüne	PDS
Umwelt	Baden-Württemberg	0,36	0,17	– 0,16	– 0,53	–
	Bayern	0,68	– 0,94	– 0,27	– 1,07	–
	Berlin	0,67	0,36	0,39	– 0,08	0,04
	Brandenburg	0,65	0,60	– 0,24	– 0,55	0,42
	Bremen	0,91	1,24	0,23	0,43	1,10
	Hamburg	0,34	1,04	0,15	– 0,23	0,07
	Hessen	0,11	0,44	– 0,04	– 0,59	– 0,66
	Meckl.-Vorpommern	0,04	0,31	– 0,56	–	– 0,06
	Niedersachsen	0,30	0,04	– 0,39	– 0,79	– 0,19
	Nordrh.-Westfalen	0,41	0,22	– 0,10	– 0,71	0,66
	Rheinland-Pfalz	– 0,15	– 0,09	– 0,40	– 1,21	–
	Saarland	0,16	0,08	– 0,45	– 0,68	– 1,35
	Sachsen	0,41	– 0,41	– 0,46	– 0,56	0,39
	Sachsen-Anhalt	– 0,01	1,18	– 0,47	– 1,73	0,10
	Schleswig-Holstein	0,14	0,44	– 0,71	– 0,87	0,85
	Thüringen	0,26	0,87	– 0,80	– 0,63	– 0,12
Wirtschaft	Baden-Württemberg	0,78	– 0,24	0,43	–1,28	–
	Bayern	0,82	– 0,89	0,41	– 1,73	–
	Berlin	0,89	0,49	– 0,23	– 1,65	– 0,49
	Brandenburg	1,17	0,60	– 1,24	– 0,83	– 0,31
	Bremen	1,01	0,59	0,23	– 0,97	– 1,06
	Hamburg	0,13	0,40	0,10	– 1,51	– 1,63
	Hessen	0,89	– 0,01	0,63	– 1,34	– 1,59
	Meckl.-Vorpommern	1,00	0,80	0,26	–	0,00

Tab. 1 (Forsetzung)

Politikfeld	Bundesland	CDU/CSU	SPD	FDP	Grüne	PDS
	Niedersachsen	0,74	0,04	0,94	− 1,61	− 1,37
	Nordrh.-Westfalen	0,53	0,27	0,35	− 1,39	− 1,73
	Rheinland-Pfalz	1,02	0,78	0,77	− 1,62	–
	Saarland	0,48	0,44	0,38	− 1,05	− 0,91
	Sachsen	1,06	0,34	0,42	− 1,27	− 0,60
	Sachsen-Anhalt	1,03	0,65	0,71	− 1,63	0,27
	Schleswig-Holstein	1,01	0,38	0,13	− 1,25	− 1,83
	Thüringen	1,28	0,39	0,59	− 1,54	− 0,66

mit verschiedenen Methoden ermittelt wurden, miteinander verglichen. Auch für die in dieser Arbeit verwendeten Politikpositionen wurden verschiedene Validitätstests durch Vergleiche mit Politikpositionen, die für die gleichen Parteien, aber auf andere Art und Weise gewonnen wurden, durchgeführt. Die mit der beschriebenen Methode durchgeführten Schätzungen der Politikpositionen auf Bundesebene wurden mit auf der CMP-Verschlüsselung[11] basierenden Politikpositionen sowie mit ebenfalls mit *Wordfish* berechneten Politikpositionen von Slapin und Proksch (2009) verglichen. Die Korrelationen zwischen den auf verschiedene Weise ermittelten Politikpositionen schwanken zwar je nach Politikfeld, bestätigen insgesamt jedoch die Validität der gemessenen Politikpositionen (Pappi et al. 2011, S. 416; Pappi und Seher 2009). Zudem wurde durch einen Vergleich mit der CMP-Verschlüsselung der Bundestagswahl 2009 auch die Angemessenheit der manuellen Verschlüsselung einem Test unterzogen, indem verglichen wurde, aus welchen CMP-Kategorien sich die anhand der Überschriftenverschlüsselung verschiedenen Politikbereichen zugewiesenen Textabschnitte zusammensetzen. Der Großteil der Quasi-Sätze in den politikfeldspezifischen Textdokumenten wurde auch auf Basis der CMP-Verschlüsselung diesen Politikfeldern zugewiesen (Pappi et al. 2011, S. 16).[12] Diese Ergebnisse können somit insgesamt als Bestätigung der Verschlüsselung von Kapiteln anhand der Überschriften betrachtet werden (Pappi et al. 2011, S. 15 f.). Eine umfassende Überprüfung der Validität der gewählten Vorgehensweise bezüglich der Politikfeldsalienzen der Landesparteien wurde von Pappi et al. (2013) durchgeführt. Unter anderem wurde auch hier die Angemessenheit der Verschlüsselung von Überschriften untersucht. Mit einem Wörterbuch aus politikfeldspezifischen Schlüsselwörtern wurden die Landtagswahlprogramme im Zeitraum von 1994 bis 1998 analysiert. Dabei zeigt sich, dass die Schlüsselwörter eines Politikfeldes eine hohe Konzentration in den Textteilen aufweisen, die diesem Politikfeld anhand der Überschriftenverschlüsselung zugeweisen wurden (Pappi et al. 2013).

Die Überprüfung der Reliabilität der Messung betrifft lediglich die Reliabilität der manuellen Überschriftenverschlüsselung, da die Analyse mit *Wordfish* durch einen Computeralgorithmus erfolgt und daher zu 100 % reliabel ist. Zur Überprüfung der Intercoderreliabilität der manuelle Verschlüsselung der Überschriften wurden die Wahlprogramme der CDU zur hessischen Landtagswahl im Jahr 2003 und der hessischen SPD zur Landtagswahl 2008 durch sieben Kodierer verschlüsselt. Das bedeutet, dass insgesamt 232 Analyseeinheiten von allen sieben Kodierern

[11] CMP steht für Comparative Manifesto Project und die Veröffentlichungen von Budge et al. (2001) und Klingemann et al. (2006).

[12] Eine Ausnahme bildet das Politikfeld Kultus, in dem nur 46 % der Quasi-Sätze auch anhand der Überschriftenverschlüsselung dem Politikfeld Kultus zugeordnet werden.

verschlüsselt wurden und die Übereinstimmung zwischen den Kodierern als Maß für die Intercoderreliablität bestimmt werden kann. Der Reliabilitätskoeffizient nach Holsti (1969), das heißt der Durschnitt der paarweisen Übereinstimmungen der Kodierer, beträgt ungefähr 89 %, was ein durchaus zufriedenstellendes Ergebnis ist. Bekräftigt wird dieses Ergebnis dadurch, dass auch die einzelnen Werte des paarweisen Vergleichs eine sehr gute Übereinstimmung zwischen 86 und 99 % ergeben, so dass die Intercoderreliabilität insgesamt zufriedenstellend ist.

4 Theorien, Hypothesen und Analysestrategien der Koalitionsbildung

Wendet man räumliche Modelle auf den Stimmenwettbewerb der Parteien bei Parlamentswahlen an, fragt der Forscher aus Sicht der Parteien, wo die Parteien im Politikraum platziert sein müssen, um ihren Stimmenanteil unter der Bedingung zu maximieren, dass sich keine Partei mehr durch einen einseitigen Positionswechsel besser stellen kann. Bei der Anwendung räumlicher Modelle auf die Koalitionsbildung sind die wesentlichen Parameter durch die vorausgegangene Wahl fixiert. Die Parteien haben sich in ihren Wahlprogrammen auf bestimmte Politiken festgelegt und ihre Abstimmungsmacht, sprich ihre Sitzanteile im Parlament, stehen ebenfalls fest. Die Frage ist nun, welche Koalition in der folgenden Legislaturperiode Mehrheiten für ihre Politik finden kann. Das hängt sowohl von der Abstimmungsmacht der Parteien als auch von ihren Positionen im Politikraum ab. Bei Mehrheitsregierungen, die nicht nur von einer Partei gestellt werden, verpflichten sich die Koalitionspartner in der Regel, geschlossen abzustimmen und nicht Mehrheiten außerhalb der Koalition auf Kosten des oder der anderen Partner zu suchen.

Viele Lösungskonzepte für die Koalitionsbildung in mehrdimensionalen Politikräumen wie der strukturell stabile Kern, das *heart* oder das *uncovered set* (vgl. Schofield 2008, S. 97 ff.) laufen darauf hinaus, Ersatzkonzepte für den Median im eindimensionalen Fall zu suchen. Eine zentrale Position im Politikraum prädestiniere Parteien als mögliche Koalitionspartner, weil sie die Mehrheitsfindung im Parlament erleichtere. Für die hier geplante statistische Analyse wird als „Ersatz für die Ersatzkonzepte“ einfach die Distanz der Parteien einer Koalitionsbildungssituation zum Durchschnitt der Positionen aller Landtagsparteien gebildet. Dabei wird dieser Schwerpunkt der Landtagsparteien im fünf-dimensionalen Politikraum dimensionsweise mit den durchschnittlichen Salienzen der Parteien gewichtet. Die Sitzstärke der Parteien wird dagegen nicht berücksichtigt, da für die sich aus geringen Distanzen ergebenden Koalitionsmöglichkeiten Einstimmigkeit der Koalitionspartner nötig ist.

Das Ergebnis einer statistischen Analyse der Koalitionsbildung ist der Nachweis signifikanter Einflüsse der Merkmale, die in den ausgewählten Regierungsbildungssituationen häufig zur Bildung von Koalitionen führen. Als Standardverfahren hat sich seit den Aufsätzen von Weesie und Roozendaal (2000) und Martin und Stevenson (2001) die bedingte logistische Regression durchgesetzt (vgl. zur methodischen Kritik Glasgow et al. 2012). Dieses Verfahren schätzt die Wahrscheinlichkeiten für die einzelnen Koalitionen mit Hilfe alternativen-spezifischer Attribute. Da die Alternativen bei n Parteien aus allen $2^n - 1$ potentiellen Koalitionen einer Koalitionsbildungssituation bestehen, entsprechen die Attribute den Koalitionsmerkmalen, die ihrerseits aus den Koalitionstheorien abgeleitet werden. Anstelle des Anteils richtig vorausgesagter Koalitionen wie in früheren Untersuchungen kann man jetzt den Einfluss einzelner Determinanten bei Kontrolle aller übrigen Einflussgrößen auf die Koalitionsbildung statistisch testen. Man erhält so einen Überblick über die in einer bestimmten Klasse von Koalitionsbildungssituationen überzufällig häufigen Koalitionstypen wie z. B. minimale Gewinnkoalitionen statt übergroßer Koalitionen oder Minderheits-Regierungen in den deutschen Ländern. Ein Test einzelner spieltheoretischer Koalitionstheorien ist das jedoch nicht, weil der Nutzen, den die Spieler von den in der Prognosegleichung enthaltenen Variablen bei einzelnen Koalitionen haben, nicht spezifiziert wird.

Bezieht man in die Untersuchungspopulation Koalitionsbildungssituationen aus vielen verschiedenen parlamentarischen Systemen ein, gehen die Besonderheiten der einzelnen nationalen Systeme verloren, weil die Ergebnisse nur die Durchschnittssituation abbilden. Homogenere Untersuchungspopulationen wie die parlamentarischen Systeme der deutschen Länder erweisen sich hier als Vorteil, da bestimmte institutionelle Merkmale oder Charakteristika des Parteiensystems praktisch konstant gehalten sind, so dass man sich auf die koalitionstheoretischen Kernmerkmale der Parteiengröße und der Policy-Distanzen konzentrieren kann. In den folgenden Abschnitten sollen zwei Fragen beantwortet werden: 1. Welchen Einfluss haben politikfeldspezifische Parteipositionen auf die Koalitionsbildung in den deutschen Ländern und 2. welche Partei kann den Ministerpräsidenten stellen?

4.1 Welche Koalition wird gebildet?

Wie Bräuninger und Debus (2012) beschränken wir uns auf die Regierungsbildung unmittelbar nach einer Landtagswahl. Die Amtszeit der alten Regierung ist dann abgelaufen; sie bleibt jedoch geschäftsführend im Amt, bis die neue Regierung vom

Parlament bestätigt ist (positiver Parlamentarismus in den deutschen Ländern). In seiner Regierungserklärung kündigt der frisch bestätigte Ministerpräsident das Programm für die nächsten Jahre an, das bei Koalitionsregierungen vorher in den Koalitionsverhandlungen vereinbart wurde. Dieses Programm ist an der Arbeitsteilung zwischen den Ministerien orientiert und spricht konkrete Vorhaben der Gesetzgebung und Verwaltung an. Die Vorstellungen der Parteien in den einzelnen Politikfeldern können die Koalitionsforscher mit Politikskalen erfassen, die sie dann zu einem Politikraum zusammenfügen können. Dieser Politikraum wird naturgemäß aus mehr Dimensionen bestehen als die ideologischen Räume, bei denen sich die Forscher auf eine bis zwei Dimensionen beschränken.

Die statistische Analyse der Koalitionsbildung in den deutschen Ländern von Bräuninger und Debus (2012) enthält wichtige Einflussgrößen, die man aus den älteren Koalitionstheorien ableiten kann. Die Regierungsbildung in einem Parlament, das die neue Regierung mehrheitlich unterstützen muss, wird als gewichtetes Spiel mit den Fraktionen als gewichteten, einheitlich handelnden rationalen Akteuren aufgefasst, bei dem es um Gewinnen und Verlieren geht. Eines der ältesten Lösungskonzepte für diese Spiele, das auf von Neumann und Morgenstern (1972, Kap. X, zuerst 1944) zurückgeht (vgl. auch Riker 1962), ist die Bildung von minimalen Gewinnkoalitionen, die keinen Spieler enthalten, der für die Mehrheit nicht gebraucht wird. Es muss also geprüft werden, inwieweit trotzdem Minderheitsregierungen oder übergroße Koalitionen gebildet werden. Letzteres ist den deutschen Ländern kaum der Fall, was sich in einem besonders starken Effekt für minimale Gewinnkoalitionen bei Bräuninger und Debus (2012) niederschlägt. Allerdings ist ein Großteil dieses Effekts auf Einparteien-Regierungen mit absoluter Mehrheit zurückzuführen, wie sich durch Vergleich mit der Analyse von Pappi et al. (2005) zeigt, die für diese Kategorie einen eigenen Effekt berechnen. Dennoch bleibt der Effekt für die sonstigen minimalen Gewinnkoalitionen, wie erwartet, signifikant. Der zweite signifikante Faktor der policyblinden Theorien, mit dem Bräuninger und Debus (2012) das Zustandekommen einer Koalition signifikant erklären können, ist die Einbeziehung der stärksten Partei in eine Koalition. Diese Variable ist für die Formateurtheorien wichtig, die oft annehmen, dass der Formateur in der Reihenfolge der Sitzstärke der Parteien im Parlament oder alternativ mit einer dem Sitzanteil entsprechenden Wahrscheinlichkeit gewählt wird (vgl. z. B. Diermeier und Merlo 2004).

Die politische Übereinstimmung in einer Koalition messen Bräuninger und Debus (2012) getrennt für die Wirtschafts- und Sozialpolitik und die Gesellschaftspolitik mit der Summe der paarweisen Distanzen auf den entsprechenden Skalen, die mit den akteurs-spezifischen Salienzen gewichtet werden. Für jede Koalition müssen also alle gerichteten Dyaden einbezogen werden, da die Salienzen im

Unterschied zu den quadrierten Distanzen nicht symmetrisch sind. Wie bereits erwähnt, stellt sich die wirtschafts- und sozialpolitische Distanz als Hinderungsgrund für eine Koalition heraus, nicht aber die gesellschaftspolitische Distanz, die wirkungslos bleibt. Bei der hier durchgeführten Überprüfung des Einflusses der Politikdistanzen auf die Koalitionsbildung in den deutschen Ländern werden wie von Bräuninger und Debus (2012) zusätzlich noch „kontextuelle Faktoren" eines Weiterregierens der alten Regierung und der Übereinstimmung mit der Koalition im Bund in die Voraussagegleichung aufgenommen.

Die zwei politischen Heterogenitätsmaße, von denen sich nur eines signifikant auf die Koalitionsbildung auswirkt, sind bei Bräuninger und Debus die einzigen policy-bezogenen Variablen zur Voraussage von Koalitionen. Wenn von vorne herein von nur einer ideologischen Dimension ausgegangen wird, lässt sich prüfen, ob Koalitionen, die die Medianpartei im Landtag enthalten, wahrscheinlicher sind als andere. Dies ist auf Basis einer allgemeinen Links-Rechts-Ordnung der Parteien in den deutschen Ländern (Pappi et al. 2005) der Fall. Allerdings ist auf Grund der Ergebnisse von Martin und Stevenson (2001, 2010) für westeuropäische Regierungen zu vermuten, dass hier ein trade-off der Effekte für die Medianpartei und die politische Heterogenität der Koalitionen und der Opposition besteht. Beziehen die Autoren die letzteren beiden Variablen ein (2001, S 42), ist der Effekt für die Mitgliedschaft der Medianpartei in der Koalition nicht mehr signifikant. Dies deutet darauf hin, dass der Spielraum für policy-orientierte Koalitionsdeterminanten begrenzt ist. Innerhalb dieses begrenzten Spielraums, so unsere Hypothese, sollte die Heterogenität einer möglichen Koalition im Bereich Kultus sich signifikant negativ auf die Regierungsbildung auswirken.

Eine sparsamere und damit bessere Modellierung ist durch Zusammenlegung der Einzel-Heterogenitäten bzw. -Distanzen zu einem Gesamtmaß im mehrdimensionalen Politikraum möglich. Dabei wird einmal deren Erklärungskraft gegenüber den Einzel-Heterogenitäten überprüft und zum anderen werden die Politikdistanzen von Paaren von Koalitionsparteien den Politikdistanzen derselben Paare gegenübergestellt, wenn beide im selben Landtag, aber nicht in derselben Regierung vertreten sind. Daraus ergeben sich mehr deskriptive Hinweise auf die Bedeutung der Politikorientierungen für die Bildung bestimmter Koalitionen.

4.2 Welche Partei stellt den Ministerpräsidenten?

Eine früh geäußerte Kritik an der Verwendung der bedingten logistischen Regression zur Voraussage von Koalitionen ist der fehlende Akteursbezug. Als diskrete Entscheidungsanalyse wurde diese Methode ursprünglich entwickelt, um „auf der Basis des Zufallsnutzenmodells empirisch die Nutzenfunktion einzelner Alternativen" zu schätzen (Shikano und Becker 2009, S. 284). Bei der Anwendung von Martin und Stevenson (2001) entscheidet sich aber „das System", welche Koalition es bevorzugt. Die in der Modellbildung vorherrschenden Ansätze der nicht-kooperativen Spieltheorie lösen das Problem, indem sie eine feste Sequenz der Regierungsbildung annehmen, deren erster Schritt in der Wahl eines Formateurs besteht (Baron 1991; Baron und Diermeier 2001). Neuere empirische Untersuchungen versuchen dementsprechend zuerst die Auswahl eines Formateurs bzw. der Formateur-Partei zu erklären (Bäck und Dumont 2007; Glasgow et al. 2011). Wenn ein Staatsoberhaupt mehr oder weniger frei einen Formateur auswählen kann oder wenn *nature* zufällig einen Formateur bestimmt und die vorgesehene Sequenz eingehalten wird, sind Gleichgewichtslösungen durch *backwards induction* bestimmbar. Neben den parlamentarischen Systemen, die die institutionell abgesicherte Rolle eines Formateurs kennen, gibt es aber auch andere Systeme, für die Laver und Schofield den Begriff „freestyle bargaining systems" gewählt haben (1990, S. 210 f.). Müller und Strøm (1997, S. 15) beschreiben die Schwierigkeiten bei der Bestimmung eines „Koordinators" der Koalitionsvorhandlungen, der als funktionales Äquivalent eines institutionellen Formateurs angesehen werden könnte. Was bleibt, ist der Rückgriff auf die Person bzw. Partei, die tatsächlich den Ministerpräsidenten stellt (vgl. Glasgow et al. 2011). Für die Koalitionsverhandlungen ohne institutionellen Formateur fehlt dem „Koordinator" aber ein entscheidender Verhandlungsvorteil bei der Auswahl seiner möglichen Regierungspartner. Die Parteien, denen ein derartiger Koordinator Angebote macht, können zur selben Zeit mit anderen Parteien Sondierungsgespräche führen, die zu einer alternativen Regierung führen können. Mit dieser Gleichzeitigkeit aller möglichen Sondierungsgespräche bricht die fixe Sequenz der Formateur-Modelle à la Baron und Ferejohn (1989) zusammen. Wie aber kann man ohne Formateur-Annahme erklären, welche Partei den Ministerpräsidenten stellen wird?

Nach Bräuninger und Debus (2012) ist die Wahrscheinlichkeit für die Bildung einer Koalition, an der die stärkste Partei teilnimmt, sehr hoch. In politischen Kommentaren kann man manchmal sogar lesen, die größte Partei habe quasi einen Anspruch auf Regierungsbeteiligung und Regierungsführung. Ohne institutionelle Regel, nach der der Vorsitzende der größten Partei den ersten Auftrag zur Regierungsbildung erhält wie z. B. in Griechenland (Artikel 37(2) der griechischen Verfassung) ist ein von der größten Partei erhobener Anspruch wenig wert, es sei denn, sie ist Diktator des Koalitionsspiels, d. h. sie verfügt allein über die absolute Mehrheit, oder sie dominiert wenigstens das Spiel. Ein dominanter Spieler kann jede Herausforderung eines zweiten Spielers, mit dritten eine Gewinnkoalition zu bilden, mit dem Argument begegnen, er könne das auch, und er hat gleichzeitig eine Option mit dritten Spielern parat, die der zweite nicht hat (Van Deemen 1997, S. 131 ff.). Nur der größte Spieler kann ein Koalitionsspiel in diesem Sinne dominieren, aber nicht jede sitzstärkste Partei ist deshalb schon dominant. So gibt es im Dreiparteien-System, in dem keine Partei allein die Mehrheit hat, keinen dominanten Spieler.

Pappi et al. (2005, S. 451) haben für die Regierungsbildung in den deutschen Ländern einen klaren Effekt für die Bildung von Koalitionen unter Einschluss der dominanten Partei nachgewiesen. Wenn der dominante Spieler an einer Koalition beteiligt ist, wird er sie höchst wahrscheinlich auch anführen. Im Unterschied zur stärksten Partei im Landtag scheint die stärkste Partei in der Koalition ihren Führungsanspruch leichter durchsetzen zu können, als liege die Befolgung einer entsprechenden Norm im Interesse der Koalitionäre.

Als Hypothese wird daher geprüft werden, ob die dominante Partei, wenn es sie in einer Koalitionsbildungssituation gibt, in die tatsächliche Koalition aufgenommen wird und dann auch den Ministerpräsidenten stellt. Dabei sollte der Status der dominanten Partei ausreichend sein, ohne dass zusätzliche Policyorientierungen eine Rolle spielen. Dagegen wird für die nicht-dominanten stärksten und die zweitstärksten Parteien vermutet, dass für sie die Nähe zum Schwerpunkt des Policy-Raums die Koalitionsbeteiligung und die Übernahme der Regierungsführung begünstigt.

5 Untersuchungsergebnisse

5.1 Koalitionsbildung

Im Folgenden werden zuerst die Daten von Bräuninger und Debus (2012, S. 185) um die hier vorgestellten Parteipositionen in den fünf Politikfeldern Arbeit/Soziales, Kultus, Recht, Umwelt und Wirtschaft als eigene Variablen der potentiellen Koalitionen ergänzt, um die Hypothese über die große Bedeutung der Bildungs-, Wissenschafts- und Kulturpolitik für die Regierungsbildung in den deutschen Ländern zu prüfen. Dazu sind zuerst einige Bemerkungen zur Datenlage nötig.

Bräuninger und Debus beziehen die 80 Regierungsbildungen in den 16 Ländern von der Landtagswahl im Saarland am 28. Januar 1990 bis zur Wahl am 9. Mai 2010 in Nordrhein-Westfalen in ihren Datensatz ein. Regierungsbildungen während laufender Legislaturperioden sind ausgeschlossen. Damit entfällt auch das Problem, inwieweit man von einer neuen Regierungsbildung sprechen kann, wenn lediglich der Ministerpräsident neu gewählt werden muss, weil sein Vorgänger, ohne dass eine Regierungskrise vorlag, zurückgetreten ist.[13] Bei der hier durchgeführten Re-

[13] Bei der hessischen Landtagswahl am 27. Januar 2008 verlor die Regierung Koch ihre Mehrheit und blieb bis zur Neuwahl am 19. November 2008 geschäftsführend im Amt. Auch diese Regierung ist im Datensatz von Bräuninger und Debus enthalten. Wir werden

analyse dieser Daten muss die 1993er Regierungsbildung durch die Hamburgische Bürgerschaft entfallen, da kein Wahlprogramm der damals erfolgreichen Statt Partei recherchiert werden konnte. Damit bleiben für die Reanalyse 1589 potentielle Regierungen, für die es die tatsächlich gebildete Regierung nach jeder der jetzt 79 Wahlen vorauszusagen gilt.

Ausgangsmodell sei die Voraussage der Regierung ohne Policy-Informationen, d. h. allein mit den Ämter- und Kontext-Faktoren (siehe M_0 in Tab. 2). Fügt man die Heterogenität der Regierungen in der Wirtschafts- und Sozialpolitik einerseits und der Gesellschaftspolitik andererseits nach Bräuninger und Debus (2012) hinzu, vermindert sich die Log Likelihood signifikant von − 75,90 auf − 68,58. Das entspricht einem χ^2 von 14,64, so dass man die Nullhypothese keines Einflusses bei einem Signifikanzniveau von $\alpha = 0{,}01$ ablehnen kann. Zu dieser Erklärungsleistung tragen die gesellschaftspolitischen Positionen der Landtagsparteien nichts bei. Geht man von der Prüfung des separaten Einflusses der Politikskalen auf die Heterogenität einer Regierung im zwei-dimensionalen Raum über, verschlechtert sich die Erklärungsleistung merklich (M_2 im Vergleich zu M_1). Dagegen ist die Erklärungsleistung der Gesamtheterogenität im fünf-dimensionalen Raum (M_4) etwas besser, selbst wenn die fünf separaten Ausgangsskalen gemeinsam nur auf eine Log-Likelihood von − 70,870 kommen, also etwas weniger als M_1 bzw. das Modell 3 bei Bräuninger und Debus (2012, S. 185). Dass sich dabei keine Einzelskala signifikant auf die Regierungsbildung auswirkt, hängt außer mit dem Verlust von Freiheitsgraden mit den hohen Korrelationen der Heterogenitätsmaße zwischen den fünf Politikbereichen zusammen. Eine separate Prüfung des Einflusses jeder einzelnen Politikbereichsskala (M_5 bis M_9) bringt aber durchaus Unterschiede zutage und demonstriert, warum sich der Aufwand einer eigenen Konstruktion dieser fünf Skalen mit *Wordfish* gelohnt hat. Die politische Heterogenität im Politikfeld Kultus wirkt sich am negativsten auf die Regierungsbildung in den deutschen Ländern aus. Die Kultus-Skala erreicht mit einer Log Likelihood von − 71,252 fast allein den Wert der Gesamtheterogenität im fünf-dimensionalen Raum. Erst mit Abstand folgt das Politikfeld Arbeit und Soziales an zweiter Stelle. Die Hypothese von der großen Bedeutung des Politikbereichs Kultus für die Landespolitik kann damit als bestätigt gelten. Dass die wirtschafts- und sozialpoliti sche Heterogenität von Bräuninger und Debus (2012) die Koalitionsbildung allein am besten erklärt, könnte damit zusammenhängen, dass die einschlägigen Kategorien des CMP-Schemas anstelle aktueller Politiken eher ideologische Grundeinstellungen erfassen, die sich in modernen Gesellschaften stark auf die Wirtschafts- und Sozialpolitik beziehen.

geschäftsführende Regierungen in den Analysen unseres gesamten Datensatzes von 1975 bis 2010 nicht berücksichtigen.

Tab. 2 Bedingte logistische Regression der Koalitionsbildung in den Bundesländern 1990–2010

	Modelle	Minderheitsregierung	Minimale Gewinnkoalition	Bargaining proposition	Stärkste Partei	M-Koalition	Heterogenität Wirtschaft	Heterogenität Umwelt	Heterogenität Recht	Heterogenität Kultus bzw. Gesellschaft	Heterogenität Arbeit/ Soziales	Heterogenität Gesamt	Amtierende Regierung	N	Pseudo R^2	Log pseudolikelihood
Wordfish-Positionen	9	− 0,00	3,60***	1,00	1,87***	− 0,99***					− 1,50**		1,61***	1589	0,67	− 72,64
	8	− 0,02	3,59***	1,01	1,94***	− 0,90***				− 1,74***			1,55***	1589	0,68	− 71,25
	7	0,10	3,64***	0,99	1,82***	− 1,01***			− 1,46**				1,60***	1589	0,67	− 73,14
	6	0,53	3,81***	0,90	1,96***	− 1,02***		− 0,44					1,78***	1589	0,66	− 75,81
	5	0,21	3,65***	0,96	1,92***	− 1,04***	− 1,03*						1,66***	1589	0,66	− 73,8
	4	− 0,31	3,45***	1,08	1,77***	− 0,96***						− 1,06**	1,52***	1589	0,68	− 71,12
	3	− 0,12	3,57***	1,02	1,88***	− 0,91***	0,04	0,40	− 0,31	− 1,32	− 0,55		1,53***	1589	0,68	− 70,87
Bräuniger/ Debus	2	− 0,25	3,38***	1,15	1,70***	− 0,89***						− 0,29***	1,63***	1589	0,67	− 72,54
	1	− 0,36	3,50***	1,01	1,67***	− 0,74**	− 0,55***			0,06			1,73***	1589	0,69	− 68,58
Basismodell	0	0,63	3,87***	0,87	1,98***	− 1,00***							1,79***	1589	0,66	− 75,9

Die Variable Bargaining proposition enthält die Anzahl der Koalitionsparteien. Im Rahmen der Bargaining proposition wird davon ausgegangen, dass Koalitionen mit weniger Koalitionsteilnehmern bevorzugt werden. M-Koalitionen sind Koalitionen zwischen Landesverbänden von Regierungs- und Oppositionsparteien im Bund. Robuste Standardfehler
Signifikanzniveaus: ***0,01; **0,05; *0,1

Tab. 3 Tatsächlich gebildete Landesregierungen 1975–2010

Zahl der Parteien im Landtag	2	3	4	5	6	7	Gesamt
Minderheitsregierungen	0	3	4	1	0	0	8
Einparteienregierungen	6	26	13	1	0	0	46
Sonstige minimale Gewinnkoalitionen	0	11	28	20	3	1	63
Übergroße Koalitionen	0	0	0	1	0	0	1
Gesamt	6	41	47	24	3	1	118

Bräuninger und Debus (2012) beziehen in ihre Koalitionsanalyse alle Regierungsbildungssituationen nach Landtagswahlen ein und in diesen alle potentiellen Regierungen, also die Einparteienregierungen genauso wie die große Koalition aller Landtagsparteien. Bei der Regierungsbildungssituation ist darauf zu achten, dass das zu untersuchende Problem in der Situation tatsächlich auftritt. Will man die tatsächlich gebildeten Regierungen erklären, wird man erfolglose Versuche, die nur zu einer geschäftsführenden Regierung nach einer Wahl geführt haben, aus der Untersuchungsgesamtheit ausschließen. Innerhalb der Regierungsbildungssituationen kann man je nach Fragestellung auch bestimmte potentielle Regierungen, die in einem politischen System keine Rolle spielen, weglassen. Interessiert wie hier der Einfluss der Distanzen der Politikpositionen zwischen möglichen Koalitionspartnern, tragen Einparteien-Regierungen, deren Distanz zu sich selbst definitionsgemäß null ist, nicht zum Erkenntnisgewinn bei. Sie erhöhen höchstens die Erklärungsleistung von Merkmalen, die aus Zahl und Sitzstärke der Parteien abgeleitet werden und mit den Politikdistanzen nichts zu tun haben. Allgemein kann man vermuten, dass die Erklärungsleistung der Ämter-Faktoren gegenüber den Policy-Faktoren umso größer ist, je mehr unterschiedliche Regierungs- und Parteiensysteme in eine Untersuchung einbezogen werden. Deshalb soll hier die im Vergleich zu Systemen in verschiedenen Nationalstaaten größere Homogenität der Partei- und institutionellen Faktoren in den deutschen Bundesländern im Sinne eines *most similar cases designs* genutzt werden. Wenn eine Koalition gebildet werden muss, weil keine Partei über die absolute Mehrheit verfügt und zumindest der Ministerpräsident mit dieser Mehrheit im ersten Wahlgang gewählt werden muss, werden im *choice set* der potenziellen Ministerpräsidenten-Parteien (MP-Parteien) und der Koalitions-Partner (K) nur minimale Gewinnkoalitionen berücksichtigt. Damit erfasst man die typische Koalitionsentscheidungssituation in den deutschen Ländern, wie eine Übersicht über die Art der Länderregierungen zeigt (vgl. Tab. 3 und 4).

Tab. 4 Bedingte logistische Regression der Koalitionsbildung in den Bundesländern 1975–2010 bei potentiellen minimalen Gewinnkoalitionen

Stärkste Partei	1,76***
M-Koalition	– 1,28***
Heterogenität gesamt	– 1,47***
Amtierende Regierung	1,98***
Koalitionsbeteiligung der Partei mit minimaler Distanz	0,22
N	249
Pseudo R^2	0,42
Log pseudolikelihood	– 49,54

Robuste Standardfehler
Signifikanzniveaus: ***0,01; **0,05; *0,1

Im Zeitraum vom 1.1.1975 bis zum 9.5.2010 sind in den zuerst 11 und dann 16 Bundesländern insgesamt 118 Regierungen gebildet worden, die unmittelbar auf eine Landtagswahl folgten. Drei geschäftsführende Minderheitsregierungen, alle drei in Hessen, werden nicht mitgezählt. Von diesen 118 Regierungen waren 110, also 93 %, minimale Gewinnkoalitionen, davon allein 46, die sich auf die absolute Mehrheit einer Partei im Landtag stützen konnten. Zur Untersuchung der typischen Koalitionsbildungssituation bleiben für den ganzen Zeitraum damit nur 63 Fälle übrig,[14] für die sich sinnvoll der Einfluss der Policydistanzen auf die Koalitionsbildung untersuchen lässt. Mit diesen Distanzen soll erklärt werden, wie aus einem *choice set* von 248 möglichen minimalen Gewinnkoalitionen 63 tatsächlich realisiert wurden.

Die Veränderung der Grundgesamtheit gegenüber dem Datensatz von Bräuninger und Debus (2012) sollte die Wirkung der Koalitionsprädiktoren nicht entscheidend verändern. Da es nur noch um minimale Gewinnkoalitionen geht, entfällt natürlich diese Determinante als unabhängige Variable. Des Weiteren wurde die Zahl der Koalitionsparteien (*bargaining proposition*), die in den deutschen Ländern keinen Einfluss auf die Koalitionsbildung hat, weggelassen. Dafür wurde als neue Policy-Variable berücksichtigt, ob die Partei, die die kleinste Distanz zum Schwerpunkt des fünf-dimensionalen Policy-Raums des jeweiligen Landtags hat, in einer Koalition enthalten ist. Von dieser neuen Variablen geht kein signifikanter Einfluss aus. Dafür üben die übrigen von Bäuninger und Debus (2012) übernommenen Variablen und die Gesamt-Heterogenität der Koalition auch in der neuen Grundgesamt den erwarteten signifikanten Einfluss aus. Dass das Pseudo-R^2 jetzt

[14] In Hamburg wurde 1993 eine Koalition aus SPD und Statt-Partei gebildet. Da für die Statt-Partei kein Wahlprogramm recherchiert werden konnte, entfällt diese ansonsten einschlägige Koalitionsbildungssituation.

nur noch 0,42 gegenüber den 0,68 von M_4 in Tab. 2 beträgt, ist darauf zurückzuführen, dass die minimalen Gewinnkoalitionen wegen des neuen Zuschnitts der Grundgesamtheit keinen Einfluss mehr ausüben können.

Abschließend (vgl. Tab. 5) werden die durchschnittlichen Distanzen zwischen CDU/CSU und SPD und diesen Parteien und den kleineren etablierten Parteien für die Periode vor und nach 1990 aufgelistet. Mit der Aufgliederung nach gemeinsamer Regierungsbeteiligung und gemeinsamer Repräsentanz im selben Landtag, aber ohne Regierungspartnerschaft gewinnt man einen Eindruck über die Art der Wirkung der Politikdistanzen. CDU und FDP signalisieren in ihren Wahlprogrammen ganz deutlich ihre Gemeinsamkeiten, wenn sie nach der Wahl eine Koalition bilden wollen. Bei ihnen ist die Distanz vor und nach 1990 deutlich geringer, wenn sie nach der Wahl eine Koalition bilden als wenn dies nicht der Fall ist. Bei den anderen Parteipaaren ist dies weniger der Fall oder es kann sogar umgekehrt sein wie besonders deutlich bei SPD und Grünen. Insgesamt sind die Distanzen von Grünen und PDS zu den beiden Volksparteien relativ groß vergleicht man sie mit denen der FDP, sie sind aber wie erwartbar zur SPD kleiner als zur Union. Man kann den Eindruck gewinnen, die CDU sei policy-sensitiver beim Aushandeln von Koalitionen als die SPD, die sich im linken Lager auf größere Policy-Distanzen einstellen muss, größere jedenfalls als die zur CDU. Dieses deskriptive Ergebnis bestätigt den auf ganz andere Art und Weise gewonnenen Befund von Shikano und Linhart (2010), dass sich die SPD bei der Koalitionsbildung am meisten von der Ämtermotivation und die CDU von der Policymotivation leiten lassen.

5.2 Regierungsführung

Wie soll man für die potentiellen minimalen Gewinnkoalitionen die Partei des MP bestimmen? In den Untersuchungen von Bäck und Dumont (2008) und Glasgow et al. (2011) kann jede Partei potenziell eine Regierung führen; tatsächlich ist dies in den westeuropäischen Regierungen häufig die größte Partei oder, wie Glasgow et al. (2011) herausfinden, eine andere große Partei. Bezieht man wie hier nicht alle Koalitionen, sondern nur minimale Gewinnkoalitionen in das *choice set* ein, wird die Frage für die deutschen Länder fast von selbst vom Parteiensystem beantwortet. Es gibt unter 248 potentiellen minimalen Gewinnkoalitionen, die in den 63 Koalitionsbildungssituationen möglich sind, keine einzige, in der die größte oder zweitgrößte Partei nicht beteiligt wäre. Bei den tatsächlich gebildeten Koalitionen gibt es keine einzige, in der die größte Koalitionspartei, die allerdings nicht die größte Landtagspartei sein muss, nicht den MP stellt. Beides zusammen lässt auf eine Regel schließen, wonach nicht unbedingt die größte Partei im Landtag, aber die

Tab. 5 Durchschnittliche paarweise Politikdistanzen

	1975–1989			1990–2010		
	Regierung	keine Regierung	N_R/N_{kR}	Regierung	Keine Regierung	N_R/N_{kR}
CDU-FDP	0,54	0,81	5/7	0,39	0,58	17/31
CDU-SPD	–	0,84	0/7	0,71	0,79	16/42
CDU-Grüne	–	2,32	0/3	1,59	1,85	2/36
CDU-PDS	–	–	–	–	1,70	0/23
SPD-Grüne	1,89	1,69	2/3	1,32	1,20	10/36
SPD-FDP	0,67	0,69	4/7	1,08	0,71	4/31
SPD-PDS	–	–	–	1,06	1,09	5/23
Anzahl	11	27	11/27	54	222	54/222

Mittelwerte der mit den Salienzen gewichteten durchschnittlichen Distanzen von paarweisen Koalitionen/Nicht-Koalitionen vor 1990 und ab 1990. Gegenübergestellt sind die Distanzen zwischen je zwei Parteien, die einmal gemeinsam regieren (auch wenn es sich um Dreierkoalitionen handeln sollte) und einmal nicht, aber im selben Landtag vertreten sind. In den Spalten N_R/N_{kR} wird die Anzahl der Parteikombinationen, auf denen die Berechnung der durchschnittlichen Politikdistanzen beruht, angegeben. N_R bezeichnet die Anzahl der tatsächlich gebildeten Regierungen, die die jeweiligen Parteien enthalten. N_{kR} bezeichnet die Anzahl der möglichen Regierungen, die die jeweiligen Parteien enthalten, aber nicht gebildet wurden

größte Partei in der Koalition das informelle Anrecht auf das Amt des MP hat und durchsetzen kann. Im deutschen Parteiensystem mit zwei großen und mehreren kleinen Parteien verfügen Koalitionen gegen die beiden großen, bis in die jüngste Vergangenheit CDU bzw. CSU und SPD, in Ostdeutschland manchmal auch PDS bzw. Die Linke, nicht über die Mehrheit in den Landtagen.

Als Analysestrategie kommt weiterhin die bedingte logistische Regression infrage wie bei Bäck und Dumont (2008) oder Glasgow et al. (2011), nur dass das *choice set* für deutsche Landesregierungen nicht aus allen Landtagsparteien, sondern nur aus der größten und zweitgrößten Partei besteht. Für die Verhandlungssituation in den deutschen Ländern sei daran erinnert, dass man sie am besten als *freestyle bargaining* bezeichnet. Bäck und Dumont (2008, S. 364 f.) kennzeichnen auch einige westeuropäische Systeme als *freestyle bargaining* und führen für diese Fälle eine separate Analyse durch (ihr Modell PM 9 auf S. 364 f.). Dabei stellt sich heraus, dass die ansonsten als Determinante wichtige „größte Partei" nur dann mit größerer Wahrscheinlichkeit den Ministerpräsidenten stellt, wenn die ideologische Polarisierung groß ist. Der einzige weitere signifikante Einfluss geht davon aus, ob die Partei bereits in der vorherigen Regierung den MP gestellt hat. Bei beiden signifikanten Einflüssen wird nicht klar, welcher Mechanismus für den Erfolg einer Partei wirksam ist.

Wie oben argumentiert, muss die Antwort in der Ressourcenverteilung zwischen den Akteuren in der Verhandlungssituation gesucht werden. Die eine Ressource, einfach mehr Koalitionsoptionen zu haben als andere Parteien und so das Koalitionsspiel dominieren zu können, ergibt sich aus der Sitzverteilung. Die andere Ressource beruht auf der zentralen Position im Politikraum, sprich der Distanz zum Policy-Schwerpunkt im Landtag.

In den 63 hier untersuchten Koalitionen stellt 32 Mal die CDU und 31 Mal die SPD den MP. Dabei ist die CDU 26 Mal und SPD nur 13 Mal dominant. Die SPD ist dafür 18 Mal in Landtagen ohne dominante Partei MP-Partei, die CDU nur 6 Mal. Von den 39 Landtagen mit dominanter Partei kam nur ein einziges Mal eine Koalition gegen sie zustande. Das war in Hamburg 2001, als die CDU als zweitstärkste Partei (33 Mandate) mit der Schill-Partei (25 Mandate) und der FDP (6 Mandate) gegen die SPD (46 Mandate) und die GAL (11 Mandate) den Senat bilden konnte. SPD und GAL erreichten zusammen nicht die nötige Mehrheit von 61 Stimmen, wohl hätte es aber für SPD und Schill gereicht. Selbst wenn in diesem einen Fall die Policy-Distanz ausschlaggebend gewesen sein mag, kann man auf sie als Erklärung in allen anderen Landtagen mit dominanter Partei verzichten. Deshalb wird die MP-Partei hier mit einem Effekt für die dominante Partei und einem weiteren Effekt für die Policy-Distanz der größten und zweitgrößten Partei zum Policy-Schwerpunkt des Landtags im Falle der Nicht-Dominanz vorausgesagt (vgl. Tab. 6). Diese beiden Effekte sagen signifikant die MP-Partei voraus ($R^2 = 0{,}52$).

6 Diskussion und Schlussfolgerungen

Zentral für die Anwendung räumlicher Modelle, sei es auf Wahlen, Abstimmungen in Parlamenten oder auf die Koalitionsbildung, sind Policy-Skalen, die den Entscheidungsraum näherungsweise abbilden mit den Idealpositionen der Entscheider und den Positionen der Entscheidungsalternativen. Unter den Methoden

Tab. 6 Bedingte logistische Regression der Auswahl des Ministerpräsidenten 1975–2010

Dominanter Spieler	4,85***
Distanz zum Durchschnitt mal nicht-dominanter Spieler	– 0,79**
N	126
Pseudo R^2	0,52
Log pseudolikelihood	– 21,18

Robuste Standardfehler
Signifikanzniveaus: ***0,01; **0,05; *0,1

der Dimensions- und Positionsbestimmung hat die Inhaltsanalyse von repräsentativen Dokumenten, die über die Akteure und Entscheidungsalternativen Auskunft geben, einen hohen Stellenwert. Die Wahlprogramme der Parteien sind eine der am häufigsten verwendeten Quellen. Für nationale Parteien stehen die quasi-satzweisen Handverschlüsselungen des *Comparative Manifesto Projects* (Budge et al. 2001; Klingemann et al. 2006) zur Verfügung, die sich in der komparativen Forschung größter Beliebtheit erfreuen. Daneben existieren die Ergebnisse von Expertenbefragungen, auf die man für Sekundäranalysen zugreifen kann (Laver und Hunt 1992; Benoit und Laver 2006). Beide Datenarten fehlen für Parteien in subnationalen Systemen wie den deutschen Ländern. Was macht aber subnationale Systeme so interessant, dass sich der Aufwand einer neuen Art der Skalenkonstruktion lohnt?

Mehrere Gründe lassen sich anführen. Da sind zuerst die Vorteile, die mit dem „most similar cases design" verbunden sind. Die deutschen Länder haben sehr ähnliche parlamentarische Systeme und ihre Parteien sind weitgehend Untergliederungen der nationalen Parteien. Trotzdem sorgen die Zuständigkeiten der Länder in der Gesetzgebung für genügend Eigenständigkeit, um nicht einfach von den Programmen der Bundesparteien auf die der Landesverbände schließen zu können. Auch Verfahren, die auf Referenztexte und Parteieinschätzungen der Bundesebene angewiesen sind wie das Verfahren *Wordscore* in der Anwendung von Bräuninger und Debus (2012), sind nicht vor der Gefahr gefeit, entscheidende Einflüsse auf die Koalitionsbildung in den deutschen Ländern zu übersehen. Unsere neue Politikskala für den Kultusbereich hat sich als zentraler Einfluss auf die Koalitionsbildung bewährt.

Die große institutionelle und Parteisystem-Ähnlichkeit der deutschen Länder bringt es als größten Vorteil für statistische Koalitionsanalysen mit sich, dass man sich auf die für die Koalitionstheorie zentralen Variablen der Parteigröße und der Politikdistanzen zwischen den Parteien konzentrieren kann. Der Zwang zur Wahl des Ministerpräsidenten hat außerdem fast ausschließlich minimale Gewinnkoalitionen zur Folge, so dass man die möglichen Koalitionen auf diesen Typ einschränken kann. Von dieser Möglichkeit haben auch bereits Shikano und Linhart (2010) Gebrauch gemacht. In diesem homogenen Szenario für die Koalitionsbildung bewährte sich die erwartbare Policy-Heterogenität, berechnet als ein Gesamtmaß im fünf-dimensionalen Policy-Raum, als entscheidender Hinderungsgrund für gemeinsames Regieren.

Gegen derartige Ergebnisse lässt sich leicht einwenden, das habe man schon immer gewusst. Dabei sollte aber nicht übersehen werden, dass dieser Nachweis mit einem einzigen Heterogenitätsmaß erstmals ohne großen Informationsverlust für einen fünf-dimensionalen Policy-Raum gelungen ist. Unsere neu erschlossene Datenquelle für die Politik in den deutschen Ländern ist in dem Sinn realitätsnahe, als Parteipositionen in den einzelnen Politikfeldern der Landespolitik erfasst werden und nicht ideologische Grundpositionen, deren Beziehung zu aktuellen politischen Auseinandersetzungen in der Regel ungeklärt bleibt. Das ist gerade für die Anwendung räumlicher Modelle auf Koalitionsverhandlungen ein entscheidender Vorteil. Auf diese Weise wird ein Bezug zu den konkreten Themen bei der Aushandlung des künftigen Regierungsprogramms bis hin zur Ministeriumsverteilung hergestellt.

Das wichtigste Amt einer neuen Regierung ist das des Regierungschefs. Nach den meisten Länderverfassungen bestimmt er die Richtlinien der Politik. Dieses Amt steht der größten Koalitionspartei zu, die nicht gleichzeitig die größte Landtagspartei sein muss. Gibt es in einer Regierungsbildungssituation eine dominante Partei, kann sie sich fast ausnahmslos als MP-Partei in den deutschen Ländern durchsetzen. Gibt es keine, hat auch die zweitgrößte Partei eine Chance, vorausgesetzt sie ist dem Policy-Schwerpunkt des Landtags näher als die größte Partei. Dies ist die Lösung, die das deutsche politische System für das „freestyle bargaing" bei Koalitionsverhandlungen gefunden hat, um ohne Formateur auszukommen.

Was mit den statistischen Analysen wie der bedingten logistischen Regression nicht zu leisten war, ist die Modellierung und Überprüfung des „freestyle bargaining" mit seinen gleichzeitig ablaufenden Sondierungsgesprächen und damit die strategische Abhängigkeit der Parteien bei der Entscheidung über eine neue Koalition. Will man diese Aufgabe in Angriff nehmen, kann man aber die neu entwickelten Policy-Skalen für die deutschen Länder verwenden, um den Verhandlungsraum abzubilden. Wenn man dies Verfahren auf andere Länder anwenden will, dürfte immerhin klar geworden sein, dass die Aufteilung von Wahlprogrammen in Politikfelder mit Hilfe einer Handverschlüsselung der Überschriften schneller und kostengünstiger zum Ziel führt als eine manuelle Verschlüsselung aller Sätze eines Wahlprogramms.

Danksagung

Wir danken den Herausgebern des Jahrbuchs für Verbesserungsvorschläge, unseren Projektpartnern Susumu Shikano und Eric Linhart für wertvolle Anregungen sowie der DFG für die Finanzierung unseres Forschungsprojekts.

Literatur

Agasøster, Bodil (2001): A framework for analyzing local party policy emphases in Scotland, in: Laver, Michael (Hrsg.): *Estimating the Policy Positions of Political Actors* (76–89). London: Routledge.

Bäck, Hanna (2003): *Explaining Coalitions. Evidence and Lessons From Studying Coalition Formation in Swedish Local Communities.* Uppsala: Uppsala University.

Bäck, Hanna & Patrick Dumont (2007): Combining large-n and small-n strategies: The way forward in coalition research, *West European Politics* 30: 467–501.

Bäck, Hanna & Patrick Dumont (2008): Making the first move: A two-stage analysis of the role of formateurs in parliamentary government formation, *Public Choice* 135: 353–373.

Bandyopadhyay, Siddharta & Kalyan Chatterjee (2006): Coalition theory and its applications: A survey, *Economic Journal* 116: F136–F155.

Baron, David P. (1991): A spatial bargaining theory of government formation in parliamentary systems, *American Political Science Review* 85: 137–164.

Baron, David P. & Daniel Diermeier (2001): Elections, governments, and parliaments in proportional representation systems, *The Quarterly Journal of Economics* 116: 933–967.

Baron, David P. & John A. Ferejohn (1989): Bargaining in legislatures, *American Political Science Review* 83: 1181–1206.

Benoit, Kenneth & Michael Laver (2006): *Party Policy in Modern Democracies.* Abingdon: Routledge.

Bräuninger, Thomas & Marc Debus (2012): *Parteienwettbewerb in den deutschen Bundesländern.* Wiesbaden: VS Verlag für Sozialwissenschaften.

Budge, Ian, Hans-Dieter Klingemann, Andrea Volkens, Judith Bara & Eric Tanenbaum (2001): *Mapping Policy Preferences. Estimates for Parties, Electors, and Governments 1945–1998.* Oxford: Oxford University Press.

Däubler, Thomas & Marc Debus (2009): Government formation and policy formulation in the German states, *Regional & Federal Studies* 19: 73–95.

Diermeier, Daniel & Antonio Merlo (2004): An empirical investigation of coalition bargaining procedures, *Journal of Public Economics* 88: 783–797.

Glasgow, Garrett, Matt Golder & Sona N. Golder (2011): Who wins? Determining the party of the Prime Minister, *American Journal of Political Science* 55: 936–953.

Glasgow, Garrett, Matt Golder & Sona N. Golder (2012): New empirical strategies for the study of government formation, *Political Analysis* 20: 248–270.

Heinrich, Gudrun (2002): *Kleine Koalitionspartner in Landesregierungen: Zwischen Konkurrenz und Kooperation.* Opladen: Leske + Budrich.

Hinich, Melvin J. & Michael C. Munger (1994): *Ideology and the Theory of Political Choice.* Ann Arbor: University of Michigan Press.

Holsti, Ole R. (1969): *Content Analysis for the Social Sciences and Humanities.* Reading: Addison-Wesley.

Humphreys, Macartan (2008): Coalitions, *Annual Review of Political Science* 11: 351–386.

Jun, Uwe (1994): *Koalitionsbildung in den deutschen Bundesländern. Theoretische Betrachtungen. Dokumentation und Analyse.* Opladen: Leske + Budrich.

Klingemann, Hans-Dieter, Andrea Volkens, Judith Bara, Ian Budge & Michael McDonald (2006): *Mapping Policy Preferences II. Estimates for Parties, Electors, and Governments in Eastern Europe, European Union and OECD 1990–2003.* New York: Oxford Press.

Kropp, Sabine (2001): *Regieren in Koalitionen: Handlungsmuster und Entscheidungsbildung in deutschen Länderregierungen.* Wiesbaden: Westdeutscher Verlag.

Laver, Michael & Ben W. Hunt (1992): *Policy and Party Competition.* New York und London: Routledge.

Laver, Michael & Norman Schofield (1990): *Multiparty Government. The Politics of Coalition in Europe.* Oxford: Oxford University Press.

Laver, Michael, Kenneth Benoit & John Garry (2003): Extracting policy positions from political texts using words as data, *American Political Science Review* 97: 311–331.

Ley, Richard (2010): Die Wahl der Ministerpräsidenten in den Bundesländern. Rechtslage und Staatspraxis, *Zeitschrift für Parlamentsfragen* 41: 390–420.

Mair, Peter (2001): Searching for the positions of political actors: A review of approaches and a critical evaluation of expert surveys, in: Laver, Michael (Hrsg.): *Estimating the Policy Positions of Political Actors* (10–30). London und New York: Routledge.

Martin, Lanny W. & Randolph T. Stevenson (2001): Government formation in parliamentary democracies, *American Journal of Political Science* 45: 33–50.

Martin, Lanny W. & Randolph T. Stevenson (2010): The conditional impact of incumbency on government formation, *American Political Science Review* 104: 503–518.

Müller, Wolfgang C. & Kaare Strøm (1997): *Koalitionsregierungen in Westeuropa.* Wien: Signum-Verlag.

von Neumann, John & Oskar Morgenstern (1972): *Theory of Games and Economic Behavior.* Princeton: Princeton University Press.

Pappi, Franz U. & Nicole M. Seher (2009): Party election programmes, signalling policy and salience of specific policy domains: The German parties from 1990 to 2005, *German Politics* 18: 403–425.

Pappi, Franz U. & Susumu Shikano (2004): Ideologische Signale in den Wahlprogrammen der deutschen Bundestagsparteien 1980 bis 2002. MZES-Arbeitspapier Nr. 76.

Pappi, Franz U., Axel Becker & Alexander Herzog (2005): Regierungsbildung in Mehrebenensystemen: Zur Erklärung der Koalitionsbildung in den deutschen Bundesländern, *Politische Vierteljahresschrift* 46: 432–458.

Pappi, Franz U., Ralf Schmitt & Eric Linhart (2008): Die Ministeriumsverteilung in den deutschen Landesregierungen seit dem Zweiten Weltkrieg, *Zeitschrift für Parlamentsfragen* 39: 323–342.

Pappi, Franz U., Nicole M. Seher & Anna-Sophie Kurella (2011): Das Politikangebot deutscher Parteien bei den Bundestagswahlen seit 1976 im dimensionsweisen Vergleich. MZES-Arbeitspapier Nr. 142.

Pappi, Franz U., Nicole M. Seher & Anna-Sophie Kurella (2013): Wahlprogramme als Quellen für die Politikfeldinteressen deutscher Landtagsparteien. MZES-Arbeitspapier Nr. 149.

Pétry, François & Réjean Landry (2001): Estimating interparty policy distances from election programmes in Quebec, 1970–89, in: Laver, Michael (Hrsg.): *Estimating the Policy Positions of Political Actors* (133–146). London: Routledge.

Proksch, Sven-Oliver & Jonathan B. Slapin (2009): How to avoid pitfalls in statistical analysis of political texts: The case of Germany, *German Politics* 18: 323–344.

Przeworski, Adam & Henry Teune (1970): *The Logic of Comparative Social Inquiry*. New York: Wiley-Interscience.

Riker, William H. (1962): *The Theory of Political Coalitions*. New Haven: Yale University Press.

Schmitt, Ralf (2008): *Die politikfeldspezifische Auswertung von Wahlprogrammen am Beispiel der deutschen Bundesländer*. Mannheim: MZES-Arbeitspapiere Nr. 114.

Schofield, Norman (2008): *The Spatial Model of Politics*. London und andere: Routledge.

Seher, Nicole M. & Franz U. Pappi (2011): Politikfeldspezifische Positionen der Landesverbände der deutschen Parteien. MZES-Arbeitspapier Nr. 139.

Shikano, Susumu & Axel Becker (2009): KOALA: Ein Programm zur Datengenerierung für diskrete Entscheidungsmodelle in der Koalitionsfoschung, in: Schnapp, Kai-Uwe, Nathalie Behnke & Joachim Behnke (Hrsg.): *Datenwelten. Datenerhebung und Datenbestände in der Politikwissenschaft* (284–293). Baden-Baden: Nomos.

Shikano, Susumu & Eric Linhart (2010): Coalition formation as a result of policy and office motivations in the German federal states, *Party Politics* 16: 111–130.

Skjæveland, Asbjørn, Søren Serritzlew & Jens Blom-Hansen (2007): Theories on coalition formation: An empirical test using data from Danish local government, *European Journal of Polical Research* 46: 721–745.

Slapin, Jonathan B. & Sven-Oliver Proksch (2009): A scaling model for estimating time-series party positions from texts, *American Journal of Political Science* 52: 705–722.

Strøm, Kaare, Wolfgang C. Müller & Torbjörn Bergman, Hrsg. (2008): *Cabinets and Bargaining. The Democratic Life Cycle in Western Europe*. New York: Oxford University Press.

Van Deemen, Adrian M.A. (1997): *Coalition Formation and Social Choice*. Dordrecht: Kluwer.

Volkens, Andrea (2002): Manifesto Coding Instructions. WZB Discussion Paper FS III 02–201.

Warwick, Paul V. (1996): Coalition government membership in West European parliamentary democracies, *British Jornal of Political Science* 26: 471–499.

Weesie, Jeroen & Peter van Roozendal (2000): A multi-theory explanation of government party composition, in: Weesie, Jeroen & Werner Raub (Hrsg.): *The Management of Durable Relations: Theoretical Models and Empirical Studies of Households and Organizations* (2–35). Amsterdam: Thela Thesis.

Was verbirgt sich hinter der ämterorientierten SPD? Numerische Experimente mit der Gewichtung von Policy- und Ämtermotivation bei der Koalitionsbildung

Susumu Shikano und Sjard T. Seibert

Zusammenfassung

Bisherige koalitionstheoretische Modelle unterstellen als Motivationen der verhandelnden Akteure vor allem Policy- und/oder Ämterorientierung. Hierzu haben Shikano und Linhart (*Party Politics* 16(1): 111–130, 2010) ein statistisches Modell entwickelt, welches es ermöglicht, die Gewichtung von Policy- und Ämtermotivation von Parteien in Koalitionsbildungsprozessen zu schätzen. Ein überraschendes Ergebnis ihrer Analyse der Koalitionsbildung in den deutschen Bundesländern ist, dass die Sozialdemokraten deutlich stärker ämterorientiert sind, während die Unionsparteien und die Liberalen eine stärkere Policy-Motivation aufweisen. Die Autoren weisen als mögliche Erklärung darauf hin, dass trotz einer Nähe der ideologischen Positionen eher selten große Koalitionen in den Ländern zustande kommen. Auch wenn Shikano und Seibert (Estimating model parameters of coalition formation with policy and office motivation using German federal-state data, 2011) mit einer anderen Datengrundlage vergleichbare Ergebnisse replizieren konnten, bleiben die Gründe für das oben beschriebene Ergebnis offen. Um diese Lücke zu füllen, werden in diesem Papier einige hypothetische Koalitionsbildungsszenarien und die da-

S. Shikano (✉)
Lehrstuhl für Methoden der empirischen Politik- und Verwaltungsforschung,
Postfach 92, Universitätsstraße 10, 78457 Konstanz, Deutschland
E-Mail: susumu.shikano@uni-konstanz.de

S. T. Seibert
Angerstraße 13, 37073 Göttingen, Deutschland
E-Mail: SjardTankred.Seibert@zvw.uni-goettingen.de

E. Linhart et al. (Hrsg), *Jahrbuch für Handlungs- und Entscheidungstheorie*,
Jahrbuch für Handlungs- und Entscheidungstheorie 8,
DOI 10.1007/978-3-658-05008-5_7, © Springer Fachmedien Wiesbaden 2014

zugehörigen Daten generiert und überprüft. Durch die Anwendung derselben statistischen Methode auf die generierten Daten werden Mechanismen identifiziert, die eine Schätzung der Gewichtungsparameter zwischen Policy- und Ämtermotivation beeinflussen. Das Ergebnis zeigt, dass es nicht die Häufigkeit der großen Koalition ist, sondern vielmehr die Existenz von sozial-liberalen Koalitionen auf Länderebene, die Einfluss auf die Ämterorientierung der SPD nimmt.

1 Einleitung

Die Forschung im Bereich der Koalitionsbildung hat sich in der Vergangenheit vor allem mithilfe formaler Modellierung entwickelt und stellt unterschiedlichste Modelle zur Verfügung, um Koalitionsbildungsprozesse zu analysieren (Laver und Shepsle 1996; Schofield 1993; Sened 1995, 1996). Allerdings beschränkte sich die Überprüfung der theoretischen Modelle lange Zeit auf konventionelle statistische Modelle. Sogar neuere Ansätze, die multinomial- bzw. conditional-logit-Modelle verwenden, bilden hier keine Ausnahme (Martin und Stevenson 2001; Bäck 2003; Pappi et al. 2005). Vor allem die Anwendung derartiger Modelle ist in der Koalitionsforschung problematisch, da die zugrunde liegende Nutzenfunktion für keinen Akteur in Koalitionsverhandlungen relevant ist (Shikano und Becker 2009). Daher haben Shikano und Linhart (2010) die multinomial- bzw. conditional-logit-Modelle erweitert und ein statistisches Modell entwickelt, welches speziell auf die Analyse von Koalitionsbildungsprozessen zugeschnitten ist. Ihr Modell ermöglicht es vor allem, die Nutzenfunktion einzelner Parteien in spezifischen Koalitionsbildungsprozessen zu schätzen. Genauer beinhaltet dieses Modell einen Gewichtungsparameter zwischen Policy- und Ämtermotivation als Teil einer additiven Nutzenfunktion für einzelne Parteien.

Ihre Anwendung des Modells auf Koalitionsbildungsprozesse in den deutschen Bundesländern zeigt jedoch wenig intuitive Ergebnisse: die konservativen Christdemokraten (CDU/CSU) und die Liberalen (FDP) sind deutlich stärker policy-orientiert als die Sozialdemokraten (SPD), die eine eindeutige Ämterorientiertung aufweisen. Die Autoren weisen in diesem Zusammenhang darauf hin, dass es auf Länderebene nur selten zu großen Koalitionen kommt, obwohl die SPD eine größere ideologisch-positionale Nähe zur CDU aufweist als beispielsweise zu den Grünen. Dies lasse sich nur durch eine ämterorientierte SPD erklären. Auch wenn diese Erklärung logisch und nachvollziehbar erscheint, fehlen klare empirische Hinweise für ihre Gültigkeit. Um diese Lücke zu füllen, haben wir mehrere numerische Experimente auf Basis von Monte-Carlo-Simulationen durchgeführt.

In diesen Experimenten wurden auf Grundlage von verschiedenen Szenarien hypothetische Daten generiert, die wiederum mit dem von Shikano und Linhart (2010) entwickelten statistischen Modell analysiert werden. Die geschätzten Parameter der unterschiedlichen Szenarien werden verglichen, um Einsichten in die Mechanismen der Parameterschätzung selbst zu gewinnen.

Im weiteren Verlauf gehen wir wie folgt vor: Der nächste Abschnitt beschreibt das empirische Modell von Shikano und Linhart (2010) und die Ergebnisse der Anwendung. Danach werden die hypothetischen Szenarien vorgestellt. Im vierten Abschnitt präsentieren wir die Ergebnisse unserer Analyse, bevor wir mit der Diskussion der Ergebnisse diesen Beitrag schließen.

2 Das statistische Modell von Shikano und Linhart (2010)

2.1 Seneds Modell

Das statistische Modell von Shikano und Linhart (2010) wurde vor allem entwickelt, um eine Parameterschätzung der Gewichte von Policy- und Ämtermotivation von Nutzenfunktionen der Parteien bei Koalitionsbildungen zu ermöglichen. Ausgangspunkt war das von Sened (1995, 1996) entwickelte Modell. Dieses Modell hat diejenigen koalitionstheoretischen Modelle, die Ämter- und Policy-Motivation politischer Akteure jeweils gleich gewichten (Austen-Smith und Banks 1988; Crombez 1996; Baron und Diermeier 2001) dahingehend erweitert, dass die Gewichtung der beiden Motivationen zwischen Parteien variieren kann (Schofield und Sened 2006). Die wichtigste Annahme in Seneds theoretischem Modell der Koalitionsbildung liegt in dessen Nutzenfunktion, die zwei Komponenten umfasst: einen Ämternutzen $u_i^{off}(C)$ und einen Policy-Nutzen $u_i^{pol}(C)$. $u_i^{off}(C)$ wird als relativer Anteil ämterbezogener Seitenzahlung, welche eine Partei i in einer Koalition C erhält, betrachtet. Der Policy-Nutzen wird als negative, quadrierte Distanz zwischen y_i und $x(C)$ angenommen, wobei y_i der Position der Partei i und $x(C)$ dem erwarteten Policy-Output der Koalition C im Policy-Raum entspricht. Weiter nimmt Sened eine additive, separierbare Nutzenfunktion an, so dass der Gesamtnutzen u_i der Koalition C für Partei i wie folgt definiert ist:

$$u_i(C) = \alpha_i u_i^{off}(C) + \beta_i u_i^{pol}(C) = \alpha_i u_i^{off}(C) - \beta_i ||x(C) - y_i||^2$$
$$mit\ \alpha_i, \beta_i \geq 0.$$

α_i und β_i entsprechen hier den parteispezifischen Gewichtungsparametern für die Ämter- und Policy-Motivationen. Die Nutzenfunktion kann so interpretiert werden, dass der Ämternutzen den Nutzenverlust der Policy-Komponente durch die ideologische Distanz kompensiert. Daher kann die Gesamtnutzenfunktion sowohl positive als auch negative Werte annehmen.

Die oben beschriebene Nutzenfunktion impliziert, dass ein eindeutiger Policy-Output $x(C)$ als Ergebnis der Koalitionsverhandlungen determiniert ist. Dies ist nicht notwendigerweise realistisch, da zur Zeit der Koalitionsverhandlungen zukünftige politische Streitfragen nur teilweise bekannt sein können. Häufig drängen im Laufe einer Legislaturperiode neue Themen auf die Agenda, die im Koalitionsvertrag nicht beachtet wurden. Sened berücksichtigt diese Unsicherheit im Modell, indem er annimmt, dass einige Policy-Outputs wahrscheinlicher sind als andere. Wenn O den Raum aller möglichen Policy-Outputs bezeichnet, ist es möglich, eine Wahrscheinlichkeitsfunktion $\pi_C(x)$ für jeden möglichen Policy-Output $x \in O$ zu postulieren. Risikoneutrale Akteure vorausgesetzt, ist die erwartete Nutzenfunktion für i über C:

$$u_i(C) = \alpha_i u_i^{off}(C) - \beta_i \int_{x \in O} \left(\pi_C(x) \left\| x - y_i \right\|^2 \right) dx.$$

Um π_C genauer zu definieren, benutzt Sened Konzepte des legislativen Entscheidens, z. B. das *Uncovered Set* (Sened 1996; Gianetti und Sened 2004; vgl. Shepsle und Weingast 1984), den strukturell stabilen Kern (Sened 1996; vgl. Schofied 1986) oder das politische Herz (Schofield und Sened 2006; vgl. Schofield 1993). Üblicherweise wird angenommen, dass alle Outputs in der jeweiligen Lösungsmenge gleich wahrscheinlich sind, während die Wahrscheinlichkeit für alle Outputs außerhalb der Lösungsmenge null beträgt. Dieser Wahrscheinlichkeitsfunktion für eine Lösungsmenge L_C folgend, können wir die Nutzenfunktion wie folgt respezifizieren:

$$u_i(C) = \alpha_i u_i^{off}(C) - \beta_i \int_{x \in L_C} \left\| x - y_i \right\|^2 dx / \left\| L_C \right\|,$$

wobei $||L_C||$ die Größe der Menge L_C bezeichnet. Um vorherzusagen, welche Koalition durch die Parteien auf Grundlage der oben formulierten Nutzenfunktion gebildet wird, definiert Sened zwei Kriterien: *winning* und Unverwundbarkeit (*invulnerability*). Erstens würden Parteien es vorziehen, in der Opposition zu bleiben ($u_i(C) = 0$), anstatt Teil einer Koalition zu sein, die in einem negativen Nutzen resultiert. Daher ist die notwendige Voraussetzung für eine Regierungskoalition C^*, dass alle beteiligten Parteien einen nicht-negativen Nutzen haben

(*Winning*-Kriterium):[1]

$$u_i(C^*) \geq 0 \qquad\qquad f\ddot{u}r\ alle\ i \in C^*.$$

Die hinreichende Bedingung[2] für die gebildete Koalition ist, dass sie für alle beteiligten Parteien den höchsten Nutzen garantiert. Wenn N die Menge aller Parteien und $2^N \backslash \emptyset$ die Menge aller möglichen Koalitionen bezeichnet, kann die hinreichende Bedingung – das Unverwundbarkeits-Kriterium – wie folgt formalisiert werden:

$$u_i(C^*) \geq u_i(C) \qquad\qquad f\ddot{u}r\ alle\ i \in C^*und\ f\ddot{u}r\ alle\ C \in 2^N \backslash \emptyset$$

Das *Winning*-Kriterium ist immer erfüllt, sobald eine Koalition unverwundbar ist. Unverwundbarkeit meint also in diesem Zusammenhang, dass eine Partei i als Teil einer Koalition C^* diese nicht schlechter beurteilt als alle potentiellen Koalitionen C. Alle potentiellen Koalitionen beinhalten solche, in denen i nicht enthalten ist und die somit von i mit null bewertet werden. Daher ist $u_i(C^*)$ niemals negativ, wenn C^* *invulnerable* ist.

2.2 Das Schätzmodell von Shikano und Linhart

Das substantielle Ziel von Shikano und Linhart war es, die Gewichtungsparameter der deutschen Parteien in Koalitionsbildungsprozessen auf Länderebene zu schätzen. Zu diesem Zweck haben Shikano und Linhart (2010) ein spezifisches statistisches Modell entwickelt, welches auf einem Zufallsnutzenmodell fußt. Dementsprechend haben die einzelnen Parteien einen Zufallsnutzen, dessen deterministische Komponente Seneds theoretischem Modell folgt:

$$u_i(C) = \gamma_i \left[(1 - \beta_i) u_i^{off}(C) - \beta_i \int_{x \in L_C} \|x - y_i\|^2 dx / \|L_C\| \right] + \varepsilon_i.$$

[1] Das *Winning*-Kriterium ist im Hinblick auf die hier verwendete Nutzenfunktion von Sened anders definiert als üblich. In diesem Kontext meint *winning* nicht, dass eine Koalition über die Mehrheit der Parlamentssitze verfügt.

[2] Es ist nicht vollkommen korrekt dieses Kriterium als hinreichend zu bezeichnen, da mehr als eine Koalition mit diesem Kriterium vorhergesagt werden könnte. Genauer gesagt befindet sich die Bildung jeder Koalition, die dieses Kriterium erfüllt, im Gleichgewicht, da keine beteiligte Partei einen Anreiz hat, die Koalition zu verlassen und eine andere Koalition zu bilden. Unsere Definition betrifft die Untermenge der minimal gewinnenden Koalitionen, die wir in diesem Paper untersuchen. Bezüglich der gesamten Menge an möglichen Koalitionen würde diese Definition deutlich komplizierter werden und müsste überarbeitet werden.

Die Verteilung von ε_i wird als der Gumbel-Verteilung entsprechend angenommen und γ_i zeigt das Verhältnis von deterministischer und stochastischer Komponente. Um die Schätzung zu vereinfachen, wird α_i durch $1 - \beta_i$ ersetzt. Basierend auf diesen Zufallsnutzen können wir die Wahrscheinlichkeit, dass Partei i der Koalition C beitritt, ableiten:

$$\mathrm{Prob}_i(C) = \exp\{\gamma_i[(1-\beta_i)u_i^{off}(C) - \beta_i \int_{x\in L_C} \|x - y_i\|^2 dx / \|L_C\|\,]\} \\ / \Sigma_{i\in C} \exp\{\gamma_i[(1-\beta_i)u_i^{off}(C) - \beta_i \int_{x\in L_C} \|x - y_i\|^2 dx / \|L_C\|\,]\}.$$

Wenn wir annehmen, dass die individuelle Entscheidung jeder Partei unabhängig von denen der anderen Parteien ist, entspricht die Wahrscheinlichkeit der Entstehung einer Koalition dem Produkt der Wahrscheinlichkeiten aller an der Koalition beteiligten Parteien:

$$p(C) = \Pi_{i\in C}\mathrm{Prob}_i(C)$$

Diese Wahrscheinlichkeit muss reskaliert werden, da ihre Summe im Allgemeinen ungleich eins ist:

$$p'(C) = p(C)/\Sigma_{C\in APC}\,p(C),$$

wobei APC eine Teilmenge aller in Betracht gezogenen Koalitionen $2^N\backslash\emptyset$ ist. Schließlich wird eine multinomiale Verteilung mit den Wahrscheinlichkeiten $p'(C)$ angenommen, um das Likelihood zu berechnen.[3]

Dieses empirische Modell unterscheidet sich von Seneds theoretischem Modell dadurch, dass eine Zufallsnutzenfunktion eingeführt wird. Während Sened ein deterministisches Lösungskonzept verwendet, bedient sich das statistische Modell einer probabilistischen Variante des Unverwundbarkeitskriteriums. Diese Modifikation ist unumgänglich, um überhaupt ein statistisches Modell entwickeln zu können. Shikano und Linhart (2010) haben jedoch noch weitere Modifikationen an Seneds theoretischem Modell vorgenommen.

Erstens gibt Seneds ursprüngliches Modell den Parteien deutlichen Freiraum, was den Policy-Output $u_i^{pol}(C)$ und die Verteilung der ämterbezogenen Seitenzahlungen $u_i^{off}(C)$ betrifft. Wenn man jedoch dem Modell zu viel Flexibilität erlaubt,

[3] Die Schätzung beider Parameter γ_i und β_i ist auch via Maximum-Likelihood möglich. Allerdings ist β_i zwischen 0 und 1 limitiert. Daher wählten Shikano und Linhart (2010) einen bayesianischen Ansatz, indem eine Beta-Verteilung als Prior für β_i gesetzt wurde.

wird die Identifikation statistischer Modelle unmöglich, da eine eindeutige Vorhersage nicht garantiert werden kann. Um dies zu vermeiden, wird ein spezifischer, fester Ämternutzen für jede Partei in jeder Koalition angenommen. Genauer sind die ämterbezogenen Seitenzahlungen, Gamsons Gesetz folgend, proportional zur Sitzanzahl der an einer Koalition beteiligten Partei verteilt (Gamson 1961):

$$u_i^{off}(C) = s_i / \Sigma_{j \in C} s_j \qquad \textit{für alle } i \in C,$$

wobei s_i den Sitzanteil von Partei i bezeichnet.

Die proportionale Ämterverteilung scheint eine akzeptierte Norm zu sein; Abweichungen sind zumindest im deutschen, aber auch in weiteren westeuropäischen Kontexten nur in sehr geringem Umfang möglich (Linhart et al. 2008; Browne und Franklin 1973; Warwick und Druckman 2006). Es muss allerdings beachtet werden, dass Shikano und Linhart mit der Integration von Gamsons Gesetz von einer wichtigen Annahme in Seneds ursprünglichem Modell abweichen. Während Sened spieltheoretisch den Prozess modelliert, in dem Parteien Policy- und Ämternutzen und umgekehrt tauschen, ist der Ansatz von Shikano und Linhart eher entscheidungstheoretischer Natur. Der bloße Ämternutzen einer Partei ist nicht endogen, sondern wird als durch die Sitzverteilung gegeben angenommen.

Zweitens werden in Seneds ursprünglichen Modell und einigen Anwendungen dieses Modells bisher Lösungskonzepte des legislativen Prozesses angenommen, die unabhängig von der letztlich gebildeten Koalition sind. Dementsprechend hat ein Koalitionsspiel beispielsweise nur ein politisches Herz und der antizipierte Policy-Output im folgenden legislativen Prozess ist Teil dieser Menge, ungeachtet welche Koalition gebildet wurde. Diesbezüglich folgt Sened nicht Austen-Smith und Banks' (1988) Vier-Ebenen-Modell, demzufolge das Ergebnis des Koalitionsverhandlungsspiels das legislative Spiel beeinflusst. Nach Sened sind Koalitionsverträge „agreements about policy positions [. . .] usually not binding. Therefore, in this model, the results of the election, not the composition of any particular coalition, determine the policy outcome that will be implemented" (Sened 1996, S. 335). Allerdings räumt Sened auch ein, dass in Abhängigkeit vom Kontext auch alternative Modelle, z. B. basierend auf der Pareto-Menge, sinnvoll sein können (Sened 1996, S. 335, Fußnote 5).

Shikano und Linhart sind davon überzeugt, dass die Pareto-Menge vor allem aus zwei Gründen für Deutschland adäquater ist: Oft reguliert die Existenz geschriebener Koalitionsverträge die Parteien explizit und verhindert es, dass sie sich gegenseitig mit der Hilfe von Oppositionsparteien überstimmen.[4] Die

---

[4] Außerdem nimmt Sened an, dass der Nutzen von Oppositionsparteien immer gleich null ist. Diese Annahme basiert darauf, dass diese Parteien keine Ämter innehaben ($u_i^{off}(C) = 0$),

Pareto-Menge P_C einer Koalition C beinhaltet sowohl den Einfluss von Koalitionsregierungen als auch die Unsicherheit (siehe oben) des legislativen Prozesses selbst (vgl. Linhart 2006; Linhart und Shikano 2007). Um Informationen über die Pareto-Menge der jeweiligen Koalition zu erhalten, fokussieren Shikano und Linhart zuerst auf die fünf etablierten Parteien, die auf Bundesebene im Parlament vertreten sind: die CDU/CSU, die SPD, die FDP, die Grünen und die Linken. Die Policy-Positionen der Landesverbände dieser Parteien werden durch die Idealpositionen der jeweiligen Bundespartei bei den vorangegangenen Bundestagswahlen approximiert.[5] Die Pareto-Menge für jede mögliche Koalition wird anhand dieser Positionen konstruiert.

Drittens betrachten Shikano und Linhart nur minimal gewinnende Koalition, während Sened keine Einschränkungen bezüglich der zu betrachtenden potentiellen Koalitionen macht. Übergroße Koalitionen und Minderheitsregierungen werden aus den folgenden Gründen von der Analyse ausgeschlossen: jede übergroße Koalition ist theoretisch durch alle minimal gewinnenden Koalitionen ihrer Teilmengen dominiert. Wenn eine zusätzliche Partei einer minimal gewinnenden Koalition beitritt, erhält unweigerlich zumindest ein ursprünglicher Koalitionspartner nur noch eine reduzierte Anzahl der zu verteilenden Ämter. Bezüglich der Policy-Motivation würde die Pareto-Menge einer übergroßen Koalition niemals kleiner sein als die einer minimal gewinnenden Koalition ihrer Teilmengen. Minderheitsregierungen sind wegen der Annahmen bezüglich der Lösungsmenge der Policy-Outcomes von der Analyse ausgeschlossen. Im Gegensatz zu Seneds Modell nehmen Shikano und Linhart Lösungsmengen an, die von der Zusammensetzung der Koalition abhängen. Wenn unter Beachtung dieser Annahme die Bildung von Minderheitsregierungen erlaubt wäre, würde jede Partei eine Ein-Parteien-Regierung bevorzugen, da sie so auch ohne Mehrheit alle Ämter monopolisieren und eine mit ihrer eigenen Policy-Position identische Lösungsmenge des legislativen Prozesses herstellen könnte. Wenn Shikano und Linhart das Unverwundbarkeitskriterium in einer solchen Konstellation anwenden würden, wäre es unmöglich, eine Koalitionsregierung anstelle von allen potentiellen Ein-Parteien-Regierungen vorherzusagen. Dies würde die Identifikation des statistischen Modells

sie aber auch nicht durch die Öffentlichkeit für den Policy-Outcome verantwortlich gemacht werden ($u_i^{pol}(C) = 0$). Daher sollten Oppositionsparteien keinen oder nur marginalen Einfluss auf die Policy-Outcomes nehmen können.

[5] Genauer messen die Autoren die Positionen der Bundesparteien anhand der Daten des *Comparative Manifesto Project* (CMP) auf der sozio-ökonomischen und der sozio-kulturellen Dimension (für Details siehe Linhart und Shikano 2009).

unmöglich machen. Daher betrachten Shikano und Linhart (2010) ausschließlich minimal gewinnende Koalitionen als potentielle Regierungen.

2.3 Anwendungsergebnisse

Der limitierte Fokus auf minimal gewinnende Koalitionen impliziert Konsequenzen für die empirische Analyse. Shikano und Linhart betrachten 64 Koalitionsspiele auf Landesebene im Zeitraum zwischen den Bundestagswahlen von 1983 und 2005, in denen keine Partei alleine die Mehrheit stellen konnte. Allerdings mussten, wegen der oben beschriebenen Annahme, sechs Koalitionsspiele von der Analyse ausgeschlossen werden, da sie nicht in einer minimal gewinnenden Koalition resultierten. Es handelt sich hier um eine übergroße Koalition und fünf Minderheitsregierungen. Zwei weitere Spiele konnten nicht berücksichtigt werden, da die gebildete Koalition nicht-etablierte Parteien beinhaltete, deren Positionen nicht über die Positionen der Bundesparteien approximiert werden konnte. Letztlich besteht der Datensatz von Shikano und Linhart (2010) aus 57 beobachteten Koalitionsspielen.

Neben den Modifikationen und zusätzlichen Annahmen der Autoren ist die Messung der Policy-Positionen von großer Bedeutung für die Schätzergebnisse. Die gemessenen Policy-Positionen werden benutzt, um die Policy-Outcomes aller möglichen Koalitionen zu konstruieren und sind Bestandteil des Schätzprozesses. Shikano und Linhart (2010) wählen als Maß die Positionen der korrespondierenden Partei bei der jeweils vorhergehenden Bundestagswahl, obwohl Koalitionsbildungsprozesse auf Ebene der deutschen Bundesländer analysiert werden. Dies impliziert zwei spezifische Annahmen: erstens, die Position des Landesverbandes und die der Bundespartei sind identisch. Zweitens, die Parteipositionen bleiben im Laufe einer Legislaturperiode konstant. Obwohl die Autoren Hinweise für die Gültigkeit dieser Annahmen finden (z. B. Debus 2008), haben Shikano und Seibert (2011) diese Annahmen aufgehoben, indem sie eine länderspezifische Messung verwenden.

Shikano und Seibert (2011) verwenden einen anderen Datensatz (Seher und Pappi 2011), der die Positionen der jeweiligen Landesverbände der Parteien bei den entsprechenden Landtagswahlen enthält. Die Positionen von Seher und Pappi (2011) wurden aus dem Text der Landtagswahlprogramme der Landesverbände zwischen 1990 und 2010 gewonnen. Zunächst wird der gesamte Text anhand der Kapitel- und Unterkapitelüberschriften einer von vier Politikdimensionen zugeordnet. Diese vier Politikdimensionen sind „Arbeit, Soziales und Bau", „Kultus", „Inneres und Recht" sowie „Wirtschaft, Umwelt, Landwirtschaft und Finanzen". Danach werden computergestützt mit „Wordfish" (siehe Slapin und Proksch 2008) aus dem zuvor klassifizierten Volltext der Wahlprogramme Parteipositionen in je-

Tab. 1 Vorhersagen anhand des alleinigen Ämter- oder Policy-Modells

Koalition	Gebildet	Ämter	(%)	Policy	(%)
C S	16	0	0	15	94
C F	15	4	27	13	87
S G	11	3	27	1	9
S L	5	1	20	1	20
S F	3	1	33	2	67
C G	1	0	0	0	0
C F G	1	1	100	0	0
S F G	1	0	0	0	0
Gesamt	53	10	19	32	60

der Politikdimension und jedem Bundesland extrahiert. Weil diese Positionsdaten Vorteile gegenüber den Positionen der CMP-Daten haben, da sie aus dem Rohtext der Landtagswahlprogramme extrahiert wurden und in einem vier-dimensionalen, anstatt einem nur zweidimensionalen Politikraum gemessen worden sind, präsentieren wir im Folgenden die Ergebnisse der Replikation durch Shikano und Seibert (2011).

Geht man von rein ämtermotivierten Parteien aus und folgt Gamsons Gesetz der proportionalen Ämteraufteilung, prognostiziert das Unverwundbarkeitskriterium ausschließlich so genannte Minimum-Gewinn-Koalitionen. Dies sind Koalitionen, die die kleinste Anzahl an Sitzen unter den möglichen minimalen Gewinnkoalitionen hat (Gamson 1961; Riker 1962). Die dritte und vierte Spalte in Tab. 1 zeigen die Anzahl an korrekten Vorhersagen. Es ist also ersichtlich, dass die Vorhersagekraft des ausschließlich auf die Ämtermotivation bezogenen Modells relativ gering ist. Der Prozentsatz an korrekt vorhergesagten Koalitionen durch dieses Modell beträgt lediglich 19 %. Dies ist sogar schlechter als das entsprechende Ergebnis von Shikano und Linhart (28 %), die einen leicht unterschiedlichen Zeitraum betrachten. Speziell hat die Vorhersage der großen Koalitionen eine schlechtere Trefferquote. Wenn man bedenkt, dass die großen Parteien (SPD und CDU/CSU) weniger Ämter erhalten, als in Koalitionen mit einer kleineren Partei, ist dies nicht weiter verwunderlich.

Um Vorhersagen anhand des ausschließlich policy-orientierten Modells zu treffen, wird die mittlere Distanz jeder Partei zur Pareto-Menge jeder minimal gewinnenden Koalition, $\int_{xL_C} ||x - y_i||^2 \, dx \, / \, ||L_C||$, betrachtet. Die Distanzen werden einzeln für jede der vier Politikdimensionen berechnet. Diese politikfeldspezifischen Distanzen werden anschließend aufsummiert. Dem Unverwundbarkeits-

Tab. 2 Vorhersagen anhand des Modells mit beiden Motivationen

Koalition	Vorhersage	Gebildet	Differenz
C S	26 (33)	16 (14)	10 (19)
S G	3 (8)	11 (13)	− 8 (− 5)
S F	5 (6)	3 (6)	2 (0)
C F	15 (5)	15 (19)	0 (−14)
S L	3 (3)	5 (3)	− 2 (0)
C G	0 (0)	1 (0)	− 1 (0)
C L	1 (0)	0 (0)	1 (0)
C F G	0 (0)	1 (0)	− 1 (0)
S F G	0 (0)	1 (2)	− 1 (− 2)
S G L	0 (2)	0 (0)	0 (2)
Gesamt	53 (57)	53 (57)	

Anmerkung: In Klammern die Ergebnisse von Shikano und Linhart (2010)

kriterium entsprechend wird jene Koalition vorhergesagt, zu der alle beteiligten Parteien die minimale Distanz aufweisen. Die fünfte und sechse Spalte in Tab. 1 enthalten die Anzahl an korrekt vorhergesagten Koalitionen. Im Gegensatz zu der ausschließlich ämterorientierten Vorhersage, erzielt die Analyse von Shikano und Seibert eine deutliche Verbesserung bezüglich der Gesamtvorhersage von 39 % bei Shikano und Linhart (2010) auf 60 %. Dies deutet darauf hin, dass die anhand der Landtagswahlprogramme gemessenen Positionen ein deutlich akkurateres Maß als die Approximation durch die Bundespositionen darstellt. Das Ergebnis könnte dahingehend interpretiert werden, dass die große Koalition ebenfalls gut durch das ausschließlich policy-orientierte Modell vorhergesagt wird. Allerdings bestätigt sich dies nicht, wenn alle vorhergesagten Koalitionen in Betracht gezogen werden. Tabelle 1 zeigt lediglich, dass von 16 tatsächlich gebildeten großen Koalitionen 15 korrekt vorhergesagt worden sind. Tabelle 2 zeigt jedoch, dass das ausschließlich policy-orientierte Modell weitere 10 große Koalitionen vorhersagt, die jedoch nicht gebildet worden sind. Daher wird die große Koalition durch das ausschließlich policy-orientierte Modell in der Prognosehäufigkeit über- und im ausschließlich ämterorientierten Modell unterschätzt. Dies war auch in der Analyse von Shikano und Linhart der Fall, allerdings existieren einige Unterschiede bezüglich der Vorhersage von rot-grünen und schwarz-gelben Koalitionen im Vergleich mit der Replikation.

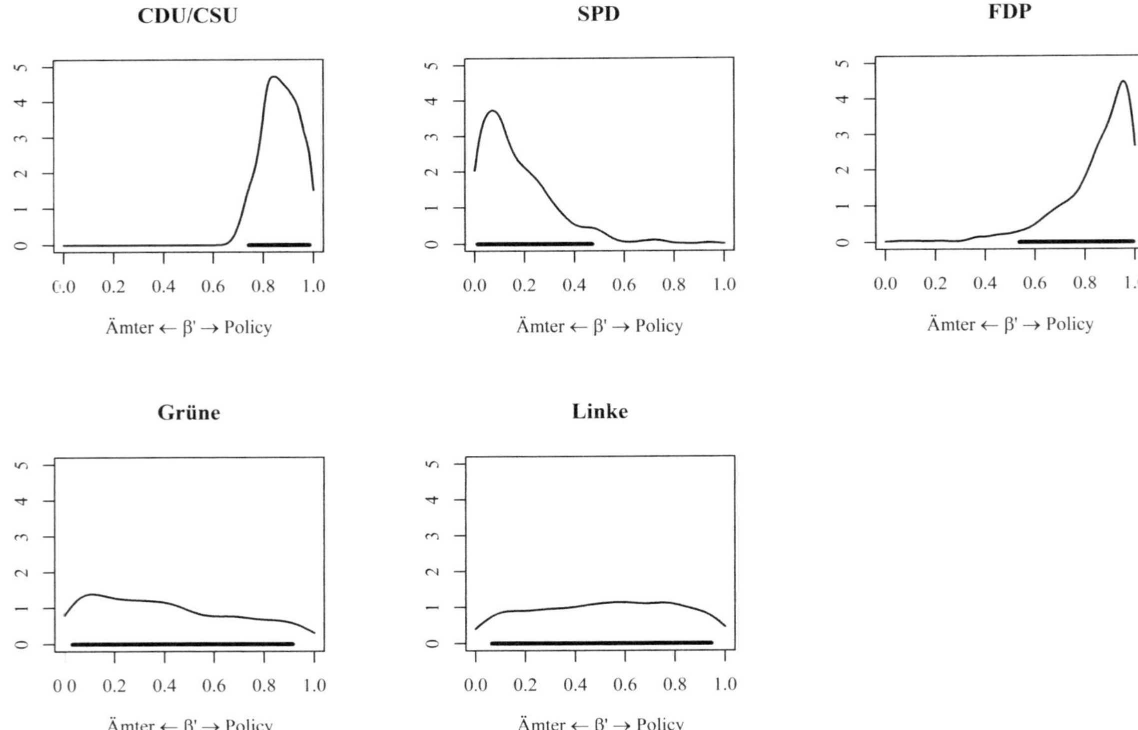

Abb. 1 Ergebnisse der Beta-Schätzung nach Shikano und Seibert (2011) inklusive Minderheitsregierungen. Die Linie in jeder Grafik entspricht dem 90 % Kredibilitätsintervall

Abbildung 1 zeigt nun die Ergebnisse des Gesamtmodells, welches beide Motivationen beinhaltet, genauer die Verteilungen der geschätzten Gewichtungsparameter. Die geschätzten Gewichtungsparameter β_i variieren zwischen den verschiedenen Parteien, d. h. sie sind als vom Akteur i abhängig modelliert. Um die a-posteriori-Verteilungen der Parameter beobachten zu können, werden 1000 Zufallsziehungen für jedes Modell anhand der Markov-Chain-Monte-Carlo-Methode nach 1000 Burn-In-Iterationen durchgeführt. Die Ergebnisse zeigen, dass die Christdemokraten und die Liberalen den Policy-Nutzen und die Sozialdemokraten und die Grünen den Ämternutzen stärker gewichten. Die Linke gewichtet beide Komponenten ungefähr gleichstark. Bezüglich der großen Koalitionen erscheint die Erklärung von Shikano und Linhart weiterhin plausibel: „the CDU/CSU should be ready to form the grand coalition when the SPD's position is not far away in the policy space. This suggests that the relatively lower frequency of the grand coalition in the empirical data should be attributed to the other party, the SPD. [...] the low estimate of β shows that the SPD is more interested in office than in policy outputs." (2010, S. 122–123).

3 Numerische Experimente

Wie bereits beschreiben, führt die Anwendung des Modells auf Koalitionsbildungsprozesse in den deutschen Bundesländern zu wenig intuitiven Ergebnissen: die Christdemokraten sowie die Liberalen sind stärker policy-orientiert, während die Sozialdemokraten eine deutlich stärkere Ämterorientierung aufweisen. Die von Shikano und Linhart (2010) vorgeschlagene Erklärung für dieses Ergebnis ist, dass die große Koalition auf Länderebene seltener Ergebnis des Koalitionsbildungsprozesses war, als dies aufgrund der größeren ideologischen, positionalen Nähe der SPD zur CDU im Vergleich zu den Grünen zu erwarten war. Selbst wenn diese Erklärung durchaus plausibel ist, fehlt klare empirische Evidenz für ihre Gültigkeit. Aus diesem Grund haben wir mehrere numerische Experimente durch Monte-Carlo-Simulationen unternommen.

3.1 Hypothetische Szenarien

Wir haben hypothetische Datensätze für ein Vier-Parteien-System (mit den Parteien A, B, C, D) generiert, die aus den Parteipositionen, der Sitzverteilung und der letztlich gebildeten Koalition bestehen. Diese Informationen wie folgt generiert:

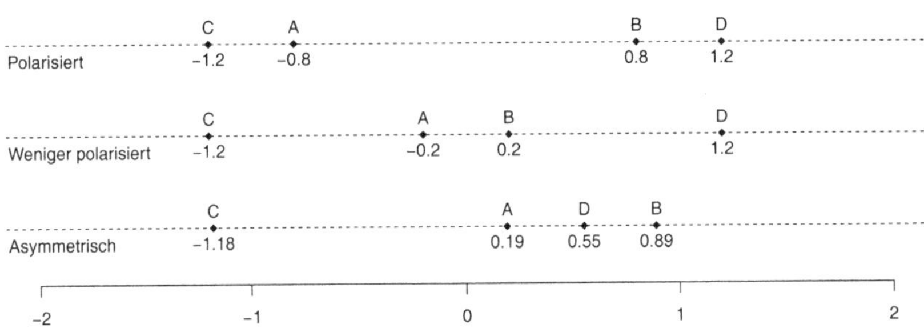

Abb. 2 Konstellationen der Parteipositionen

Erstens werden die Parteipositionen auf einer Dimension als Zufallsziehungen aus multivariaten Normalverteilungen generiert, deren Erwartungswerte für die einzelnen Szenarien vorgegeben sind. Hierzu verwenden wir drei verschiedene Konstellationen der Erwartungspositionen (siehe Abb. 2). Bei allen Konstellationen positionieren sich die Parteien A und C weiter links im politischen Raum als die Parteien B und D. Außerdem werden im zweiten Schritt immer mehr Sitze für A und B generiert als an für C und D. Daher kann die Parteienkonstellation dahingehend im deutschen Kontext gedeutet werden, dass Partei A der SPD, Partei B der CDU/CSU, Partei C den Grünen und Partei D der FDP entspricht.[6]

Zweitens werden die Sitzanteile der einzelnen Parteien zufällig aus einer multinomialen Verteilung generiert, deren Wahrscheinlichkeitsparameter für A und B auf 35 % und für C und D auf 15 % gesetzt wird. Diese Anteile orientieren sich grob an den Durchschnittswerten der in Wirklichkeit zwischen 1990 und 2010 existierenden Landtage.[7]

Drittes wird die gebildete Koalition zufällig aus einer weiteren multinomialen Verteilung generiert. Dabei werden die Wahrscheinlichkeitsparameter für einzelne Koalitionen abhängig von den Szenarien vorgegeben. Minderheitsregierungen sind jedoch ausgeschlossen. Wenn die Koalition mit positiver Wahrscheinlichkeit über keine Mehrheit im Parlament auf der Basis der im zweiten Schritt generierten Sitzanteile verfügt, wird die Wahrscheinlichkeit ihres Zustandekommens auf null

[6] Die Linke ist hier als fünfte Partei außer Acht gelassen worden, da sie keine allzu entscheidende Rolle innerhalb der Koalitionsbildungsprozesse auf Länderebene im gegebenen Zeitraum zu spielen scheint.

[7] Im Durchschnitt erlangten die SPD 34,6 %, die CDU 39,3 %, die Grünen 9,2 % und die FDP 8,4 % der Sitze in den Landtagen zwischen 1990 und 2010.

gesetzt. Gleichzeitig werden die Wahrscheinlichkeitsparameter der verbleibenden Koalitionen entsprechend korrigiert, so dass ihre Summe eins ergibt.

Um die oben dargelegte potentielle Erklärung für die starke Ämterorientierung der SPD zu überprüfen, sind vorerst vier Szenarien generiert worden, die verschiedene Charakteristika der Distanz zwischen den Parteien und der Häufigkeit an großen Koalitionen kombinieren.

Szenario 1: Polarisierte Konstellation mit häufigen großen Koalitionen
Szenario 2: Polarisierte Konstellation mit seltenen großen Koalitionen
Szenario 3: Weniger polarisierte Konstellation mit häufigen großen Koalitionen
Szenario 4: Weniger polarisierte Konstellation mit seltenen großen Koalitionen

In den Szenarien werden die Wahrscheinlichkeiten für die Bildung einzelner Koalitionen wie folgt festgelegt: Jeder Option mit einer Wahrscheinlichkeit größer null wird eine Punktzahl zugeteilt, die die Wahrscheinlichkeit ihres Zustandekommens ausdrückt. Nach späterer Normierung entspricht diese Punktzahl einer Wahrscheinlichkeitsfunktion. In Szenarien mit häufiger großer Koalition wird die diese Punktzahl für die große Koalition aus A und B auf 30 gesetzt, während die Koalitionen AC und BD mit jeweils 20 sowie ACD und BCD mit jeweils 5 Punkten bedacht werden. Bei den seltenen großen Koalitionen wird die Bildung der großen Koalition aus A und B auf 10 Punkte gesetzt, während die Koalitionen AC und BD jeweils 30 bzw. ACD und BCD jeweils 5 Punkte erhalten.

3.2 Ergebnisse der Parameterschätzung

Um die a-posteriori-Parameterverteilungen zu schätzen, sind 1000 Samples für jedes Modell anhand der Markov-Chain-Monte-Carlo-Methode nach 1000 Burn-in-Iterationen gezogen worden. Jeder Datensatz der oben beschriebenen vier Szenarien besteht aus 50 hypothetischen Koalitionsbildungsprozessen, um zumindest annähernd die Anzahl von Koalitionsspielen zu erreichen, die für die vorangegangenen empirischen Analysen vorlagen. Die Abb. 3, 4, 5 und 6 zeigen die Verteilung der geschätzten Gewichtungsparameter.

Aus den Abb. 3, 4, 5 und 6 ist direkt ersichtlich, dass jene Szenarien, die lediglich die beiden Annahmen bezüglich Polarisierung und Häufigkeit von großen Koalitionen kombinieren und modifizieren, keine klare Verschiebung der großen, linken Partei (Partei A) hin zur ämtermotivierten Seite der Skala zeigen.

Nun können wir noch genauer die einzelnen Abbildungen untersuchen. Nach der Vermutung von Shikano und Linhart (2010) könnte die seltene große Ko-

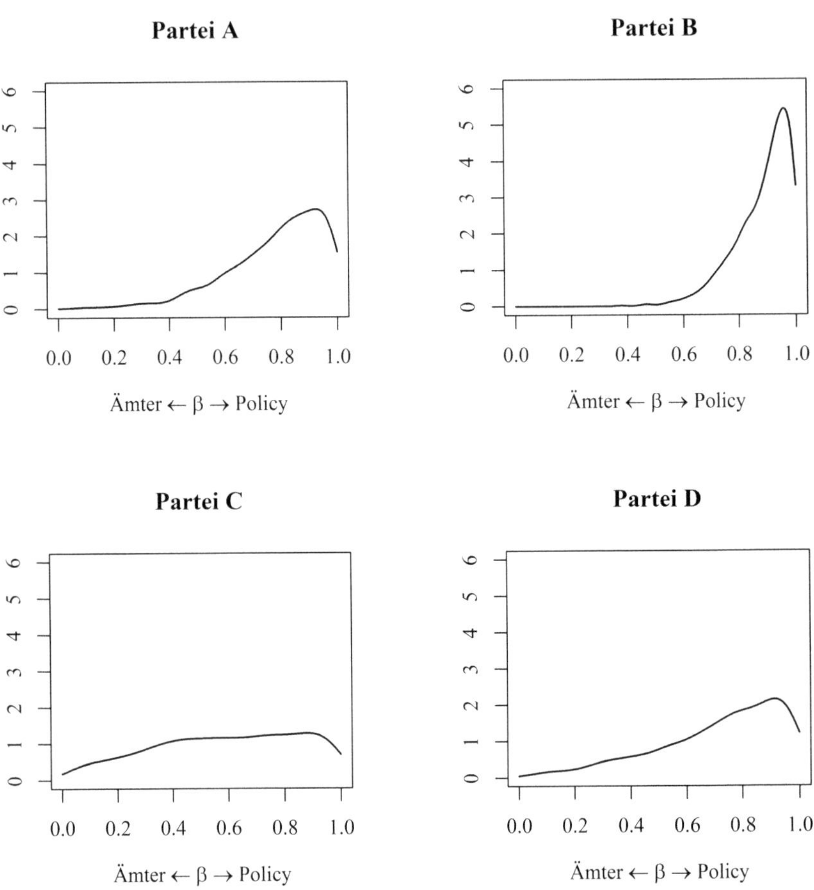

Abb. 3 Beta-Schätzung Szenario 1 (polarisiert, häufige große Koalitionen)

alition trotz der weniger polarisierten Parteikonstellation verantwortlich für die ämterorientierte SPD sein. Dies wird durch Szenario 4 (Abb. 6) dargestellt. Wie bereits beschrieben, ist die Motivation von Partei A tendenziell policy-orientierter geschätzt. Das Ausmaß der Policy-Orientiertung ist jedoch im Vergleich zu den Abb. 3 und 5 geringer, während die Abb. 4 ein ähnliches Bild darstellt. Wenn man berücksichtigt, dass die Abb. 3 und 5 die Ergebnisse aus den Szenarien mit häufiger großen Koalitionen darstellen, kann man behaupten, dass seltene große Koalitio-

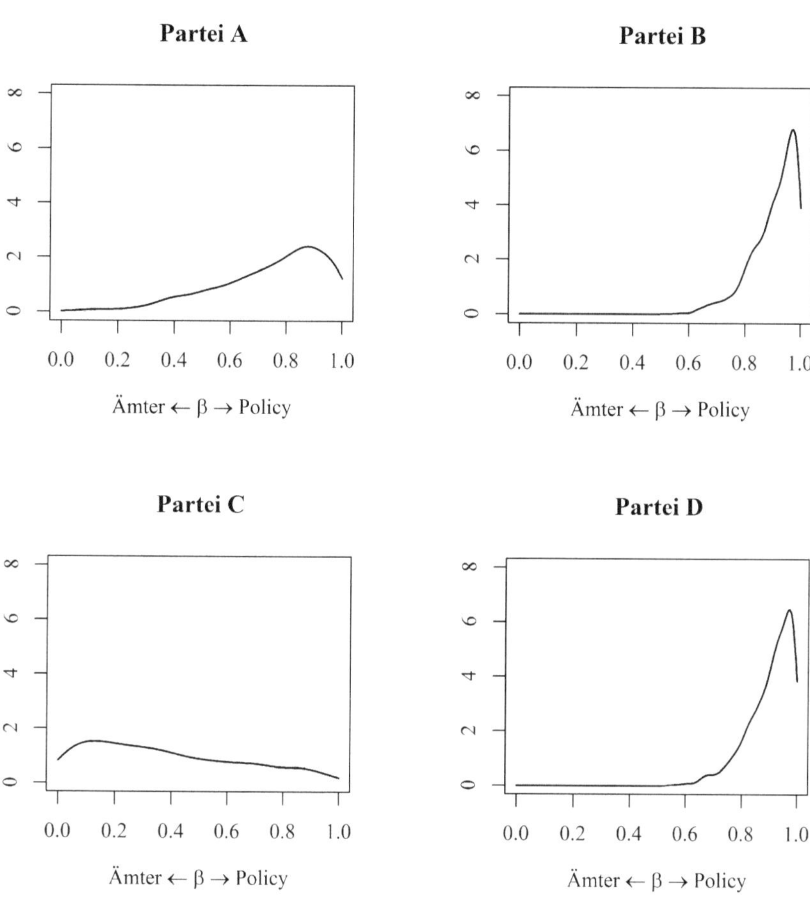

Abb. 4 Beta-Schätzung Szenario 2 (polarisiert, seltene große Koalitionen)

nen unabhängig von der Parteikonstellation gewissen Auswirkungen zugunsten der Ämterorientierung haben.

Die beiden großen Parteien sind am stärksten policy-orientiert in Szenario 3, in dem die Parteien weniger polarisiert sind und häufig große Koalitionen gebildet werden (Abb. 5). In dieser Situation haben die beiden großen Parteien eindeutig als politisch nächsten Koalitionspartner die andere große Partei, während die kleinere Partei zwar politisch weiter entfernt ist, eine Koalition mit ihr jedoch mehr Mini-

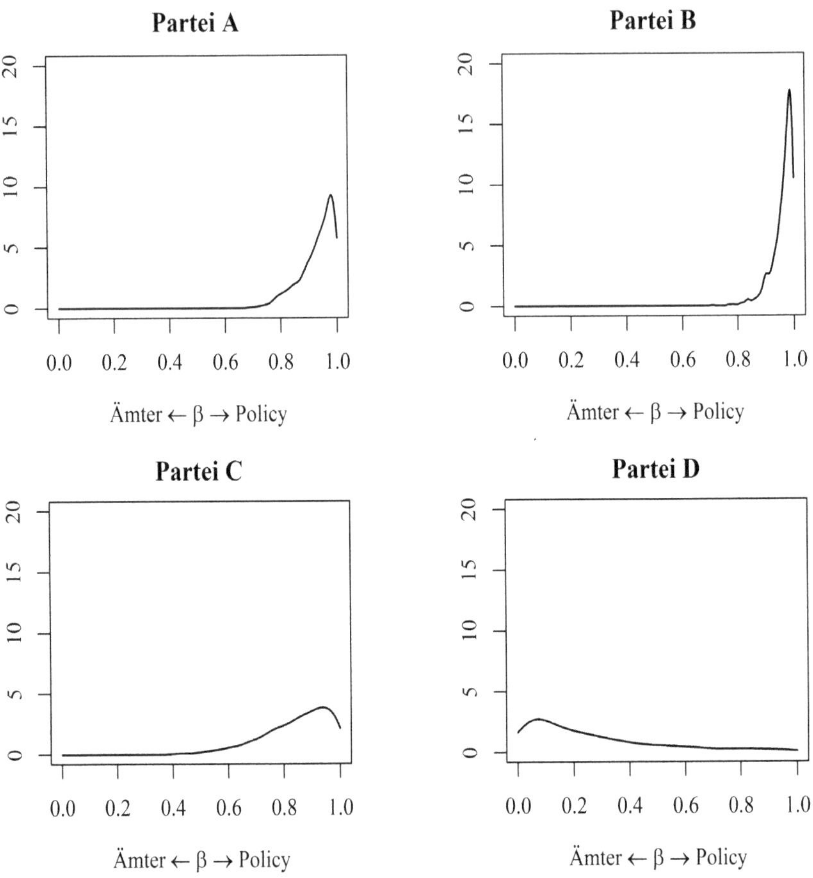

Abb. 5 Beta-Schätzung Szenario 3 (weniger polarisiert, häufige große Koalitionen)

sterposten verspricht. Wenn in dieser Situation, in der die größeren Parteien eine Wahl zwischen Policy- und Ämterorientierung haben, die große Koalition oft gebildet wird, wird die Motivation der größeren Parteien eindeutig als policy-orientiert geschätzt.

Hingegen ist die Schätzung der Motivation der kleineren Parteien etwas komplizierter, da eventuell die Handlungsalternativen durch die Gegebenheiten eingeschränkt sind. So ist die a-posteriori-Verteilung der Gewichtungsparameter relativ

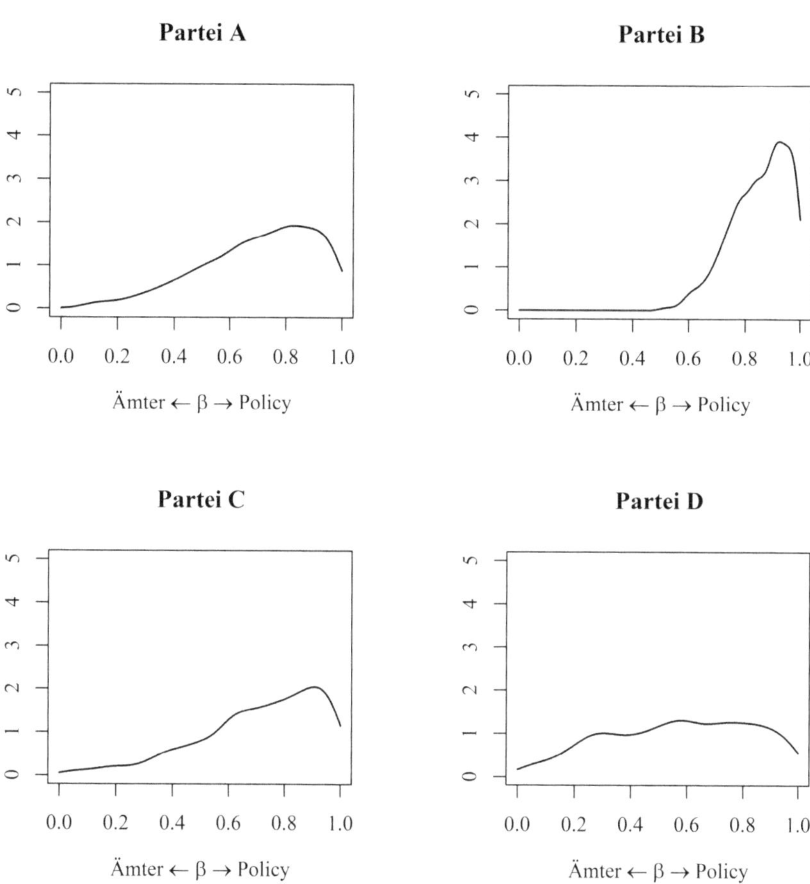

Abb. 6 Beta-Schätzung Szenario 4 (weniger polarisiert, seltene große Koalitionen)

flach, was eine hohe Unsicherheit der Schätzung darstellt. Darunter gibt es aber zwei Szenarien, in denen die kleineren Parteien tendenziell als stärker ämtermotiviert geschätzt werden (Abb. 4 und 5). Abbildung 4 ist das Ergebnis aus dem Szenario mit der polarisierten Konstellation und seltenen großen Koalitionen. In dieser Situation wird Partei C tendenziell stärker ämterorientiert geschätzt. Dies liegt daran, dass unter ACD und BCD Regierungen, an denen C beteiligt ist, zufällig die Regierung mit geringerer Sitzzahl gebildet wurde. Dieselbe Erklärung gilt auch für die Ämterorientierung von Partei D in Abb. 5. Diese Ergebnisse sind jedoch, wie oben beschrieben, mit Vorsicht zu interpretieren, vor allem wegen der flachen a-posteriori-Verteilung (Abb. 6).

Fasst man die Ergebnisse aus den bisherigen Szenarien zusammen, scheint – wenn überhaupt – nur ein geringer Effekt von Polarisierung und Häufigkeit großer Koalitionen auf die Ämterorientierung vorhanden zu sein. Dieser Effekt ist nicht der zu überprüfenden Erklärung für die Ämtermotivation der SPD in den empirischen Analysen entsprechend. Daher kann die Kombination dieser zwei Charakteristika den zu überprüfenden Effekt offensichtlich nicht ausreichend erklären und bedarf weiterer Modifikationen.

Was kann in den vier Szenarien noch fehlen? Hierzu sehen wir Erklärungsansätze. Erstens könnte eine zusätzliche mögliche Koalition existieren. Bisher haben wir nur AB (große Koalition), AC (Rot-Grün), BD (Schwarz-Gelb), ACD (Ampel), BCD (Jamaika) in den Szenarien modelliert. Es gibt jedoch auch die weitere Möglichkeit AD, die der sozial-liberalen Koalition entspricht.[8] Die zweite Erklärung ist eine asymmetrische Parteienkonstellation, in der D (FDP) nicht außen, sondern zwischen A und B positioniert ist.

> Zur Überprüfung des ersten Erklärungsansatzes simulieren wir das folgende Szenario:
> Szenario 5: Weniger polarisierte Konstellation mit seltenen großen Koalitionen; zusätzliche Koalitionsmöglichkeit AD

Die Koalition aus A und D entspricht einer Koalition aus SPD und FDP wie sie auch im Datensatz der vorangegangenen empirischen Analysen, in Form der sozial-liberalen Koalitionen in Rheinland-Pfalz vorhanden ist. Sie ist im zugrundeliegenden Zeitraum in drei Fällen gebildet worden und macht somit etwa 6 % der Koalitionsbildungen der empirischen Analysen aus.

Szenario 5 basiert auf Szenario 4, da der potentiellen Erklärung entsprechend die geringere Polarisierung von linkem und rechtem Flügel des Parteiensystems auch die Distanz zwischen Partei A und D verkleinert und zudem seltene große Koalitionen es erlauben, dass sich eine Koalition von A und D zumindest in einigen Fällen formiert, um überhaupt Einfluss auf die Parameterschätzung nehmen zu können. Die konkreten Punkte, die den einzelnen Koalitionsoptionen zugeteilt werden und auf deren Basis die Wahrscheinlichkeiten für deren Bildung geschätzt

[8] Wenn die linken und rechten Positionen der Parteien ausgetauscht werden, entspricht selbstverständlich „A D" der schwarz-grünen Koalition. Das heißt, dass die Implikationen der folgenden Ergebnisse bezüglich der sozial-liberalen Koalition auch für die schwarz-grüne Koalition gelten sollen.

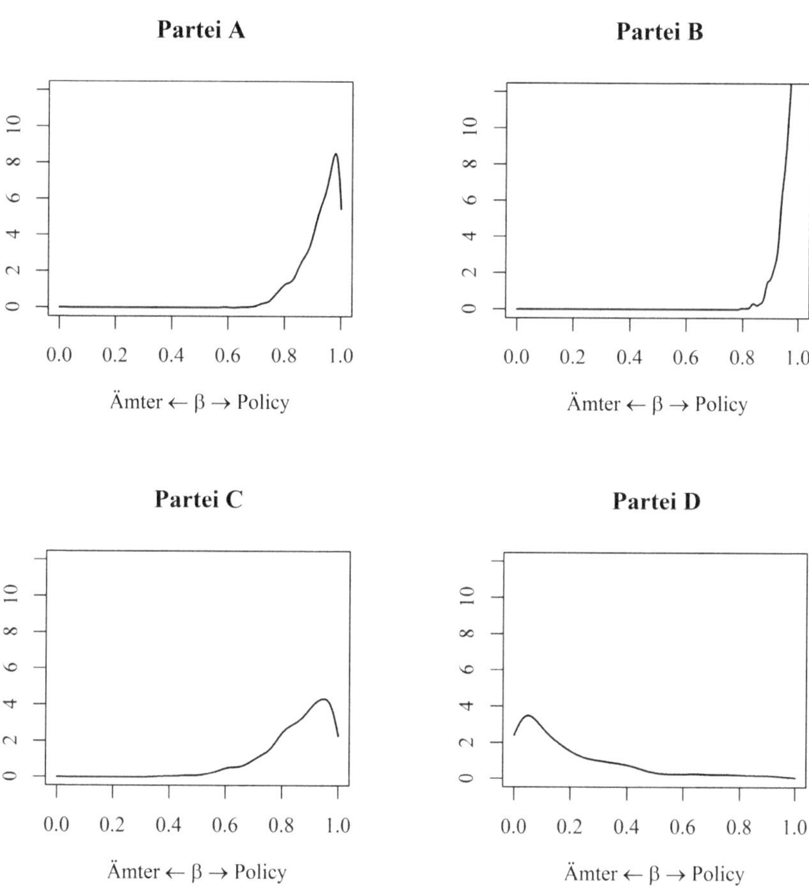

Abb. 7 Beta-Schätzung Szenario 5 (weniger polarisiert, seltene große Koalitionen, Zusatzoption AD)

werden, lauten für Szenario 5 wie folgt: AB 10 Punkte; AC und BD je 30 Punkte; AD, ACD und BCD je 5 Punkte.

Wenn wir nun Szenario 5 betrachten, in dem eine geringe Polarisierung der großen Parteien mit seltenen großen Koalitionen durch eine zusätzliche Koalitionsmöglichkeit AD ergänzt wird, ist wie Abb. 7 deutlich zeigt, Partei A deutlich stärker ämtermotiviert, als in den vorangegangenen Szenarien.

Mit einem Median der Beta-Schätzungen von etwa 0,55 ist Partei A zwar noch leicht policy-orientiert, aber diese Tendenz ist nicht mehr eindeutig. Die Möglichkeit einer großen, linken Partei, eine Koalition mit der kleinen, rechten Partei einzugehen, führt zur Schätzung eines geringeren Beta-Parameters. Dasselbe gilt auch für die kleinere rechte Partei (D). Ihre Beta-Schätzung zeigt sogar noch deutlicher die Ämterorientierung dieser Partei mit einem Median von 0,33. Auch für diese Partei besteht noch die mögliche Koalition mit B, die D näher steht. Die Bildung von AD-Koalitionen trotz dieser Politik-Nähe verursacht exakt diesen Effekt der stärkeren Ämterorientierung von Partei D. Dies entspricht jedoch nicht dem Ergebnis auf Basis der empirischen Daten (Abb. 1), in dem die FDP als stark policy-orientiert geschätzt wird.

So ist die Berücksichtigung von AD-Koalitionen noch nicht zufriedenstellend. Als nächste Möglichkeit können wir die Erweiterung aufgreifen, in der zusätzlich zur Koalitionsmöglichkeit AD eine asymmetrische Form des Parteiensystems integriert wird:

Szenario 6: Asymmetrisches Parteiensystem mit seltenen großen Koalitionen; zusätzliche Koalitionsmöglichkeit AD.

Mit dieser Erweiterung ist eine realistischere Abbildung des Parteiensystems der deutschen Bundesländer möglich. Als Ausgangspositionen für die Datengenerierung dienten in diesem Fall die durchschnittlichen Positionen der entsprechenden vier Parteien im Datensatz der vorangegangen empirischen Analyse (Shikano und Seibert 2011). Hier ist keine generelle Polarisierung von linken und rechten Parteien zu beobachten, sondern vielmehr positioniert sich D (FDP) durchschnittlich zwischen A (SPD) und B (CDU), was die ideologische Distanz zwischen diesen deutlich verkürzt und die zwischen A (SPD) und C (Grünen) vergrößert.[9]

Wenn wir nun Abb. 8 betrachten, in der der Effekt der Koalitionsmöglichkeit AD in einem asymmetrischen Parteiensystem überprüft wird, können wir nun eine deutliche Verschiebung der Beta-Schätzung hin zur Ämtermotivation für Partei A beobachten. So ist es jetzt eindeutig, dass die geschätzte Ämterorientierung der SPD vor allem auf die asymmetrische Konstellation der Parteipositionen im deutschen Parteiensystem zurückzuführen ist. Vor allem scheint die große Distanz zwischen der SPD und den Grünen im Vergleich zu der zwischen CDU/CSU und FDP der Grund dafür zu sein. Das heißt, die Ämterorientierung der SPD lässt sich weniger auf die Möglichkeit sozial-liberaler Koalition an sich zurückzuführen, wie Szenario 5 vermutet, sondern eher auf rot-grüne Koalitionen, die trotz

[9] Konkret werden die folgenden Positionen als Durchschnitt benutzt: A: 0,19; B: 0,89; C: −1,18; D: 0,55; siehe auch Abb. 2, untere Darstellung. Die Wahrscheinlichkeiten der Koalitionsbildung entsprechen denen in Szenario 5.

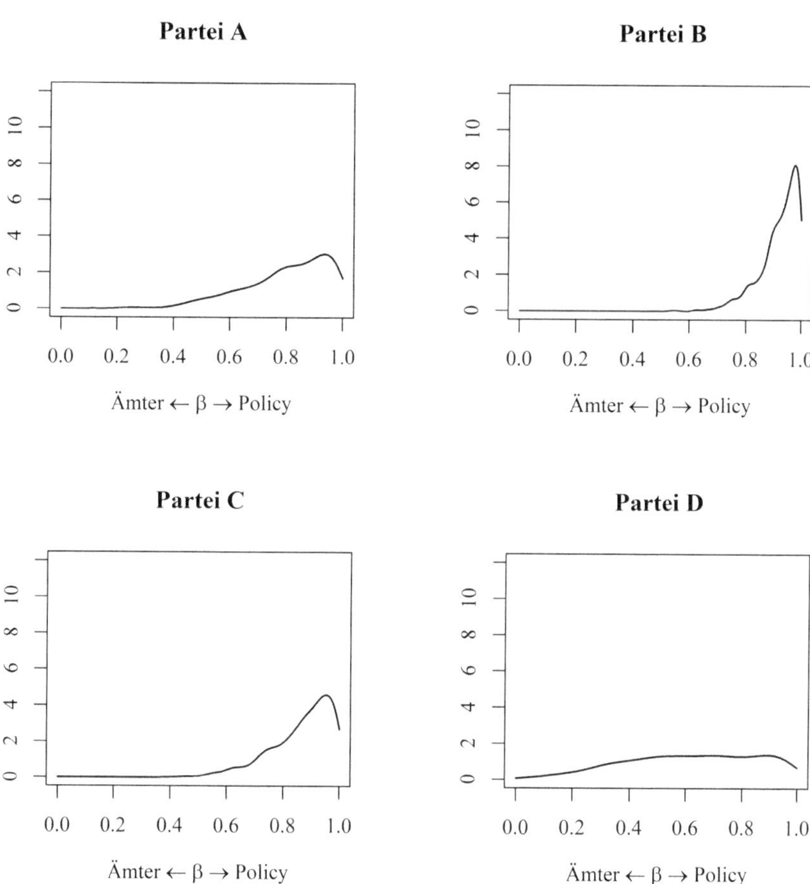

Abb. 8 Beta-Schätzung Szenario 6 (asymmetrisches Parteiensystem, seltene große Koalitionen, Zusatzoption AD)

der programmatischen Entfernung häufig gebildet werden. Der Effekt der sozialliberalen Koalitionen wirkt sich vor allem bei der Schätzung der Beta-Werte für die FDP in Richtung einer stärkeren Ämterorientierung aus, was jedoch nicht dem empirischen Ergebnis in Abb. 1 entspricht.

4 Diskussion

Diese Analyse hat die von Shikano und Linhart (2010) entwickelte statistische Methode auf simulierte Daten angewendet, um Aufschluss über die Mechanismen zu geben, die den Gewichtungsparameter beeinflussen und die Erklärung für die überraschend starke Ämterorientierung der SPD zu überprüfen. Im Detail haben wir zuerst vier hypothetische Datensätze entsprechend der Idee generiert, dass die Ämtermotivation der SPD anhand ihrer positionalen Nähe zur CDU und der Häufigkeit großer Koalitionen auf Länderebene erklärt werden kann. Diese vier Szenarien waren jedoch nicht in der Lage, die empirisch beobachteten Ergebnisse der vorangegangenen Beta-Schätzungen zu replizieren. Beide großen Parteien blieben hier stets stärker policy-motiviert. Erst die zusätzliche Koalitionsmöglichkeit (Szenario 5 und 6) der großen, linken mit der kleinen, rechten Partei (AD) hat zu einer Verschiebung des geschätzten Gewichtungsparameter Beta hin zur Ämtermotivation geführt. Dieses Ergebnis lässt sich dadurch validieren, dass die Analyse von Shikano und Linhart (2010) und Shikano und Seibert (2011) ohne Rheinland-Pfalz wiederholt wird. Die entsprechende Schätzung ergibt tatsächlich eine weniger ämtermotivierte SPD, wie hier in Szenario 5 realisiert wurde. Eine noch deutlichere Ämterorientierung der SPD lässt jedoch durch die asymmetrische Parteikonstellation erklären, in der sich die SPD und die Grünen vergleichsweise weit entfernt voneinander positionieren und trotzdem miteinander eine Koalition bilden. Die CDU wird hingegen in allen Szenarien als policy-motiviert geschätzt, vor allem wegen ihrer Nähe zur FDP aber auch zur SPD als Partner der großen Koalition.

Aus diesen Ergebnissen können wir aber auch vorhersagen, in welchen Situationen die CDU stärker ämtermotiviert geschätzt wird. Während die sozial-liberale Koalition aktuell ein Auslaufmodell zu sein scheint, wächst das Potenzial ihres Pendants, einer schwarz-grünen Regierung, ständig an. Im Jahr 2008 wurde die erste schwarz-grüne Regierung in Hamburg gebildet. Diese in 2010 beendete Koalition blieb bisher die einzige in den deutschen Bundesländern. Für die nähere Zukunft ist es dennoch gut vorstellbar, dass weitere schwarz-grüne Koalitionen gebildet werden. Eine solche Entwicklung würde zumindest nach den Ergebnissen dieses Beitrags dazu führen, dass die Ämterorientierung der CDU anwächst.

Die Ergebnisse dieses Beitrags haben noch weitere Implikationen: Sie bringen ein mögliches Defizit der Vorgehensweise von Shikano und Linhart (2010) bzw. Shikano und Seibert (2011) ans Licht. In ihren Analysen werden die Gewichtungsparameter zwar parteispezifisch, aber allgemein über die Landesverbände hinweg geschätzt. Die Simulationsergebnisse deuten hingegen darauf hin, dass die spezifische Situation in einem Bundesland (Rheinland-Pfalz) gewissen Einfluss auf die Parameterschätzung haben kann, wenngleich dieser Effekt auch nicht überschätzt werden sollte. Dies legt nun nahe, dass man nicht nur eine parteispezifische Gewichtung, sondern auch eine länderspezifische Gewichtung berücksichtigen sollte. Die Berücksichtigung der einzelnen Bundesländer würde jedoch viele Freiheitsgrade kosten. Eine Lösung hierfür wäre, nicht den einzelnen Bundesländern, sondern unterschiedlichen Parteiensystemen Rechnung zu tragen. Die sozial-liberale Koalition in Rheinland-Pfalz lag vor allem am dortigen Drei-Parteien-System. Neben der entsprechenden Modifikation des statistischen Modells sollten daher auch weitere numerische Experimente mit weiteren Szenarien durchgeführt werden, die verschiedene Parteiensysteme berücksichtigen.

An dieser Stelle muss zudem verdeutlicht werden, dass die Ergebnisse dieses Beitrags nur den Einblick in ein statistisches Modell als Black-Box zwischen den vorliegenden Daten und den Schätzergebnissen liefert. Die hypothetischen Daten, die für die Schätzung der Gewichtung generiert wurden, basieren nur auf probabilistischen Verteilungen mit gewissen Parametern. Der Ausgang der Koalitionsbildungsprozesse in den Daten basiert jedoch nicht auf dem unterstellten theoretischen Modell. Daraus folgt auch der nächste Schritt: Man generiert zunächst die hypothetische Daten anhand von den Koalitionsspielen auf der Basis der theoretisch angenommenen Nutzenfunktion mit verschiedenen Gewichtungsparametern. Auf diese Daten soll wiederum das statistische Modell angewandt werden, um zu überprüfen, ob und mit welcher Präzision man die Gewichtungsparameter replizieren kann. Dies ermöglicht es sogar, den Effekt der Verletzung der Annahme des theoretischen Modells auf die Schätzergebnisse zu identifizieren. Dies ist vor allem deshalb wichtig, weil das statistische Modell für die Identifikation eine gewisse Modifikation des theoretischen Modells vornahm. Hierbei kann vor allem die Verletzung von Gamsons Gesetz (Falcó-Gimeno und Indridason 2013) einen unerwarteten Effekt auf die Parameterschätzung ausüben.[10]

Danksagung

Die Autoren danken Franz Urban Pappi und Nicole Seher für hilfreiche Kommentare und das Zurverfügungstellen ihrer Positionsdaten der deutschen Landesparteien. Auch dem anonymen Gutachter sind sie für wertvolle Kom-

[10] Ferner kann man bei der Generierung von hypothetischen Koalitionsbildungsprozessen weitere Elemente wie die verschiedene Bedeutung der Ressourcen der ministerialen Ämter für einzelne Parteien berücksichtigen. Dies wäre aber noch ein weiterer Schritt, da dies die Erweiterung des theoretischen Modells bedeutet.

mentare und Anregungen dankbar. Ferner danken sie Konstantin Käppner für die Unterstützung bei der Anfertigung des Manuskripts. Dieser Aufsatz wurde im Rahmen des von der DFG finanzierten Projekts „Ämter- und Policy-Motivation von Parteien bei der Bildung von Koalitionsregierungen" angefertigt. Für die Unterstützung bedanken sich die Autoren bei der DFG.

Literatur

Austen-Smith, David & Jeffrey Banks (1988): Elections, coalitions, and legislative outcomes, *American Political Science Review* 82(2): 405–422.

Bäck, Hanna (2003): *Explaining Coalitions: Evidence and Lessons from Studying Coalition Formation in Swedish Local Government*. Uppsala: Uppsala University Press.

Baron, David P. & Daniel Diermeier (2001): Elections, governments, and parliaments in proportional representation systems, *Quarterly Journal of Economics* 116(3): 933–967.

Browne, Eric C. & Mark N. Franklin (1973): Aspects of coalition payoffs in European parliamentary democracies, *American Political Science Review* 67(2): 453–469.

Crombez, Christophe (1996): Minority governments, minimal winning coalitions and surplus majorities in parliamentary systems, *European Journal of Political Research* 29(1): 1–29.

Debus, Marc (2008): Party competition and government formation in multi-level settings: Evidence from Germany, *Government & Opposition* 43(4): 505–538.

Falcó-Gimeno, Albert & Indridi Indridason (2013): Uncertainty, complexity, and Gamson's Law. *West European Politics* 36(1): 221–247.

Gamson, William A. (1961): A theory of coalition formation, *American Sociological Review* 26(3): 373–382.

Giannetti, Daniela & Itai Sened (2004): Party competition and coalition formation: Italy 1994–96, *Journal of Theoretical Politics* 16(4): 483–515.

Laver, Michael & Kenneth A. Shepsle (1996): *Making and Breaking Governments: Cabinets and Legislatures in Parliamentary Democracies*. Cambridge University Press.

Linhart, Eric (2006): Ampel, Linkskoalition und Jamaika als Alternativen zur großen Koalition. Mannheim: MZES-Arbeitspapier Nr. 91.

Linhart, Eric & Susumu Shikano (2007): Die große Koalition in Österreich: Schwierigkeiten bei der Bildung, Stabilität und Alternativenlosigkeit, *Österreichische Zeitschrift für Politikwissenschaft* 36(2): 185–200.

Linhart, Eric & Susumu Shikano (2009): Ideological signals of German parties in a multi-dimensional space: An estimation of party preferences using the CMP data, *German Politics* 18(3): 301–322.

Linhart, Eric, Franz U. Pappi & Ralf Schmitt (2008): Die proportionale Ministeriumsaufteilung in deutschen Koalitionsregierungen: Akzeptierte Norm oder das Ausnutzen strategischer Vorteile? *Politische Vierteljahresschrift* 49(1): 46–67.

Martin, Lanny W. & Randolph T. Stevenson (2001): Government formation in parliamentary democracy, *American Journal of Political Science* 45(1), 33–50.

Pappi, Franz U., Axel Becker & Alexander Herzog (2005): Regierungsbildung im Mehrebenensystem: Zur Erklärung der Koalitionsbildung in den deutschen Bundesländern, *Politische Vierteljahresschrift* 46(3), 432–458.

Riker, William H. (1962): *The Theory of Political Coalitions*. New Haven: Yale University Press.

Schofield, Norman J. (1986): Existence of a 'structurally stable' equilibrium for a non-collegial voting rule, *Public Choice* 51(3): 267–284.

Schofield, Norman J. (1993): Party competition in a spatial model of coalition formation, in: Barnett, William A., Melvin J. Hinich & Norman J. Schofield (Hrsg.): *Political Economy. Institiutions, Competition, and Representation* (135–174).Cambridge: Cambridge University Press.

Schofield, Norman J. & Itai Sened (2006): *Multiparty Democracy. Elections and Legislative Politics*. Cambridge: Cambridge University Press.

Seher, Nicole M. & Franz U. Pappi (2011): Politikfeldspezifische Positionen der Landesverbände der deutschen Parteien. Mannheim: MZES-Arbeitspapier Nr. 139.

Sened, Itai (1995): Equilibria in weighted voting games with side payments, *Journal of Theoretical Politics* 7(3): 283–300.

Sened, Itai (1996): A model of coalition formation: Theory and evidence, *Journal of Politics* 58(2): 350–372.

Shikano, Susumu & Axel Becker (2009): KOALA: Ein Programm zur Datengenerierung für diskrete Entscheidungsmodelle in der Koalitionsforschung, in: Schnapp, Kai-Uwe, Joachim Behnke & Nathalie Behnke (Hrsg.): Datenwelten. Datenerhebung und Datenbestände in der Politikwissenschaft (284–293). Baden-Baden: Nomos.

Shikano, Susumu & Eric Linhart (2010): Coalition-formation as a result of policy and office motivations in the German federal states – an empirical estimate of the weighting parameters of both motivations, *Party Politics* 16(1): 111–130.

Shikano, Susumu & Sjard T. Seibert (2011): Estimating model parameters of coalition formation with policy and office motivation using German federal-state data. Konferenzpapier (ECPR, Reykjavik).

Shepsle, Kenneth A. & Barry R. Weingast (1984): Uncovered sets and sophisticated voting outcomes with implications for agenda institutions, *American Journal of Political Science* 28(1): 49–74.

Slapin, Jonathan B. & Sven-Oliver Proksch (2008): A scaling model for estimating time series policy positions from texts, *American Journal of Political Science* 52(3): 705–722.

Warwick, Paul V. & James N. Druckman (2006): The portfolio allocation paradox: An investigation into the nature of a very strong but puzzling relationship, *European Journal of Political Research* 45(4): 635–65.

MIX
Papier aus verantwortungsvollen Quellen
Paper from responsible sources
FSC® C105338

If you have any concerns about our products,
you can contact us on
ProductSafety@springernature.com

In case Publisher is established outside the EU,
the EU authorized representative is:
Springer Nature Customer Service Center GmbH
Europaplatz 3, 69115 Heidelberg, Germany

Printed by Libri Plureos GmbH
in Hamburg, Germany